에듀윌과 함께 시작하면, 당신도 합격할 수 있습니다!

오랜 직장 생활을 마감하며 찾아온 앞날에 대한 막연한 두려움
에듀윌만 믿고 공부해 합격의 길에 올라선 50대 은퇴자

출산한지 얼마 안돼 독박 육아를 하며 시작한 도전!
새벽 2~3시까지 공부해 8개월 만에 동차 합격한 아기엄마

만년 가구기사 보조로 5년 넘게 일하다, 달리는 차 안에서도
포기하지 않고 공부해 이제는 새로운 일을 찾게 된 합격생

누구나 합격할 수 있습니다.
시작하겠다는 '다짐' 하나면 충분합니다.

마지막 페이지를 덮으면,

에듀윌과 함께
공인중개사 합격이 시작됩니다.

합격을 위한 비법 대공개! 합격서&부교재

이영방 합격서
부동산학개론

심정욱 합격서
민법 및 민사특별법

임선정 합격서
공인중개사법령 및 중개실무

김민석 합격서
부동산공시법

한영규 합격서
부동산세법

오시훈 합격서
부동산공법

신대운 합격서
쉬운민법

심정욱 핵심체크 OX
민법 및 민사특별법

오시훈 키워드 암기장
부동산공법

핵심 테마를 빠르게 공략하는 단기서

이영방 합격패스 계산문제
부동산학개론

심정욱 합격패스 암기노트
민법 및 민사특별법

임선정 그림 암기법
공인중개사법령 및 중개실무

김민석 테마별 한쪽정리
부동산공시법

오시훈 테마별 비교정리
부동산공법

시험 전, 이론&문제 한 권으로 완벽 정리! 필살키

이영방 필살키

심정욱 필살키

임선정 필살키

오시훈 필살키

김민석 필살키

한영규 필살키

신대운 필살키

더 많은
공인중개사 교재

* 해당 교재의 이미지는 변경될 수 있습니다.

eduwill

공인중개사,
에듀윌을 선택해야 하는 이유

9년간 아무도 깨지 못한 기록

합격자 수 1위

합격을 위한 최강 라인업

1타 교수진

공인중개사

합격만 해도 연 최대 300만원 지급

에듀윌 앰배서더

업계 최대 규모의 전국구 네트워크

동문회

* 2023 대한민국 브랜드만족도 공인중개사 교육 1위 (한경비즈니스)
* KRI 한국기록원 2016, 2017, 2019년 공인중개사 최다 합격자 배출 공식 인증 (2025년 현재까지 업계 최고 기록) * 에듀윌 공인중개사 과목별 온라인 주간반 강사별 수강점유율 기준 (2024년 11월)
* 앰배서더 가입은 에듀윌 공인중개사 수강 후 공인중개사 최종 합격자이면서, 에듀윌 공인중개사 동문회 정회원만 가능합니다. (상세 내용 홈페이지 유의사항 확인 필수)
* 에듀윌 공인중개사 동문회 정회원 가입 시, 가입 비용이 발생할 수 있습니다. * 앰배서더 서비스는 당사 사정 또는 금융당국의 지도 및 권고에 의해 사전 고지 없이 조기종료될 수 있습니다.

1위 에듀윌만의 체계적인 합격 커리큘럼

합격자 수가 선택의 기준, 완벽한 합격 노하우

온라인 강의

① 전 과목 최신 교재 제공
② 업계 최강 교수진의 전 강의 수강 가능
③ 합격에 최적화 된 1:1 맞춤 학습 서비스

쉽고 빠른 합격의 첫걸음 합격필독서 무료 신청

최고의 학습 환경과 빈틈 없는 학습 관리

직영학원

① 현장 강의와 온라인 강의를 한번에
② 시험일까지 온라인 강의 무제한 수강
③ 강의실, 자습실 등 프리미엄 호텔급 학원 시설

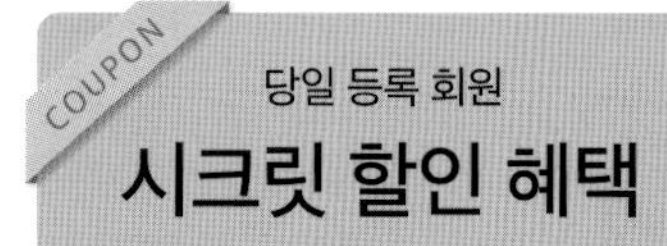

설명회 참석 당일 등록 시 특별 수강 할인권 제공

친구 추천 이벤트

"친구 추천하고 한 달 만에 920만원 받았어요"

친구 1명 추천할 때마다 현금 10만원 제공
추천 참여 횟수 무제한 반복 가능

친구 추천 이벤트 바로가기

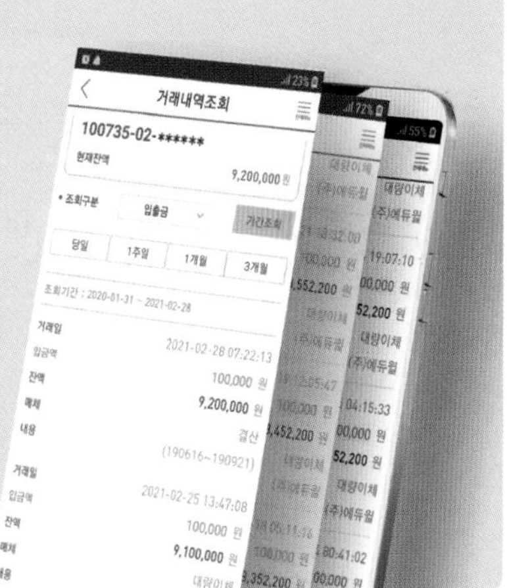

※ *a*o*h**** 회원의 2021년 2월 실제 리워드 금액 기준
※ 해당 이벤트는 예고 없이 변경되거나 종료될 수 있습니다.

자세한 내용이 궁금하다면 1600-6700

* 2023 대한민국 브랜드만족도 공인중개사 교육 1위 (한경비즈니스)

합격자 수 1위 에듀윌 7만 건이 넘는 후기

고○희 합격생

부알못, 육아맘도 딱 1년 만에 합격했어요.

저는 부동산에 관심이 전혀 없는 '부알못'이었는데, 부동산에 관심이 많은 남편의 권유로 공부를 시작했습니다. 남편 지인들이 에듀윌을 통해 많이 합격했고, '합격자 수 1위'라는 광고가 좋아 에듀윌을 선택하게 되었습니다. 교수님들이 커리큘럼대로만 하면 된다고 해서 믿고 따라갔는데 정말 반복 학습이 되더라고요. 아이 둘을 키우다 보니 낮에는 시간을 낼 수 없어서 밤에만 공부하는 게 쉽지 않아 포기하고 싶을 때도 있었지만 '에듀윌 지식인'을 통해 합격하신 선배님들과 함께 공부하는 동기들의 위로가 큰 힘이 되었습니다.

이○용 합격생

군복무 중에 에듀윌 커리큘럼만 믿고 공부해 합격

에듀윌이 합격자가 많기도 하고, 교수님이 많아 제가 원하는 강의를 고를 수 있는 점이 좋았습니다. 또, 커리큘럼이 잘 짜여 있어서 잘 따라만 가면 공부를 잘 할 수 있을 것 같아 에듀윌을 선택했습니다. 에듀윌의 커리큘럼대로 꾸준히 따라갔던 게 저만의 합격 비결인 것 같습니다.

안○원 합격생

5개월 만에 동차 합격, 낸 돈 그대로 돌려받았죠!

저는 야쿠르트 프레시매니저를 하다 60세에 도전하여 합격했습니다. 심화 과정부터 시작하다 보니 기본이 부족했는데, 교수님들이 하라는 대로 기본 과정과 책을 더 보면서 정리하며 따라갔던 게 주효했던 것 같습니다. 합격 후 100만 원 가까이 되는 큰 돈을 환급받아 남편이 주택관리사 공부를 한다고 해서 뒷받침해 줄 생각입니다. 저는 소공(소속 공인중개사)으로 활동을 하고 싶은 포부가 있어 최대 규모의 에듀윌 동문회 활동도 기대가 됩니다.

다음 합격의 주인공은 당신입니다!

더 많은 합격 비법

* 에듀윌 홈페이지 게시 건수 기준 (2025년 3월 기준)
* 2023 대한민국 브랜드만족도 공인중개사 교육 1위 (한경비즈니스)

시작하는 방법은
말을 멈추고
즉시 행동하는 것이다.

– 월트 디즈니(Walt Disney)

합격할 때까지 책임지는 개정법령 원스톱 서비스!

법령 개정이 잦은 공인중개사 시험. 일일이 찾아보지 마세요!
에듀윌에서는 필요한 개정법령만을 빠르게! 한번에! 제공해 드립니다.

에듀윌 도서몰 접속 (book.eduwill.net) ▶ 우측 정오표 아이콘 클릭 ▶ 카테고리 공인중개사 설정 후 교재 검색

개정법령 확인하기

2025

에듀윌 공인중개사

기출응용 예상문제집 2차

부동산세법

왜 기출응용 예상문제를 풀어야 할까요?

기출지문에만 익숙해지면 안 됩니다. 개념을 정확하게 이해했는지 예상문제를 풀어 보면서 점검해야 완전히 내 것이 됩니다.

합격생A

응용문제와 고난도 문제를 반복적으로 충분히 연습하고 가시면 본 시험에서 문제 없이 푸실 수 있습니다.

합격생B

그래서 에듀윌 기출응용 예상문제집은?

1 | 익숙한 기출문제를 기출응용문제로 새롭게 점검!

핵심 기출문제를 변형한 문제로 학습하면서 약점을 파악하고 응용력을 기를 수 있습니다.

제35회 부동산세법 기출문제

34. 지방세법령상 재산세의 물납에 관한 설명으로 옳은 것을 모두 고른 것은?

> ㉠ 지방자치단체의 장은 재산세의 납부세액이 1천만원을 초과하는 경우에는 납세의무자의 신청을 받아 해당 지방자치단체의 관할구역에 있는 부동산에 대하여만 대통령령으로 정하는 바에 따라 물납을 허가할 수 있다.
> ㉡ 시장 · 군수 · 구청장은 법령에 따라 불허가 통지를 받은 납세의무자가 그 통지를 받은 날부터 10일 이내에 해당 시 · 군 · 구의 관할구역에 있는 부동산으로서 관리 · 처분이 가능한 다른 부동산으로 변경신청하는 경우에는 변경하여 허가할 수 있다.
> ㉢ 물납을 허가하는 부동산의 가액은 물납 허가일 현재의 시가로 한다.

① ㉠ ② ㉢ ③ ㉠, ㉡
④ ㉡, ㉢ ⑤ ㉠, ㉡, ㉢

완벽 응용

2025 에듀윌 기출응용 예상문제집 부동산세법 p.100

36. 지방세법령상 재산세의 물납에 관한 설명으로 옳은 것을 모두 고른 것은?

> ㉠ 지방자치단체의 장은 재산세의 납부세액이 1천만원을 초과하는 경우에는 납세의무자의 신청을 받아 해당 지방자치단체의 관할구역에 있는 부동산 및 유가증권에 대하여 대통령령으로 정하는 바에 따라 물납을 허가할 수 있다.
> ㉡ 시장 · 군수 · 구청장은 법령에 따라 불허가 통지를 받은 납세의무자가 그 통지를 받은 날부터 10일 이내에 해당 시 · 군 · 구의 관할구역에 있는 부동산으로서 관리 · 처분이 가능한 다른 부동산으로 변경신청하는 경우에는 변경하여 허가할 수 있다.
> ㉢ 물납을 허가하는 부동산의 가액은 과세기준일 현재의 시가로 한다.

① ㉠ ② ㉢ ③ ㉠, ㉡
④ ㉡, ㉢ ⑤ ㉠, ㉡, ㉢

저는 문제를 많이 풀면서 모르는 문제, 처음 보는 문제에 대한 두려움을 없애보고자 노력했던 것이 도움이 되었습니다.

합격생C

최근 단어나 말을 살짝 바꾼 함정문제가 나오는 과목도 있어 정확하게 연습하는 것이 중요합니다.

합격생D

2 | 실제 시험 유형 · 지문과 유사한 예상문제로 학습!

공인중개사 시험의 출제경향에 맞추어 실전감각을 키우는 연습이 가능합니다.

제35회 부동산세법 기출문제

31. 지방세법령상 부동산 취득에 대한 취득세의 표준세율로 옳은 것을 모두 고른 것은? (단, 조례에 의한 세율 조정, 지방세관계법령상 특례 및 감면은 고려하지 않음)

> ㉠ 상속으로 인한 농지의 취득: 1천분의 23
> ㉡ 법인의 합병으로 인한 농지 외의 토지 취득: 1천분의 40
> ㉢ 공유물의 분할로 인한 취득: 1천분의 17
> ㉣ 매매로 인한 농지 외의 토지 취득: 1천분의 19

① ㉠, ㉡ ② ㉡, ㉢ ③ ㉢, ㉣
④ ㉠, ㉡, ㉢ ⑤ ㉡, ㉢, ㉣

유형 일치

2024 에듀윌 기출응용 예상문제집 부동산세법 p.52

23. 「지방세법」상 부동산 취득 시 취득세 과세표준에 적용되는 표준세율로 옳은 것을 모두 고른 것은?

> ㉠ 건축물의 신축: 1천분의 28
> ㉡ 상속으로 인한 농지 취득: 1천분의 23
> ㉢ 공유물의 분할로 인한 취득(등기부등본상 본인 지분을 초과하지 아니함): 1천분의 28
> ㉣ 법령으로 정한 비영리사업자의 상속 외의 무상 취득: 1천분의 35

① ㉠, ㉡ ② ㉠, ㉢ ③ ㉡, ㉢
④ ㉡, ㉢, ㉣ ⑤ ㉠, ㉡, ㉢, ㉣

이 책의 구성 및 활용법

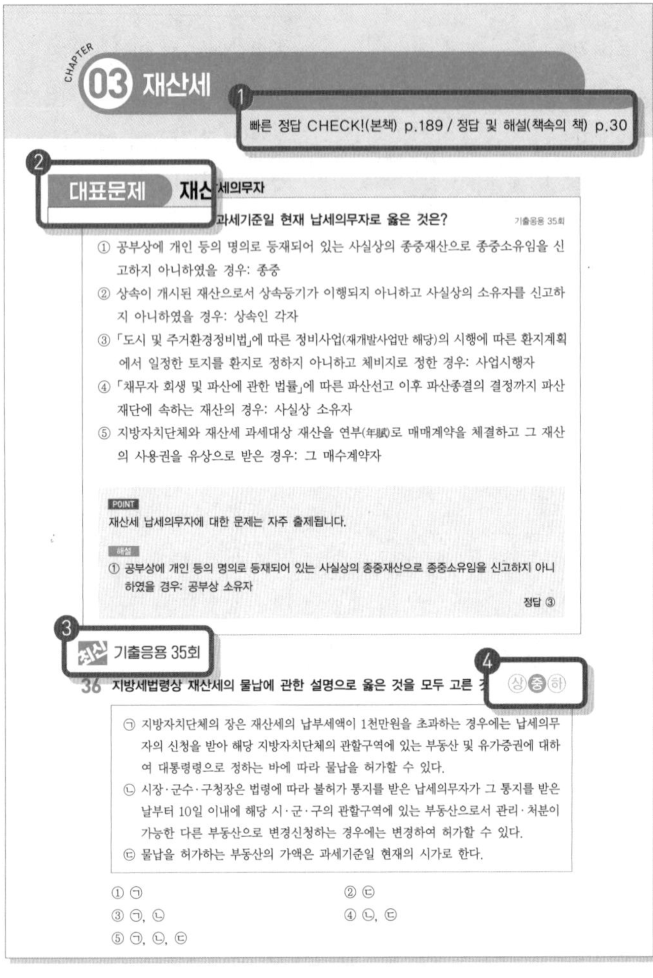

CHAPTER 03 재산세

1 빠른 정답 CHECK!(본책) p.189 / 정답 및 해설(책속의 책) p.30

2 대표문제 재산세 납세의무자

과세기준일 현재 납세의무자로 옳은 것은? 기출응용 35회

① 공부상에 개인 등의 명의로 등재되어 있는 사실상의 종중재산으로 종중소유임을 신고하지 아니하였을 경우: 종중
② 상속이 개시된 재산으로서 상속등기가 이행되지 아니하고 사실상의 소유자를 신고하지 아니하였을 경우: 상속인 각자
③ 「도시 및 주거환경정비법」에 따른 정비사업(재개발사업만 해당)의 시행에 따른 환지계획에서 일정한 토지를 환지로 정하지 아니하고 체비지로 정한 경우: 사업시행자
④ 「채무자 회생 및 파산에 관한 법률」에 따른 파산선고 이후 파산종결의 결정까지 파산재단에 속하는 재산의 경우: 사실상 소유자
⑤ 지방자치단체와 재산세 과세대상 재산을 연부(年賦)로 매매계약을 체결하고 그 재산의 사용권을 유상으로 받은 경우: 그 매수계약자

POINT
재산세 납세의무자에 대한 문제는 자주 출제됩니다.

해설
① 공부상에 개인 등의 명의로 등재되어 있는 사실상의 종중재산으로 종중소유임을 신고하지 아니하였을 경우: 공부상 소유자

정답 ③

3 최신 기출응용 35회

36 지방세법령상 재산세의 물납에 관한 설명으로 옳은 것을 모두 고른 것은? 4 상 중 하

㉠ 지방자치단체의 장은 재산세의 납부세액이 1천만원을 초과하는 경우에는 납세의무자의 신청을 받아 해당 지방자치단체의 관할구역에 있는 부동산 및 유가증권에 대하여 대통령령으로 정하는 바에 따라 물납을 허가할 수 있다.
㉡ 시장·군수·구청장은 법령에 따라 불허가 통지를 받은 납세의무자가 그 통지를 받은 날부터 10일 이내에 해당 시·군·구의 관할구역에 있는 부동산으로서 관리·처분이 가능한 다른 부동산으로 변경신청하는 경우에는 변경하여 허가할 수 있다.
㉢ 물납을 허가하는 부동산의 가액은 과세기준일 현재의 시가로 한다.

① ㉠ ② ㉢
③ ㉠, ㉡ ④ ㉡, ㉢
⑤ ㉠, ㉡, ㉢

❶ 정답만 확인하고 싶다면?
'빠른 정답 CHECK!(본책)',
해설까지 확인하고 싶다면?
'정답 및 해설(책속의 책)' 페이지로
바로 확인!!

❷ 대표문제를 풀면서
핵심 출제키워드, 문제 유형을
한번에 파악!

❸ 최신 기출응용&예상문제로
약점 보완 및 응용력 강화!

❹ 상/중/하 난이도에 따른
문제풀이 학습 가능!

⊕ 오답 노트가 되는 정답 및 해설(책속의 책)

- 문제와 정답/해설이 분리되어 있어 실전 대비 가능
- 함께 학습하면 좋은 이론 추가, 마지막 복습노트로 활용
- 어려운 문제, 보충개념 등은 오답 NOTE에 정리!
- 형광펜 표시로 주요 포인트만 빠르게 회독 가능

저자의 말

지금까지 이론학습을 열심히 하신 수험생 여러분, 이제 문제를 풀어볼 시간입니다. 학습한 지식이 아무리 많다 하더라도 실제 문제에 응용할 수 있어야 합격할 수 있습니다. 이에 본 기출응용 예상문제집은 다음과 같은 사항에 중점을 두어 집필하였습니다.

첫째, 가급적 기출문제를 응용하였습니다. 최근 기출문제를 바탕으로 이와 유사한 형태, 유사한 난이도로 집필하였으며 기출문제에서 다룬 조문 중 누락된 항목을 다른 문제로 재구성하여 조문 내 모든 내용을 빠짐없이 학습할 수 있도록 하였습니다.

둘째, 최근 출제경향을 반영하였습니다. 최근에는 주로 사례형 문제 및 종합문제가 출제되고 있습니다. 단순히 조문을 암기하고 있는 지를 묻기보다는 개념을 이해하고 있는지, 실제 생활에서 어떻게 적용되는지를 묻는 문제가 출제되고 있으며 이는 매우 바람직한 경향이라고 생각합니다. 이에 사례형 문제 및 종합문제를 많이 수록함으로써 실전에 대비할 수 있도록 하였습니다.

셋째, 기본서 등 이론교재와의 연계에 중점을 두었습니다. 기본서 등의 목차와 동일한 순서로 문제를 배열하여 이론학습 후 바로 해당 부분의 문제를 풀어 볼 수 있도록 하였으며 문제와 해설을 분리 구성하여 실제 시험처럼 문제를 풀어본 후 해설을 통해 부족한 부분을 보충할 수 있도록 하였습니다.

이제 시험이 얼마 남지 않았습니다. 아무쪼록 이 책이 여러분의 문제풀이 능력 향상에 도움이 되어 합격의 길에 성큼 다가갈 수 있기를 기원하겠습니다. 〈2025 에듀윌 공인중개사 2차 기출응용 예상문제집 부동산세법〉으로 공부하시는 여러분! 항상 건강하시고 올해 반드시 합격의 영광을 누리십시오. 감사합니다.

저자 한영규

약력

- 現 에듀윌 부동산세법 전임 교수
- 現 세무법인 세익 원당지점 대표세무사
- 現 동고양세무서 납세자보호위원
- 前 동고양세무서 국세심사위원
- 前 내국소비세법 및 회계학 개론 강의

저서

에듀윌 공인중개사 부동산세법 기초입문서, 기본서, 합격서, 단원별/회차별 기출문제집, 기출응용 예상문제집, 실전모의고사, 필살키 등 집필

차례

PART 1 조세총론

CHAPTER 01 | 조세의 기초이론 ····· 12

CHAPTER 02 | 납세의무의 성립 · 확정 · 소멸 ····· 20

CHAPTER 03 | 조세와 타 채권과의 관계 ····· 26

CHAPTER 04 | 조세의 불복제도 ····· 31

PART 2 지방세

CHAPTER 01 | 취득세 ····· 40

CHAPTER 02 | 등록면허세 ····· 68

CHAPTER 03 | 재산세 ····· 82

PART 3 국세

CHAPTER 01 | 종합부동산세 ··· 110

CHAPTER 02 | 종합소득세 ··· 126

CHAPTER 03 | 양도소득세 ··· 134

책속의 책 오답 노트가 되는 정답 및 해설

조세총론

CHAPTER 01 조세의 기초이론

CHAPTER 02 납세의무의 성립 · 확정 · 소멸

CHAPTER 03 조세와 타 채권과의 관계

CHAPTER 04 조세의 불복제도

CHAPTER	문항 수					비중	☆빈출 키워드
	31회	32회	33회	34회	35회		
CH.01	1	0	1	0	0	28.6%	조세의 분류, 가산세
CH.02	0	0	0	2	1	42.8%	성립시기, 소멸
CH.03	0	0	0	0	1	14.3%	조세우선권
CH.04	0	0	1	0	0	14.3%	불복신청 및 청구제도

* 복합문제이거나, 법률이 개정 및 제정된 경우 분류 기준에 따라 위 수치와 달라질 수 있습니다.

CHAPTER

01 조세의 기초이론

빠른 정답 CHECK!(본책) p.188 / 정답 및 해설(책속의 책) p.2

대표문제 조세의 분류

국내 소재 부동산의 보유단계에서 부담할 수 있는 세목으로 옳은 것은?

㉠ 농어촌특별세	㉡ 지방교육세
㉢ 종합부동산세	㉣ 소방분 지역자원시설세

① ㉠ ② ㉠, ㉡

③ ㉡, ㉣ ④ ㉠, ㉢, ㉣

⑤ ㉠, ㉡, ㉢, ㉣

POINT

활동별 과세될 수 있는 세목에 대해 숙지하여야 합니다. 매년 출제되는 부분은 아니지만 세법 전체를 그릴 수 있는 중요한 내용입니다. 특히 농어촌특별세, 지방교육세, 지방소득세가 과세되는 단계에 주의하세요.

해설

㉠ 농어촌특별세: 취득·보유·양도 모든 단계
㉡ 지방교육세: 취득·보유단계
㉢ 종합부동산세: 보유단계
㉣ 소방분 지역자원시설세: 보유단계

이론+ 부동산 활동별 조세

취득단계	보유단계	양도단계
• 취득세 • 등록면허세 • 상속세 및 증여세 • 농어촌특별세 • 지방교육세 • 부가가치세 • 지방소비세 • 인지세 등	• 재산세 • 소방분 지역자원시설세 • 종합부동산세 • 종합소득세(부동산 임대업 등) • 지방소득세 • 농어촌특별세 • 지방교육세 • 부가가치세 • 지방소비세	• 양도소득세 • 종합소득세(부동산 매매업 등) • 지방소득세 • 농어촌특별세 • 부가가치세 • 지방소비세 • 인지세 등

정답 ⑤

01 **다음 중 국세인 목적세는 무엇인가?** 상중하

① 지역자원시설세
② 종합부동산세
③ 양도소득세
④ 농어촌특별세
⑤ 지방교육세

02 **원칙적으로 과세관청의 결정에 의하여 납세의무가 확정되는 지방세는 무엇인가?**

① 취득세
② 종합부동산세
③ 양도소득세
④ 재산세
⑤ 지방교육세

03 **원칙적으로 납세의무자의 신고에 의해 납세의무가 확정되는 국세는 무엇인가?** 상중하

① 취득세
② 등록면허세
③ 양도소득세
④ 재산세
⑤ 종합부동산세

04 2025년 10월 중 부동산을 취득하는 경우, 취득단계에서 부담할 수 있는 세금을 모두 고른 것은? 상중하

㉠ 등록면허세	㉡ 농어촌특별세
㉢ 종합소득세	㉣ 지방교육세
㉤ 인지세	

① ㉡, ㉣, ㉤
② ㉢, ㉣, ㉤
③ ㉠, ㉡, ㉢, ㉣
④ ㉠, ㉡, ㉣, ㉤
⑤ ㉠, ㉢, ㉣, ㉤

05 2025년 10월 국내 소재 등기된 부동산을 양도하는 경우 양도단계에서 부담할 수 있는 세금은 모두 몇 개인가? 상중하

• 양도소득세	• 농어촌특별세
• 지방교육세	• 개인지방소득세

① 0개
② 1개
③ 2개
④ 3개
⑤ 4개

06 「지방세기본법」 및 「지방세법」상 용어의 정의에 관한 설명이다. (　　) 안에 들어갈 내용으로 옳은 것끼리 묶인 것은? ㊤㊥㊦

> (　　)란 지방세를 징수할 때 편의상 징수할 여건이 좋은 자로 하여금 징수하게 하고 그 징수한 세금을 납부하게 하는 것을 말하며, (　　)란 납세자가 납세의무를 이행할 수 없는 경우에 납세자를 갈음하여 납세의무를 지는 자를 말한다. 또한, (　　)란 지방자치단체의 장이 「지방세기본법」 또는 지방세관계법에 따라 납세자로부터 지방자치단체의 징수금을 거두어들이는 것을 말한다.

① 특별징수 – 제2차 납세의무자 – 징수
② 특별징수 – 제2차 납세의무자 – 부과
③ 특별징수 – 연대납세의무자 – 부과
④ 보통징수 – 제2차 납세의무자 – 징수
⑤ 신고납부 – 연대납세의무자 – 징수

07 「지방세기본법」상 용어의 정의에 관한 설명으로 <u>틀린</u> 것은? ㊤㊥㊦

① '표준세율'이란 지방자치단체가 지방세를 부과할 경우에 통상 적용하여야 할 세율로서 재정상의 사유 또는 그 밖의 특별한 사유가 있는 경우에는 이에 따르지 아니할 수 있는 세율을 말한다.
② '과세표준'이란 「지방세법」에 따라 직접적으로 세액산출의 기초가 되는 과세물건의 수량·면적 또는 가액(價額) 등을 말한다.
③ '세무공무원'이란 지방자치단체의 장 또는 지방세의 부과·징수 등에 관한 사무를 위임받은 공무원을 말한다.
④ '납세자'란 납세의무자(연대납세의무자와 제2차 납세의무자 및 보증인은 제외)와 특별징수의무자를 말한다.
⑤ '특별징수'란 지방세를 징수할 때 편의상 징수할 여건이 좋은 자로 하여금 징수하게 하고 그 징수한 세금을 납부하게 하는 것을 말한다.

08 「지방세기본법」상 용어의 정의에 관한 설명으로 틀린 것은? 

① '보통징수'란 세무공무원이 납세고지서를 납세자에게 발급하여 지방세를 징수하는 것을 말한다.

② '가산세'란 「지방세기본법」 또는 지방세관계법에서 규정하는 의무를 성실하게 이행하도록 하기 위하여 의무를 이행하지 아니할 경우에 「지방세기본법」 또는 지방세관계법에 따라 산출한 세액에 가산하여 징수하는 금액을 말한다.

③ '체납처분비'란 「지방세징수법」 제3장의 체납처분에 관한 규정에 따른 재산의 압류·보관·운반과 매각에 드는 비용(매각을 대행시키는 경우 그 수수료를 포함)을 말한다.

④ '지방자치단체의 징수금'이란 지방세 및 공과금을 말한다.

⑤ '제2차 납세의무자'란 납세자가 납세의무를 이행할 수 없는 경우에 납세자를 갈음하여 납세의무를 지는 자를 말한다.

09 「지방세기본법」상 가산세에 관한 내용으로 틀린 것은? 

① 무신고가산세(사기나 그 밖의 부정한 행위로 인하지 않은 경우): 납부세액의 100분의 20에 상당하는 금액

② 무신고가산세(사기나 그 밖의 부정한 행위로 인한 경우): 납부세액의 100분의 40에 상당하는 금액

③ 과소신고가산세(사기나 그 밖의 부정한 행위로 인하지 않은 경우): 과소신고분세액의 100분의 10에 상당하는 금액

④ 과소신고가산세(사기나 그 밖의 부정한 행위로 인한 경우): 부정 과소신고분세액의 100분의 40에 상당하는 금액

⑤ 신고에 따른 납부지연가산세: 납부하지 아니한 세액의 100분의 20에 상당하는 금액

10 「지방세기본법」상 가산세에 관한 내용으로 <u>틀린</u> 것은? 

① 납세고지서에 따른 납부기한까지 납부하지 아니하면 납부하지 아니한 세액의 100분의 3에 상당하는 가산세를 부과한다.

② 납세고지서에 따른 납부기한까지 납부하지 아니하면 납세고지서에 따른 납부기한이 지난 날부터 1개월이 지날 때마다 납부하지 아니한 세액의 1만분의 66에 상당하는 가산세를 부과한다.

③ 위 ②에 따른 가산세는 60개월을 초과할 수 없다.

④ 지방자치단체(지방자치법에 따른 지방자치단체조합을 포함)에 대해서는 위 ①, ②의 가산세를 적용하지 아니한다.

⑤ 체납된 납세고지서별 세액이 100만원인 경우 위 ②의 가산세를 적용하지 아니한다.

PART 1

11 「국세기본법」 및 「지방세기본법」상 가산세에 관한 설명으로 <u>틀린</u> 것은? 

① 가산세는 가산세가 부과되는 해당 세액의 세목으로 한다. 다만, 해당 조세를 감면하는 경우 가산세는 그 감면대상에 포함하지 아니한다.

② 취득세를 무신고한 경우 해당 부가세인 농어촌특별세, 지방교육세에 대해서는 무신고가산세를 적용하지 아니한다.

③ 국세 고지 후 납부지연가산세는 5년을 초과할 수 없으며, 고지서 세액이 세목별 150만원 미만인 경우에는 납세고지서에 따른 납부기한의 다음 날부터 납부지연가산세를 적용하지 아니한다.

④ 「지방세기본법」상 법정신고기한이 지난 후 1개월 이내에 수정신고한 경우 과소신고가산세의 100분의 90에 상당하는 금액을 감면한다.

⑤ 수정신고서·기한 후 신고서의 제출과 동시에 세액을 납부하지 않고 신고서를 제출만 한 경우에는 무신고가산세 및 과소신고가산세를 감면받을 수 없다.

최신 기출응용 33회

12 「지방세기본법」상 서류의 송달에 관한 설명으로 옳은 것은?

① 연대납세의무자에게 납세의 고지에 관한 서류를 송달할 때에는 연대납세의무자 중 지방세를 징수하기 유리한 자에게 송달하여야 한다.

② 기한을 정하여 납세고지서를 송달하였더라도 서류가 도달한 날부터 10일이 되는 날에 납부기한이 되는 경우 지방자치단체의 징수금의 납부기한은 해당 서류가 도달한 날부터 14일이 지난 날로 한다.

③ 납세관리인이 있더라도 납세의 고지와 독촉에 관한 서류는 그 납세의무자의 주소 또는 영업소에 송달한다.

④ 교부에 의한 서류송달의 경우에 송달할 장소에서 서류를 송달받아야 할 자를 만나지 못하였을 때에는 공시송달하여야 한다.

⑤ 서류송달을 받아야 할 자의 주소 또는 영업소가 국외에 있고 송달하기 곤란한 경우에는 서류의 주요 내용을 공고한 날부터 14일이 지나면 서류의 송달이 된 것으로 본다.

13 「지방세기본법」상 서류의 송달에 관한 설명으로 <u>틀린</u> 것은? 

① 기한을 정하여 납세고지서, 납부통지서, 독촉장 또는 납부최고서를 송달하였더라도 서류가 납부기한이 지난 후에 도달한 경우 지방자치단체의 징수금의 납부기한은 해당 서류가 도달한 날부터 14일이 지난 날로 한다.

② 서류의 송달은 교부·우편 또는 전자송달을 원칙으로 하되, 해당 지방자치단체의 조례로 정하는 방법에 따른다.

③ 서류를 우편으로 송달하였으나 받을 사람이 없는 것으로 확인되어 반송됨으로써 납부기한 내에 송달하기 곤란하다고 인정되는 경우에는 공시송달할 수 있다.

④ 송달하는 서류는 그 송달을 받아야 할 자에게 도달한 때부터 효력이 발생한다. 다만, 전자송달의 경우에는 송달받을 자가 지정한 전자우편주소, 지방세통합정보통신망의 전자사서함 또는 연계정보통신망의 전자고지함에 저장된 때에 그 송달을 받아야 할 자에게 도달된 것으로 본다.

⑤ 서류를 송달받아야 할 자를 만나지 못하였고 그의 종업원 또는 동거인으로서 사리를 분별할 수 있는 사람이 정당한 사유 없이 서류의 수령을 거부하면 공시송달할 수 있다.

CHAPTER

02 납세의무의 성립 · 확정 · 소멸

빠른 정답 CHECK!(본책) p.188 / 정답 및 해설(책속의 책) p.5

대표문제 납세의무의 소멸

국세기본법령 및 지방세기본법령상 국세 또는 지방세 징수권의 소멸시효에 관한 설명으로 틀린 것은? 기출응용 35회

① 가산세를 제외한 국세가 10억원인 경우 징수권은 10년 동안 행사하지 아니하면 소멸시효가 완성된다.

② 가산세를 제외한 지방세가 1억원인 경우 지방세징수권은 10년 동안 행사하지 아니하면 소멸시효가 완성된다.

③ 가산세를 제외한 지방세가 5천만원인 경우 지방세징수권은 10년 동안 행사하지 아니하면 소멸시효가 완성된다.

④ 납세의무자가 양도소득세를 확정신고하였으나 정부가 경정하는 경우, 국세징수권을 행사할 수 있는 때는 납세의무자가 확정신고한 법정신고납부기한의 다음 날이다.

⑤ 납세의무자가 취득세를 신고하였으나 지방자치단체의 장이 경정하는 경우, 납세고지한 세액에 대한 지방세징수권을 행사할 수 있는 때는 그 납세고지서에 따른 납부기한의 다음 날이다.

POINT

징수권의 소멸시효에 대해 숙지하여야 합니다.

해설

①②③ 징수권의 소멸시효는 5년(가산세를 제외한 국세 5억원 이상, 가산세를 제외한 지방세 5천만원 이상은 10년)이다.

④⑤ 징수권의 소멸시효의 기산일은 다음과 같다(국세기본법 제27조 제3항, 지방세기본법 제39조 제3항).

1. 과세표준과 세액의 신고에 의하여 납세의무가 확정되는 세목의 경우 신고한 세액에 대해서는 그 법정신고납부기한의 다음 날
2. 과세표준과 세액을 정부나 지방자치단체가 결정, 경정하는 경우 납부고지한 세액에 대해서는 그 고지서에 따른 납부기한의 다음 날

이론+ **부과제척기간**

1. 사기, 부정한 사유: 10년(상속세 및 증여세 15년)
2. 무신고: 7년(상속세 및 증여세 15년)
3. 일반: 5년(상속세 및 증여세 10년)
4. 다음의 경우 취득 관련 지방세 무신고 시 10년 적용
   ㉠ 상속·증여를 원인으로 취득
   ㉡ 명의신탁약정으로 실권리자가 사실상 취득
5. 타인명의로 주식을 취득하여 과점주주가 된 경우의 간주취득세
6. 부담부증여 시 양도소득세: 증여세 기준 적용

정답 ④

01 다음 중 납세의무의 성립시기에 관한 설명으로 옳은 것은 모두 몇 개인가? 상중하

- 취득세: 과세기간이 끝나는 때
- 종합부동산세: 과세기간이 끝나는 때
- 소방분 지역자원시설세(건축물 및 선박): 과세기준일(6월 1일)
- 지방교육세: 과세표준이 되는 세목의 납세의무가 성립하는 때
- 수시로 부과하여 징수하는 국세 및 지방세: 수시부과할 사유가 발생하는 때

① 1개　② 2개
③ 3개　④ 4개
⑤ 5개

02 **국세 및 지방세의 납세의무 성립시기에 관한 내용으로 틀린 것은?** (단, 특별징수 및 수시부과와 무관함) 상중하

① 개인분 주민세: 매년 7월 1일
② 양도소득세: 과세대상물건을 양도하는 때
③ 재산세에 부가되는 지방교육세: 매년 6월 1일
④ 중간예납하는 소득세: 중간예납기간이 끝나는 때
⑤ 농어촌특별세: 본세의 납세의무가 성립하는 때

03 **다음 중 원칙적인 납세의무의 확정시기에 관한 설명으로 옳은 것은?** 

① 취득세: 과세표준과 세액을 해당 지방자치단체가 결정하는 때
② 재산세: 과세표준과 세액을 해당 지방자치단체가 결정하는 때
③ 양도소득세: 과세표준과 세액을 정부가 결정하는 때
④ 종합부동산세: 과세기준일(6월 1일)
⑤ 특별징수하는 지방소득세: 과세표준과 세액을 해당 지방자치단체에 신고하는 때

04 **「지방세기본법」상 지방자치단체의 징수금을 납부할 의무가 소멸되는 것은 모두 몇 개인가?** 상중하

㉠ 부과가 취소되었을 때 ㉡ 법인이 합병한 때 ㉢ 납세의무자의 사망으로 상속이 개시된 때 ㉣ 지방세징수권 소멸시효가 중단되었을 때

① 0개
② 1개
③ 2개
④ 3개
⑤ 4개

05 **다음 중 납세의무의 소멸에 관한 설명으로 <u>틀린</u> 것은?** 

① 상속받은 토지에 관한 취득세의 과세표준신고서를 법정신고기한까지 제출하지 아니한 경우 부과제척기간은 10년을 적용한다.

② 부담부증여에 따른 양도소득세의 과세표준신고서를 법정신고기한까지 제출하지 아니한 경우 부과제척기간은 7년이다.

③ 법인의 합병은 조세의 납세의무의 소멸사유에 해당하지 아니한다.

④ 사업의 양도·양수가 있는 경우 그 사업에 관하여 양도일 이전에 양도인의 납세의무가 확정된 지방자치단체의 징수금을 양도인의 재산으로 충당하여도 부족할 때 법정요건 충족 시 양수인은 그 부족한 금액에 대하여 양수한 재산의 가액 한도 내에서 제2차 납세의무를 진다.

⑤ 가산세를 제외한 5천만원 이상의 지방세의 징수소멸시효는 10년이다.

06 **「국세기본법」 및 「지방세기본법」상 납세의무에 관한 내용으로 <u>틀린</u> 것은?** 

① 확정신고하는 양도소득세는 과세기간이 끝나는 때에 납세의무가 성립하고, 납세의무자의 과세표준과 세액을 신고하는 때 확정된다.

② 상속이 개시된 때에 그 상속인은 피상속인에게 부과되거나 그 피상속인이 납부할 국세 및 강제징수비를 상속으로 받은 재산의 한도에서 납부할 의무를 진다.

③ 부담부증여에 대한 양도소득세를 사기나 그 밖의 부정한 방법으로 포탈한 경우와 무신고한 경우의 부과제척기간은 15년으로 한다.

④ 직계존속으로부터 토지를 증여받았으나 취득세의 과세표준신고서를 법정신고기한까지 제출하지 아니한 경우 부과제척기간은 10년으로 한다.

⑤ 양도인이 사업을 경영하던 장소에서 양도인이 경영하던 사업과 같거나 유사한 종목의 사업을 경영하는 특수관계자는 그 사업 양도에 대하여 발생한 양도소득세를 양도인의 재산으로 충당하여도 부족할 때에는 양수인은 제2차 납세의무를 진다.

07 **「국세기본법」 및 「지방세기본법」상 부과제척기간에 관한 설명으로 틀린 것은?** (단, 사기나 그 밖의 부정한 행위로 조세를 포탈하거나 환급, 공제받은 경우에 해당하지 않음) 상중하

① 유상승계취득하는 경우로서 법정신고기한까지 취득세 과세표준 신고서를 제출하지 아니한 경우: 취득세를 부과할 수 있는 날부터 7년

② 상속 또는 증여를 원인으로 취득하는 경우로서 법정신고기한까지 취득세 과세표준 신고서를 제출하지 아니한 경우: 취득세를 부과할 수 있는 날부터 15년

③ 타인의 명의로 법인의 주식 또는 지분을 취득하였지만 해당 주식 또는 지분의 실권리자인 자가 과점주주가 되어 해당 법인의 부동산 등을 취득한 것으로 보는 경우로서 법정신고기한까지 취득세 과세표준 신고서를 제출하지 아니한 경우: 취득세를 부과할 수 있는 날부터 10년

④ 부담부증여에 따른 양도소득세 신고서를 제출하지 아니한 경우: 양도소득세를 부과할 수 있는 날부터 15년

⑤ 특례제척기간에 해당하지 않는 종합부동산세: 원칙적으로 종합부동산세 납세의무 성립일부터 5년

최신 기출응용 34회

08 **국세기본법령상 국세의 부과제척기간에 관한 설명으로 틀린 것은?** 상중하

① 납세자가 「조세범 처벌법」에 따른 사기나 그 밖의 부정한 행위로 종합소득세를 포탈하는 경우(역외거래 제외) 그 국세를 부과할 수 있는 날부터 10년을 부과제척기간으로 한다.

② 지방국세청장은 「행정소송법」에 따른 소송에 대한 판결이 확정된 경우 그 판결이 확정된 날부터 1년이 지나기 전까지 경정이나 그 밖에 필요한 처분을 할 수 있다.

③ 과세의 대상이 되는 재산의 귀속이 명의일 뿐이고 사실상 귀속되는 자가 따로 있다는 사실이 확인된 경우 당초의 부과처분을 취소하고 그 결정 또는 판결이 확정된 날부터 2년 이내에 재산의 사실상 귀속자에게 경정이나 그 밖에 필요한 처분을 할 수 있다.

④ 종합부동산세의 경우 부과제척기간의 기산일은 과세기준일이다.

⑤ 납세자가 법정신고기한까지 과세표준신고서를 제출하지 아니한 경우(역외거래 제외)에는 해당 국세를 부과할 수 있는 날부터 7년을 부과제척기간으로 한다.

09 「국세기본법」 및 「지방세기본법」상 징수권의 소멸시효에 관한 설명으로 옳은 것은?

> ㉠ 과세관청의 납부고지 및 독촉은 소멸시효 정지사유에 해당한다.
> ㉡ 체납된 6천만원(가산세 제외)의 재산세 징수권 소멸시효는 권리를 행사할 수 있는 때부터 5년이다.
> ㉢ 체납된 3억원(가산세 제외)의 양도소득세 징수권 소멸시효는 권리를 행사할 수 있는 때부터 5년이다.

① ㉠
② ㉡
③ ㉢
④ ㉠, ㉢
⑤ ㉠, ㉡, ㉢

PART 1

CHAPTER

03 조세와 타 채권과의 관계

빠른 정답 CHECK!(본책) p.188 / 정답 및 해설(책속의 책) p.7

대표문제 조세채권과 일반채권과의 관계

국세기본법령 및 지방세기본법령상 조세채권과 일반채권의 우선관계에 관한 설명으로 옳은 것은? (단, 납세의무자의 신고는 적법한 것으로 가정함) 기출응용 35회

① 취득세의 법정기일은 과세표준과 세액을 신고한 경우 과세대상 물건을 취득하는 때이다.

② 토지를 양도한 거주자가 양도소득세 과세표준과 세액을 예정신고한 경우 양도소득세의 법정기일은 그 확정신고기한의 다음 날이다.

③ 법정기일 전에 전세권이 설정된 사실은 양도소득세의 경우 부동산등기부 등본 또는 공증인의 증명으로 증명한다.

④ 주택의 직전 소유자가 국세의 체납 없이 전세권이 설정된 주택을 양도하였으나, 양도 후 현재 소유자의 소득세가 체납되어 해당 주택의 매각으로 그 매각금액에서 소득세를 강제징수하는 경우 그 소득세는 해당 주택의 전세권담보채권에 우선한다.

⑤ 「주택임대차보호법」에 따라 주거용 건물에 설정된 전세권에 의하여 담보된 채권은 해당 전세권이 설정된 재산이 국세의 강제징수 또는 경매 절차 등을 통하여 매각되어 그 매각금액에서 국세를 징수하는 경우 그 확정일자 또는 설정일보다 법정기일이 늦은 해당 재산에 대하여 부과된 상속세, 증여세 및 종합부동산세의 우선징수 순서에 대신하여 변제될 수 없다.

POINT

법정기일과 조세의 우선관계에 대해 숙지하여야 합니다.

해설

① 취득세의 법정기일은 과세표준과 세액을 신고한 경우 그 신고일이다.

② 토지를 양도한 거주자가 양도소득세 과세표준과 세액을 예정신고한 경우 양도소득세의 법정기일은 그 예정신고일이다.

③ 법정기일 전에 전세권이 설정된 사실은 양도소득세의 경우 부동산등기부 등본 또는 공증인의 증명으로 증명한다.

④ 주택의 직전 소유자가 국세의 체납 없이 전세권이 설정된 주택을 양도하였으나, 양도 후 현재 소유자의 소득세가 체납되어 해당 주택의 매각으로 그 매각금액에서 소득세를 강제징수하는 경우 그 소득세는 해당 주택의 전세권담보채권에 우선하지 못한다.

⑤ 「주택임대차보호법」에 따라 주거용 건물에 설정된 전세권에 의하여 담보된 채권은 해당 전세권이 설정된 재산이 국세의 강제징수 또는 경매 절차 등을 통하여 매각되어 그 매각금액에서 국세를 징수하는 경우 그 확정일자 또는 설정일보다 법정기일이 늦은 해당 재산에 대하여 부과된 상속세, 증여세 및 종합부동산세의 우선징수 순서에 대신하여 변제될 수 있다.

이론+ **배당 순서**

순위	내용
0순위	강제집행비, 체납처분비 등
1순위	소액보증금, 최종 3개월분 임금, 3년간 퇴직금, 재해보상금
2순위(당해세)	상속세 및 증여세, 재산세, 종합부동산세, 소방분 지역자원시설세 및 이에 부가되는 부가세, 가산세 등
3순위	설정일과 법정기일이 빠른 순

※ 취득세, 종합소득세, 양도소득세는 당해세에 해당하지 아니한다.

※ 단, 주택보증금의 확정일자(또는 전세권설정일)보다 당해세의 법정기일이 늦은 경우 해당 재산에 대하여 부과된 당해세의 우선징수 순서에 대신하여 변제될 수 있다.

이론+ **법정기일**

1. 신고에 의하여 납세의무가 확정되는 세목: 그 신고일
2. 과세관청의 결정·경정하는 경우: 납세고지서의 발송일

정답 ③

01 법정기일 전에 저당권의 설정을 등기한 사실이 등기사항증명서(부동산등기부 등본)에 따라 증명되는 재산을 매각하여 그 매각금액에서 국세 또는 지방세를 징수하는 경우, 그 재산에 대하여 부과되는 다음의 국세 또는 지방세 중 저당권에 따라 담보된 채권에 우선하여 징수하는 것이 아닌 것은? 상중하

① 부동산임대에 따른 종합소득세
② 종합부동산세
③ 상속세 및 증여세
④ 소방분 지역자원시설세
⑤ 재산세에 부가되는 지방교육세

02 **법정기일 전에 상가건물에 전세권이 설정된 재산의 매각에 있어 그 상가건물 전세권에 의하여 담보된 채권은 국세 또는 지방세에 우선한다. 다만, 그 재산에 대하여 부과된 국세 또는 지방세에는 우선하지 못한다. 그에 해당하는 세목이 <u>아닌</u> 것은?** 상중하

① 소방분 지역자원시설세
② 상속세 및 증여세
③ 종합부동산세
④ 취득세
⑤ 재산세

03 **법정기일 전에 저당권의 설정을 등기한 사실이 등기사항증명서(부동산등기부 등본)에 따라 증명되는 재산을 매각하여 그 매각금액에서 국세 또는 지방세를 징수하는 경우, 그 재산에 대하여 부과되는 다음의 국세 또는 지방세 중 저당권에 따라 담보된 채권에 우선하여 징수하는 것으로 옳은 것은?** 상중하

㉠ 취득세에 부가되는 지방교육세 ㉡ 재산세 ㉢ 부동산임대에 따른 종합소득세 ㉣ 소방분 지역자원시설세 ㉤ 종합부동산세

① ㉠, ㉡, ㉤
② ㉡, ㉢, ㉣
③ ㉡, ㉣, ㉤
④ ㉡, ㉢, ㉣, ㉤
⑤ ㉠, ㉡, ㉢, ㉣, ㉤

04 **「국세기본법」 및 「지방세기본법」상 조세채권과 일반채권의 관계에 관한 설명으로 옳은 것은?** 상중하

① 납세담보물 매각 시 담보 있는 조세채권은 압류에 관계되는 조세채권보다 우선한다.
② 재산의 매각대금 배분 시 당해 재산에 부과된 종합부동산세는 당해 재산에 설정된 저당권에 따라 담보된 채권보다 우선하지 못한다.
③ 부동산임대업을 영위하는 거주자의 종합소득세 신고서를 납세지 관할 세무서장에게 제출한 날 전에 전세권설정등기사실이 증명되는 재산을 매각하여 그 매각금액에서 종합소득세를 징수하는 경우, 종합소득세는 전세권에 따라 담보된 채권에 우선한다.
④ 재산의 매각대금 배분 시 당해 재산에 부과된 소방분 지역자원시설세는 당해 재산에 설정된 저당권에 따라 담보된 채권보다 우선하지 못한다.
⑤ 「주택임대차보호법」이 적용되는 임대차관계에 있는 주택을 매각하여 그 매각금액에서 지방세를 징수하는 경우에는 임대차에 관한 보증금 중 일정액으로서 임차인이 우선하여 변제받을 수 있는 금액에 관한 채권은 당해 재산에 부과된 재산세보다 우선하지 못한다.

05 **「지방세기본법」상 지방세와 다른 채권의 관계에 관한 설명으로 틀린 것은?** 상중하

① 지방자치단체의 징수금 체납으로 인하여 납세자의 재산에 대한 체납처분을 하였을 경우에 그 체납처분비는 다른 지방자치단체의 징수금과 국세 및 그 밖의 채권에 우선하여 징수한다.
② 지방자치단체의 징수금의 체납처분에 의하여 납세자의 재산을 압류한 후 다른 지방자치단체의 징수금 또는 국세의 교부청구가 있으면 압류에 관계되는 지방자치단체의 징수금은 교부청구한 다른 지방자치단체의 징수금 또는 국세에 우선하여 징수한다.
③ 납세담보가 되어 있는 재산을 매각하였을 때에는 「지방세기본법」 제73조(압류에 의한 우선)에도 불구하고 해당 지방자치단체에서 다른 지방자치단체의 징수금과 국세에 우선하여 징수한다.
④ 과세표준과 세액의 신고에 의하여 납세의무가 확정되는 지방세의 경우 신고한 해당 세액에 대해서는 그 신고일이 법정기일이다.
⑤ 과세표준과 세액을 지방자치단체가 결정·경정 또는 수시부과결정하는 경우에 고지한 해당 세액에 대해서는 지방자치단체의 세액결정일이 법정기일이다.

06 **「국세기본법」 및 「지방세기본법」상 조세채권과 일반채권의 관계에 관한 설명으로 틀린 것은?** 상중하

① 사용자의 재산을 매각하여 국세를 징수하는 경우 최종 3개월분의 임금과 최종 3년간의 퇴직금은 국세에 우선한다.

② 지방자치단체의 징수금의 징수순위는 지방세(가산세 제외), 체납처분비, 가산세 순이다.

③ 국세 체납액의 징수순위는 강제징수비, 국세(가산세 제외), 가산세 순이다.

④ 경매절차에 따라 재산을 매각할 때 그 매각대금 중에서 국세를 징수하는 경우 경매절차에 든 비용은 국세에 우선한다.

⑤ 재산매각 시 저당권에 담보된 채권보다 우선하는 그 재산에 대하여 부과된 지방세는 재산세, 자동차세, 소방분에 대한 지역자원시설세 및 재산세와 자동차세에 부가되는 지방교육세이다.

CHAPTER

04 조세의 불복제도

빠른 정답 CHECK!(본책) p.188 / 정답 및 해설(책속의 책) p.9

대표문제 지방세 불복제도

「지방세기본법」상 이의신청·심판청구에 관한 설명으로 옳은 것은?

① 지방세에 관한 불복 시 불복청구인은 이의신청을 거친 후에만 심판청구를 하여야 한다.

② 심판청구는 그 처분의 집행에 효력이 미치지 아니하지만 압류한 재산에 대하여는 심판청구의 결정이 있는 날부터 60일까지 그 공매처분을 보류할 수 있다.

③ 「지방세기본법」에 따른 과태료의 부과처분을 받은 자는 이의신청 또는 심판청구를 할 수 있다.

④ 심판청구가 이유 없다고 인정될 때에는 청구를 각하하는 결정을 한다.

⑤ 이의신청인은 신청금액이 2천만원 미만인 경우에는 그의 배우자, 4촌 이내의 혈족 또는 그의 배우자의 4촌 이내의 혈족을 대리인으로 선임할 수 있다.

POINT

조세 불복절차에 대해 숙지하여야 합니다. 숫자가 많이 나오므로 다소 어렵게 느껴질 수 있으나, 본인이 스스로 불복절차를 진행한다는 생각으로 학습해 주세요.

해설

① 이의신청은 임의절차이므로, 이의신청을 거치지 아니하고 심판청구할 수 있다.

② 심판청구는 그 처분의 집행에 효력이 미치지 아니하지만 압류한 재산에 대하여는 심판청구의 결정이 있는 날부터 30일까지 그 공매처분을 보류할 수 있다.

③ 「지방세기본법」에 따른 과태료의 부과처분을 받은 자는 이의신청 또는 심판청구를 할 수 없다.

④ 심판청구가 이유 없다고 인정될 때에는 청구를 기각하는 결정을 한다.

이론+ 불복절차 유의사항

1. 심사청구, 심판청구는 중복해서 신청하지 못하며(국세기본법 제55조 제9항), 이의신청은 임의절차이다.
2. 과태료, 통고처분 등은 불복대상이 아니다.
3. 불복절차는 처분집행에 영향을 미치지 아니한다. 단, 이의신청, 심판청구결정처분이 있는 날부터 30일까지 공매처분 보류가 가능하다(지방세기본법 제99조 제1항, 지방세기본법 시행령 제66조).
4. 천재지변, 화재 등의 사유 발생 시 사유가 소멸된 날부터 14일까지 청구기한 연장이 가능하다.
5. 신청 또는 청구금액이 2천만원 미만(국세 5천만원 미만)인 경우에는 그의 배우자, 4촌 이내의 혈족 또는 그의 배우자의 4촌 이내의 혈족을 대리인으로 선임할 수 있다.

6. 각하, 기각, 인용

각하	심리하지 아니한다.
기각	청구의 이유가 없다(과세관청 승).
인용	청구의 이유가 있다(청구인 승).

정답 ⑤

01 조세의 불복절차에 관한 설명으로 <u>틀린</u> 것은? 

① 이의신청에 대한 결정통지를 받지 못한 경우에는 그 결정기간이 지난 날부터 90일 이내에 심사청구 등을 할 수 있다.

② 이의신청을 받은 세무서장 또는 지방국세청장은 각각 국세심사위원회의 심의를 거쳐 그 신청을 받은 날부터 30일 이내에 결정하여야 한다.

③ 「지방세기본법」에 따른 과태료는 이의신청이나 심판청구를 할 수 없다.

④ 지방세의 경우 심판청구 등을 거치지 않고도 곧바로 행정소송을 제기할 수 있는 것이 원칙이다.

⑤ 천재지변 등의 사유로 이의신청 등을 청구기간 내에 할 수 없을 때에는 그 사유가 소멸한 날부터 14일 이내에 이의신청 등을 할 수 있다.

02 **「지방세기본법」상 이의신청·심판청구에 관한 설명으로 틀린 것은?** 

① 이의신청을 하려면 그 처분이 있은 것을 안 날(처분의 통지를 받았을 때에는 그 통지를 받은 날)부터 90일 이내에 해당 지방자치단체의 장에게 하여야 한다.

② 이의신청을 거친 후에 심판청구를 할 때에는 이의신청에 대한 결정 통지를 받은 날부터 90일 이내에 조세심판원장에게 심판청구를 하여야 한다.

③ 결정기간에 이의신청에 대한 결정 통지를 받지 못한 경우에는 그 결정기간이 지난 날부터 90일 이내에 심판청구를 할 수 있다.

④ 이의신청을 거치지 아니하고 바로 심판청구를 할 때에는 그 처분이 있은 것을 안 날(처분의 통지를 받았을 때에는 통지받은 날)부터 90일 이내에 조세심판원장에게 심판청구를 하여야 한다.

⑤ 이의신청인과 처분청은 변호사, 세무사 또는 「공인중개사법」에 따른 공인중개사를 대리인으로 선임할 수 있다.

PART 1

03 **「지방세기본법」상 이의신청·심판청구에 관한 설명으로 옳은 것은?** 

① 이의신청인 또는 심판청구인이 천재지변 등의 사유(신고·신청·청구 및 그 밖의 서류의 제출·통지에 관한 기한연장사유로 한정)로 인하여 이의신청 또는 심판청구기간에 이의신청 또는 심판청구를 할 수 없을 때에는 그 사유가 소멸한 날부터 30일 이내에 이의신청 또는 심판청구를 할 수 있다.

② 보정기간은 결정기간에 포함한다.

③ 「지방세기본법」 제121조 제1항에 따른 통고처분은 이의신청 또는 심판청구대상에 해당된다.

④ 지방세는 심판청구를 거치지 아니하고 행정소송을 제기할 수 있다(단, 심판청구에 대한 재조사결정에 따른 처분청의 처분에 대한 행정소송에 해당하지 아니함).

⑤ 이의신청이 적법하지 아니한 때(행정소송, 심판청구 또는 감사원법에 따른 심사청구를 제기하고 이의신청을 제기한 경우를 포함) 또는 이의신청기간이 지났거나 보정기간에 필요한 보정을 하지 아니할 때는 신청을 각하하는 결정을 한다.

04 「지방세기본법」상 이의신청과 심판청구에 관한 설명으로 옳은 것은 모두 몇 개인가?

> ㉠ 과태료의 부과는 이의신청 또는 심판청구의 대상이 되는 처분에 포함되지 아니한다.
> ㉡ 이의신청인은 신청 또는 청구금액이 3천만원인 경우에 그의 4촌 이내의 혈족을 대리인으로 선임할 수 있다.
> ㉢ 이의신청을 받은 지방자치단체의 장은 신청을 받은 날부터 90일 이내에 결정을 하고 신청인에게 이유를 함께 기재한 결정서를 송달하여야 한다.
> ㉣ 이의신청을 거치지 아니하고 바로 심판청구를 할 수 있다.

① 0개
② 1개
③ 2개
④ 3개
⑤ 4개

05 「국세기본법」 및 「지방세기본법」상 조세채권과 일반채권의 관계 및 조세불복에 관한 설명으로 틀린 것은?

상중하

① 지방세에 관한 불복청구인은 이의신청을 거친 후에만 심판청구를 할 수 있다.
② 지방세의 이의신청, 심판청구는 그 처분의 집행에 효력을 미치지 아니한다. 다만, 압류한 재산에 대하여는 이의신청, 심판청구의 결정처분이 있는 날부터 30일까지 공매처분을 보류할 수 있다.
③ 재산의 매각대금 배분 시 해당 재산에 부과된 종합부동산세는 해당 재산에 설정된 저당권에 따라 담보된 채권보다 우선한다.
④ 취득세 신고서를 납세지 관할 지방자치단체장에게 제출한 날 전에 저당권설정등기 사실이 증명되는 재산을 매각하여 그 매각금액에서 취득세를 징수하는 경우, 저당권에 따라 담보된 채권은 취득세에 우선한다.
⑤ 납세담보물 매각 시 담보 있는 조세채권은 압류에 관계되는 조세채권보다 우선한다.

06 「국세기본법」상 불복과 관련된 내용으로 <u>틀린</u> 것은? 

① 심사청구 또는 심판청구에 대한 처분에 대해서는 이의신청, 심사청구 또는 심판청구를 제기할 수 없는 것이 원칙이다.

② 이의신청, 심사청구 또는 심판청구는 세법에 특별한 규정이 있는 것을 제외하고는 해당 처분의 집행에 효력을 미치지 아니한다. 다만, 해당 재결청(裁決廳)이 처분의 집행 또는 절차의 속행때문에 이의신청인, 심사청구인 또는 심판청구인에게 중대한 손해가 생기는 것을 예방할 필요성이 긴급하다고 인정할 때에는 집행정지를 결정할 수 있다.

③ 이의신청 등의 대상금액이 5천만원 미만인 경우 그 배우자, 4촌 이내의 혈족 또는 그 배우자의 4촌 이내의 혈족을 대리인으로 선임할 수 있다.

④ 이의신청에 대한 결정은 이의신청을 받은 날부터 60일 이내에 하여야 한다. 다만, 이의신청인이 송부받은 의견서에 대하여 결정기간 내에 항변하는 경우에는 이의신청을 받은 날부터 90일 이내에 하여야 한다.

⑤ 심사청구 또는 심판청구는 해당 처분이 있음을 안 날(처분의 통지를 받은 때에는 그 받은 날)부터 90일 이내에 제기하여야 한다.

07 「국세기본법」상 이의신청, 심사청구 및 심판청구에 대한 설명으로 <u>틀린</u> 것은? 상중하

① 「국세기본법」 또는 세법에 따른 동일한 처분에 대하여 심사청구와 심판청구를 중복하여 제기할 수 없다.

② 이의신청인, 심사청구인 또는 심판청구인은 신청 또는 청구의 대상이 5천만원 이상인 경우에는 그 배우자, 4촌 이내의 혈족 또는 그 배우자의 4촌 이내의 혈족을 대리인으로 선임할 수 있다.

③ 이의신청, 심사청구 및 심판청구는 세법에 특별한 규정이 있는 것을 제외하고는 해당 처분의 집행에 효력을 미치지 아니한다.

④ 심판청구에 대한 결정이 있으면 해당 행정청은 결정의 취지에 따라 즉시 필요한 처분을 하여야 한다.

⑤ 조세심판관회의 또는 조세심판관합동회의는 심판청구에 대한 결정을 할 때 심판청구를 한 처분보다 청구인에게 불리한 결정을 하지 못한다.

08 조세에 관한 설명으로 옳은 것은 모두 몇 개인가? 

- 지방자치단체 징수금의 징수순위는 체납처분비, 가산세, 지방세(가산세 제외)의 순서로 한다.
- 압류에 관계된 징수금은 교부청구된 다른 징수금보다 우선된다.
- 천재지변 등 재해 등을 입어 불복청구기간 내에 불복신청을 할 수 없을 때에는 그 사유가 소멸한 날부터 14일 이내에 이의신청 등을 할 수 있다.
- 납세의무의 소멸사유에는 납부, 충당, 부과의 취소, 부과제척기간의 만료, 징수권의 소멸시효 완성이 있다.
- 5천만원 이상의 지방세 징수권은 이를 행사할 수 있는 때로부터 5년간 행사하지 않으면 소멸시효가 완성된다.

① 1개
② 2개
③ 3개
④ 4개
⑤ 5개

09 **국세 및 지방세의 연대납세의무에 관한 설명으로 틀린 것은?** 

① 공동주택의 공유물에 관계되는 지방자치단체의 징수금은 공유자가 연대하여 납부할 의무가 없다.

② 공동으로 소유한 자산에 대한 양도소득금액을 계산하는 경우에는 해당 자산을 공동으로 소유하는 각 거주자가 납세의무를 진다.

③ 공동사업에 관한 소득금액을 계산하는 경우에는 해당 공동사업자별로 납세의무를 지는 것이 원칙이다.

④ 상속으로 인하여 단독주택을 상속인이 공동으로 취득하는 경우에는 상속인 각자가 상속받는 취득물건을 취득한 것으로 보며, 공동상속인이 그 취득세를 연대하여 납부할 의무는 없다.

⑤ 어느 연대납세의무자에 대하여 소멸시효가 완성된 때에도 다른 연대납세의무자의 납세의무도 소멸한다.

지방세

CHAPTER 01 취득세

CHAPTER 02 등록면허세

CHAPTER 03 재산세

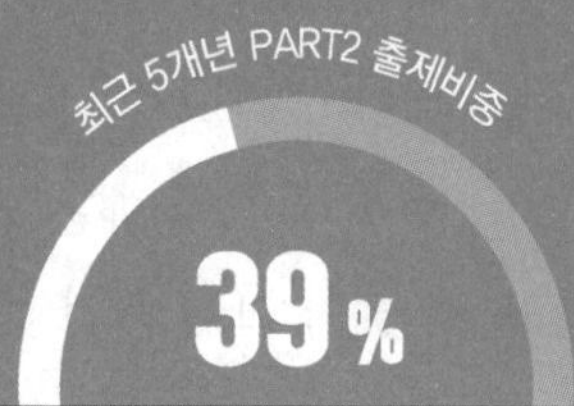

CHAPTER	문항 수					비중	빈출 키워드
	31회	32회	33회	34회	35회		
CH.01	1.5	3	2	2	3	36.5%	납세의무자, 취득시기, 과세표준, 세율, 비과세, 납세절차
CH.02	2.5	1	1	2	0	20.6%	과세표준, 세율, 비과세, 납세절차
CH.03	3	2.5	2	2	3	39.7%	과세대상, 납세의무자, 과세표준, 세율, 납세절차, 분할납부, 물납
[기타] 지방 소득세	0	0	0	0	0	0%	–
[기타] 지역 자원 시설세	1	0	0	0	0	3.2%	–

* 복합문제이거나, 법률이 개정 및 제정된 경우 분류 기준에 따라 위 수치와 달라질 수 있습니다.

CHAPTER 01 취득세

빠른 정답 CHECK!(본책) p.188 / 정답 및 해설(책속의 책) p.11

대표문제 취득세 과세표준

지방세법령상 취득세의 취득당시가액에 관한 설명으로 <u>틀린</u> 것은? (단, 주어진 조건 외에는 고려하지 않음) 기출응용 35회

① 건축물을 교환으로 취득하는 경우에는 교환으로 이전받는 건축물의 시가표준액과 이전하는 건축물의 시가표준액 중 낮은 가액을 취득당시가액으로 한다.

② 상속에 따른 건축물 무상취득의 경우에는 「지방세법」 제4조에 따른 시가표준액을 취득당시가액으로 한다.

③ 대물변제에 따른 건축물 취득의 경우에는 대물변제액(대물변제액 외의 추가로 지급한 금액이 있는 경우에는 그 금액을 포함)을 취득당시가액으로 한다. 다만, 대물변제액이 시가인정액보다 적은 경우 취득당시가액은 시가인정액으로 한다

④ 법인이 아닌 자가 건축물을 건축하여 취득하는 경우로서 사실상 취득가격을 확인할 수 없는 경우에는 시가표준액을 취득당시가액으로 한다.

⑤ 법인이 아닌 자가 건축물을 매매로 승계취득하는 경우에는 그 건축물을 취득하기 위하여 「공인중개사법」에 따른 공인중개사에게 지급한 중개보수를 취득당시가액에 제외한다.

POINT

취득세 과세표준에 대해 숙지하여야 합니다.

해설

교환 시 취득당시가액은 교환을 원인으로 이전받는 부동산 등의 시가인정액과 이전하는 부동산 등의 시가인정액(상대방에게 추가로 지급하는 금액과 상대방으로부터 승계받는 채무액이 있는 경우 그 금액을 더하고, 상대방으로부터 추가로 지급받는 금액과 상대방에게 승계하는 채무액이 있는 경우 그 금액을 차감) 중 높은 가액으로 한다(지방세법 시행령 제18조의4 제1항 제1호 나목).

이론+ **사실상 취득가격(지방세법 시행령 제18조)**

포함되는 비용	포함되지 않는 비용
1. 건설자금에 충당한 차입금의 이자 또는 이와 유사한 금융비용. 다만, 법인이 아닌 자가 취득하는 경우는 제외한다.	1. 취득하는 물건의 판매를 위한 광고선전비 등의 판매비용과 그와 관련한 부대비용

2. 할부 또는 연부(年賦) 계약에 따른 이자 상당액 및 연체료. 다만, 법인이 아닌 자가 취득하는 경우는 제외한다.
3. 「농지법」에 따른 농지보전부담금, 「문화예술진흥법」 제9조 제3항에 따른 미술작품의 설치 또는 문화예술진흥기금에 출연하는 금액, 「산지관리법」에 따른 대체산림자원조성비 등 관계 법령에 따라 의무적으로 부담하는 비용
4. 취득에 필요한 용역을 제공받은 대가로 지급하는 용역비·수수료(건축 및 토지조성공사로 수탁자가 취득하는 경우 위탁자가 수탁자에게 지급하는 신탁수수료를 포함)
5. 취득대금 외에 당사자의 약정에 따른 취득자 조건 부담액과 채무인수액
6. 부동산을 취득하는 경우 「주택도시기금법」 제8조에 따라 매입한 국민주택채권을 해당 부동산의 취득 이전에 양도함으로써 발생하는 매각차손. 이 경우 행정안전부령으로 정하는 금융회사 등(이하 '금융회사 등') 외의 자에게 양도한 경우에는 동일한 날에 금융회사등에 양도하였을 경우 발생하는 매각차손을 한도로 한다.
7. 「공인중개사법」에 따른 공인중개사에게 지급한 중개보수. 다만, 법인이 아닌 자가 취득하는 경우는 제외한다.
8. 붙박이 가구·가전제품 등 건축물에 부착되거나 일체를 이루면서 건축물의 효용을 유지 또는 증대시키기 위한 설비·시설 등의 설치비용
9. 정원 또는 부속시설물 등을 조성·설치하는 비용
10. 위 1.부터 9.까지의 비용에 준하는 비용

2. 「전기사업법」, 「도시가스사업법」, 「집단에너지사업법」, 그 밖의 법률에 따라 전기·가스·열 등을 이용하는 자가 분담하는 비용
3. 이주비, 지장물 보상금 등 취득물건과는 별개의 권리에 관한 보상 성격으로 지급되는 비용
4. 부가가치세
5. 위 1.부터 4.까지의 비용에 준하는 비용

정답 ①

01 「지방세법」상 취득세에서 사용하는 용어에 관한 설명으로 옳은 것은?

① '취득'이란 매매, 교환, 상속, 증여, 기부, 법인에 대한 현물출자, 건축, 개수(改修), 공유수면의 매립, 간척에 의한 토지의 조성 등과 그 밖에 이와 유사한 취득으로서 원시취득(수용재결로 취득한 경우 등 과세대상이 이미 존재하는 상태에서 취득하는 경우를 포함), 승계취득 또는 유상·무상의 모든 취득을 말한다.

② '부동산'이란 토지 및 건축물을 말한다.

③ '토지'란 「공간정보의 구축 및 관리 등에 관한 법률」에 따라 지적공부(地籍公簿)의 등록대상이 되는 토지만을 말한다.

④ '기계장비'란 건설공사용, 화물하역용 및 광업용으로 사용되는 기계장비뿐만 아니라 제조기계를 포함한다.

⑤ '중과기준세율'이란 표준세율에 가감하거나 세율의 특례 적용기준이 되는 세율로서 1천분의 200을 말한다.

02 「지방세법」상 취득세 과세대상은 모두 몇 개인가? 상중하

- 회원제 골프회원권을 직계존속으로부터 증여받은 경우
- 자동차 제조회사에서 차량을 제조한 경우
- 국수공장 설립 시 제조기계를 매입한 경우
- 무허가건축물을 신축한 경우

① 0개　② 1개
③ 2개　④ 3개
⑤ 4개

03 지방세법령상 취득세에 관한 설명으로 옳은 것은?

① 건축물 중 조작설비에 속하는 부분으로서 그 주체구조부와 하나가 되어 건축물로서의 효용가치를 이루고 있는 것에 대하여는 주체구조부 취득자 외의 자가 가설한 경우에는 가설자가 취득한 것으로 본다.

② 「도시개발법」에 따른 환지방식에 의한 도시개발사업의 시행으로 토지의 지목이 사실상 변경됨으로써 그 가액이 증가한 경우에는 취득으로 본다. 이 경우 그 환지계획에 따라 공급되는 환지는 사업시행자가, 체비지 또는 보류지는 조합원이 각각 취득한 것으로 본다.

③ 경매를 통하여 배우자의 부동산을 취득하는 경우에는 유상으로 취득한 것으로 본다.

④ 형제자매인 증여자의 채무를 인수하는 부동산의 부담부증여의 경우에는 그 채무액에 상당하는 부분은 인수되지 않은 것으로 본다.

⑤ 부동산의 승계취득은 「민법」 등 관계 법령에 따른 등기를 하지 아니한 경우에는 취득세 납세의무가 없다.

04 다음 중 「지방세법」 취득세 납세의무에 관한 설명으로 틀린 것은?

① 관계 법령에 따른 등기·등록 등을 하지 아니한 경우라도 사실상 취득하면 각각 취득한 것으로 보고 해당 취득물건의 소유자 또는 양수인을 각각 취득자로 한다.

② 상속으로 인하여 취득하는 경우에는 주된 상속자(상속지분이 가장 높은 사람으로 하되, 상속지분이 가장 높은 사람이 두 명 이상이면 그중 나이가 가장 많은 사람으로 함)가 취득물건을 취득한 것으로 본다.

③ 상속개시 후 상속재산에 대하여 등기 등에 의하여 각 상속인의 상속분이 확정되어 등기등이 된 후, 그 상속재산에 대하여 공동상속인이 협의하여 재분할한 결과 특정 상속인이 당초 상속분을 초과하여 취득하게 되는 재산가액은 그 재분할에 의하여 상속분이 감소한 상속인으로부터 증여받아 취득한 것으로 보는 것을 원칙으로 한다.

④ 신탁재산의 위탁자 지위의 이전이 있는 경우에는 새로운 위탁자가 해당 신탁재산을 취득한 것으로 보는 것을 원칙으로 한다.

⑤ 택지공사가 준공된 토지에 정원 또는 부속시설물 등을 조성·설치하는 경우에는 그 정원 또는 부속시설물 등은 토지에 포함되는 것으로서 토지의 지목을 사실상 변경하는 것으로 보아 토지의 소유자가 취득한 것으로 본다.

05 「지방세법」상 부동산의 유상취득으로 보지 않는 것은?

① 공매를 통하여 배우자의 부동산을 취득한 경우
② 이혼 시 위자료를 대신하여 부동산을 취득하는 경우
③ 배우자의 부동산을 취득한 경우로서 그 취득대가를 지급한 사실을 증명한 경우
④ 권리의 이전이나 행사에 등기가 필요한 부동산을 직계존속과 서로 교환한 경우
⑤ 토지의 지목을 사실상 변경함으로써 그 가액이 증가한 경우

06 「지방세법」상 취득세의 납세의무에 관한 설명으로 옳은 것은?

① 파산선고로 인하여 직계존속의 부동산을 직계비속이 취득하는 경우 이는 증여로 취득한 것으로 본다.
② 「주택법」에 따른 주택조합이 해당 조합원용으로 취득하는 조합주택용 부동산(조합원에게 귀속되지 아니하는 부동산은 제외)은 그 조합이 취득한 것으로 본다.
③ 「도시개발법」에 따른 도시개발사업과 「도시 및 주거환경정비법」에 따른 정비사업의 시행으로 해당 사업의 대상이 되는 부동산의 소유자(상속인을 포함)가 환지계획 또는 관리처분계획에 따라 공급받거나 토지상환채권으로 상환받는 건축물은 그 소유자가 승계취득한 것으로 보며, 토지의 경우에는 그 소유자가 원시취득한 것으로 본다. 이 경우 토지는 당초 소유한 토지 면적을 초과하는 경우로서 그 초과한 면적에 해당하는 부분에 한정하여 취득한 것으로 본다.
④ 직계비속이 권리의 이전에 등기가 필요한 직계존속의 부동산을 서로 교환한 경우 무상으로 취득한 것으로 본다.
⑤ 건축물을 건축하면서 건축물에 부수되는 정원 또는 부속시설물 등을 조성·설치하는 경우에는 그 정원 또는 부속시설물 등은 건축물에 포함되는 것으로 보아 건축물을 취득하는 자가 취득한 것으로 본다.

07 「지방세법」상 취득세 납세의무에 관한 설명으로 틀린 것은?

① 토지의 지목을 사실상 변경함으로써 그 가액이 증가한 경우에는 취득으로 본다.

② 상속회복청구의 소에 의한 법원의 확정판결에 의하여 특정 상속인이 당초 상속분을 초과하여 취득하게 되는 재산가액은 상속분이 감소한 상속인으로부터 증여받아 취득한 것으로 본다.

③ 증여로 인한 승계취득의 경우 해당 취득물건을 등기·등록하지 아니하고 취득일부터 3개월 이내에 공증받은 공정증서에 의하여 계약이 해제된 사실이 입증되는 경우에는 취득한 것으로 보지 아니한다.

④ 증여자가 배우자 또는 직계존비속이 아닌 경우 증여자의 채무를 인수하는 부담부증여의 경우에는 그 채무액에 상당하는 부분 외의 부분은 부동산 등을 무상으로 취득하는 것으로 본다.

⑤ 권리의 이전이나 행사에 등기 또는 등록이 필요한 부동산을 직계존속과 서로 교환한 경우에는 유상으로 취득한 것으로 본다.

08 다음 중 취득세 납세의무에 대한 설명으로 옳은 것은?

① 상속개시 후 상속재산에 대하여 각 상속인의 상속분이 확정되어 등기등이 된 후, 그 상속재산에 대하여 공동상속인이 협의하여 재분할한 결과 특정 상속인이 당초 상속분을 초과하여 취득하게 되는 재산가액은 상속분이 감소한 상속인으로부터 증여받아 취득한 것으로 본다.

② 취득세 신고납부기한 내에 공동상속인의 협의에 의하여 재분할에 의한 취득과 등기등을 모두 마친 경우로서 당초 상속분을 초과하여 취득하는 경우에는 상속분이 감소한 상속인으로부터 증여받아 취득한 것으로 본다.

③ 상속회복청구의 소에 의한 법원의 확정판결에 의하여 상속인 및 상속재산에 변동이 있는 경우에는 상속분이 감소한 상속인으로부터 증여받아 취득한 것으로 본다.

④ 「민법」에 따른 채권자대위권의 행사에 의하여 공동상속인들의 법정상속분대로 등기등이 된 상속재산을 상속인 사이의 협의분할에 의하여 재분할하는 경우에는 상속분이 감소한 상속인으로부터 증여받아 취득한 것으로 본다.

⑤ 「주택법」 제11조에 따른 주택조합이 조합원에게 귀속되지 아니하는 부동산을 취득하는 경우 그 조합원이 취득한 것으로 본다.

09 **「지방세법」상 과점주주의 간주취득세가 과세되는 것은 모두 몇 개인가?** (단, 주식발행법인은 자본시장과 금융투자업에 관한 법률 시행령 제176조의9 제1항에 따른 유가증권시장에 상장한 법인이 아니며, 지방세특례제한법은 고려하지 않음) 상중하

> ㉠ 법인설립 시에 발행하는 주식을 취득함으로써 과점주주가 된 경우
> ㉡ 법인설립 시에 발행하는 주식을 취득함으로써 과점주주가 된 이후 추가로 주식을 취득함으로써 지분율이 증가한 경우
> ㉢ 과점주주가 아닌 주주가 다른 주주로부터 주식을 취득함으로써 최초로 과점주주가 된 경우
> ㉣ 과점주주 집단 내부에서 주식이 이전되었으나 과점주주 집단이 소유한 총주식의 비율에 변동이 없는 경우

① 0개
② 1개
③ 2개
④ 3개
⑤ 4개

10 **「지방세법」 및 관계 법령상 과점주주의 취득세 납세의무에 관한 설명으로 <u>틀린</u> 것은?**

① 법인의 과점주주가 아닌 주주의 주식을 취득하거나 증자 등으로 최초로 과점주주가 된 경우에는 최초로 과점주주가 된 날 현재 해당 과점주주가 소유하고 있는 법인의 주식 등을 모두 취득한 것으로 보아 취득세를 부과한다.
② 과점주주가 가진 주식 등의 비율이 증가되었으나 증가된 후의 주식 등의 비율이 해당 과점주주가 이전에 가지고 있던 주식 등의 최고비율보다 증가되지 아니한 경우에는 취득세를 부과하지 아니한다.
③ 과점주주였으나 주식 등의 양도 등으로 과점주주에 해당되지 아니하는 주주가 해당 법인의 주식 등을 취득하여 다시 과점주주가 된 경우에는 다시 과점주주가 된 당시의 주식 등의 비율이 그 이전에 과점주주가 된 당시의 주식 등의 비율보다 증가된 경우에만 그 증가분만을 취득으로 보아 취득세를 부과한다.
④ 법인설립 시에 발행하는 주식을 취득함으로써 과점주주가 된 경우에는 취득세를 부과하지 아니한다.
⑤ 과세표준 계산 시 지분율을 곱하는 해당 법인의 부동산 등에는 법인이 「신탁법」에 따라 신탁한 재산으로서 수탁자 명의로 등기·등록이 되어 있는 부동산 등은 제외한다.

11 **거주자 甲이 소유한 비상장법인 ㈜OO의 주식보유현황은 다음과 같다. 2025년 10월 25일 주식취득 시 「지방세법」상 ㈜OO 보유 부동산 등에 대한 甲의 취득세 과세표준 계산 시 취득으로 간주되는 비율은?** (단, 주어진 조건 이외의 사항은 고려하지 말 것) 상중하

구분	발행주식 수	보유주식 수
㉠ 2019년 1월 1일 설립 시	1,000주	300주
㉡ 2020년 1월 1일 주식취득	1,000주	600주
㉢ 2021년 1월 1일 주식 양도	1,000주	400주
㉣ 2025년 10월 25일 주식취득	1,000주	700주

① 0%
② 10%
③ 30%
④ 40%
⑤ 70%

12 **甲이 소유하고 있는 비상장법인 ㈜OO의 주식현황은 다음과 같다. 2025년 10월 25일 주식취득 시 취득세 과세표준은 얼마인가?** 상중하

- 甲소유 주식 변동 현황
  - 설립 시 지분율 40%
  - 2025년 주식취득 후 지분율 60%
- ㈜OO 자산보유 현황(설립 시부터 변동 없음)
  - 토지 10억원
  - 건축물 10억원
  - 선박 2억원
  - 영업권 2억원
  - 등기된 임차권 1억원

① 4억원
② 4억 8천만원
③ 12억
④ 13억 2천만원
⑤ 14억 4천만원

13 「지방세법」상 취득의 시기 등에 관한 설명으로 옳은 것은?

① 연부로 취득하는 것(취득가액의 총액이 50만원 이하인 것은 제외)은 그 사실상의 잔금지급일을 취득일로 본다. 단, 취득일 전에 등기 또는 등록한 경우에는 그 등기일 또는 등록일에 취득한 것으로 본다.

② 토지의 지목변경에 따른 취득은 토지의 지목이 공부상 변경된 날을 취득일로 본다. 다만, 토지의 지목변경일 이전에 사용하는 부분에 대해서는 그 사실상의 사용일을 취득일로 본다.

③ 「주택법」 제11조에 따른 주택조합이 주택건설사업을 하면서 조합원으로부터 취득하는 토지 중 조합원에게 귀속되지 아니하는 토지를 취득하는 경우에는 「주택법」 제49조에 따른 사용검사를 받은 날에 그 토지를 취득한 것으로 본다.

④ 「도시 및 주거환경정비법」 제35조 제3항에 따른 재건축조합이 재건축사업을 하면서 조합원으로부터 취득하는 토지 중 조합원에게 귀속되지 아니하는 토지를 취득하는 경우에는 「도시 및 주거환경정비법」 제86조 제2항에 따른 소유권이전고시일에 그 토지를 취득한 것으로 본다.

⑤ 관계 법령에 따라 매립·간척 등으로 토지를 원시취득하는 경우에는 사용승인일과 사실상의 사용일 중 빠른 날을 취득일로 본다.

최신 기출응용 34회

14 지방세기본법령 및 지방세법령상 취득세 납세의무의 성립에 관한 설명으로 옳은 것은?

① 상속으로 인한 취득의 경우에는 상속개시일이 납세의무의 성립시기이다.

② 부동산의 증여계약으로 인한 취득에 있어서 소유권이전등기 후 취득일부터 취득일이 속하는 달의 말일부터 3개월 이내에 공증받은 공정증서로 계약이 해제된 사실이 입증되는 경우에는 취득한 것으로 보지 않는다.

③ 유상승계취득의 경우 사실상의 잔금지급일을 확인할 수 없을 때에는 매매계약일이 납세의무의 성립시기이다.

④ 「민법」에 따른 이혼 시 재산분할로 인한 부동산 취득의 경우에는 재산분할계약서 작성일이 납세의무의 성립시기이다.

⑤ 「도시 및 주거환경정비법」에 따른 재건축조합이 재건축사업을 하면서 조합원으로부터 취득하는 토지 중 조합원에게 귀속되지 아니하는 토지를 취득하는 경우에는 같은 법에 따른 소유권이전고시일이 납세의무의 성립시기이다.

15 다음 중 「지방세법」상 취득의 시기에 대한 설명으로 <u>틀린</u> 것은?

① 유상승계취득의 경우에는 해당 취득물건을 등기·등록하지 않고 취득일부터 60일 이내에 화해조서로 계약이 해제된 사실이 입증되는 경우 취득한 것으로 보지 않는다.

② 「민법」 제245조 및 제247조에 따른 점유로 인한 취득의 경우에는 취득물건의 점유시효완성일에 취득한 것으로 본다.

③ 연부로 취득하는 것(취득가액의 총액 1억원)은 그 사실상의 연부금 지급일과 등기일 또는 등록일 중 빠른 날을 취득일로 본다.

④ 직계존속으로부터 토지를 증여받은 경우 그 계약일과 등기 또는 등록일 중 빠른 날을 취득일로 본다.

⑤ 유상승계취득 시 사실상의 잔금지급일을 확인할 수 없어 계약상의 잔금지급일을 취득일로 볼 때 계약상 잔금지급일이 명시되지 않은 경우에는 계약일부터 60일이 경과한 날을 계약상 잔금일로 본다.

PART 2

16 「지방세법」상 사실상의 취득가격 또는 연부금액을 취득세의 과세표준으로 하는 경우 취득가격 또는 연부금액과 관련된 설명으로 <u>틀린</u> 것은?

상중하

① 취득대금을 일시급 등으로 지급하여 일정액을 할인받은 경우에는 그 할인된 금액을 과세표준으로 한다.

② 취득에 필요한 용역을 제공받은 대가로 지급하는 용역비·수수료는 과세표준에 포함된다.

③ 이주비, 지장물 보상금 등 취득물건과는 별개의 권리에 관한 보상 성격으로 지급되는 비용은 과세표준에 포함되지 아니한다.

④ 정원 또는 부속시설물 등을 조성·설치하는 비용은 과세표준에 포함되지 아니한다.

⑤ 매도자의 양도소득세를 대신 부담하기로 약정하였고 이를 실제 부담한 경우 과세표준에 포함한다.

17 **甲은 특수관계 없는 乙로부터 다음과 같은 내용으로 주택을 취득하였다. 취득세 과세표준금액으로 옳은 것은?** 상중하

- 아래의 내용은 거래사실이 객관적으로 소명됨
- 계약내용
  - 총매매대금
    2025년 7월 2일 계약금 30,000,000원
    2025년 8월 2일 중도금 100,000,000원
    2025년 9월 3일 잔금 170,000,000원
- 甲이 주택 취득과 관련하여 지출한 비용
  - 총매매대금 외에 당사자약정에 의하여 乙의 은행채무를 甲이 대신 변제한 금액 20,000,000원
  - 법령에 따라 매입한 국민주택채권을 해당 주택의 취득 이전에 금융회사에 양도함으로써 발생하는 매각차손(잔금지급일보다 등기가 먼저 진행된 것임) 2,000,000원

① 300,000,000원
② 302,000,000원
③ 318,000,000원
④ 320,000,000원
⑤ 322,000,000원

18 **㈜○○은 소유하고 있던 토지 위에 건축물을 신축하였다. 건축물의 취득세 과세표준금액은 얼마인가?** (단, 특수관계자와의 거래가 아니며 지출사실은 객관적으로 소명됨) 상중하

- 공사대금 5억원(부가가치세 5천만원 별도)
- 건설자금에 충당한 차입금의 이자 5백만원
- 「문화예술진흥법」에 따른 미술작품 설치금액 1천만원
- 토지 위의 기존 점유자 이주비 지급금액 5백만원

① 505,000,000원
② 510,000,000원
③ 515,000,000원
④ 520,000,000원
⑤ 565,000,000원

19 **개인인 거주자 甲이 부동산을 유상승계취득하는 경우 취득세 과세표준에 포함되는 금액으로 옳은 것은?** (단, 특수관계자와의 거래가 아니며 지출사실은 객관적으로 소명됨) 상중하

① 할부 또는 연부(年賦)계약에 따른 이자 상당액 및 연체료
② 취득대금 외에 당사자의 약정에 따른 취득자 조건 부담액과 채무인수액
③ 취득하는 물건의 판매를 위한 광고선전비 등의 판매비용과 그와 관련한 부대비용
④ 「공인중개사법」에 따른 공인중개사에게 지급한 중개보수
⑤ 부가가치세

20 **다음 중 「지방세법」상 취득세의 과세표준에 관한 설명으로 <u>틀린</u> 것은?** 상중하

① 상속에 따른 무상취득의 경우: 「지방세법」 제4조에 따른 시가표준액
② 취득 당시 시가표준액 1억원 이하의 부동산을 증여취득하는 경우: 시가인정액과 「지방세법」 제4조에 따른 시가표준액 중에서 납세자가 정하는 가액
③ 직계존속으로부터 건축물을 증여받는 경우(취득 당시 시가표준액 5억원): 시가인정액
④ 시가인정액이란 매매사례가액, 감정가액, 공매가액 등 대통령령으로 정하는 바에 따라 시가로 인정되는 가액을 말한다.
⑤ 증여자의 채무를 인수하는 부담부증여의 경우: 시가인정액

21 **「지방세법」상 사실상의 취득가격 또는 연부금액을 취득세의 과세표준으로 하는 경우 취득가격 또는 연부금액에 포함되는 것은?** (단, 개인이 취득한 것으로 특수관계인과의 거래가 아니며, 비용 등은 취득시기 이전에 지급되었음) 상중하

① 부가가치세
② 건설자금에 충당한 차입금의 이자
③ 연부로 취득하는 경우 연부계약에 따른 이자상당액
④ 「공인중개사법」에 따른 공인중개사에게 지급한 중개보수
⑤ 취득대금 외에 당사자의 약정에 따른 취득자 조건 부담액과 채무인수액

22 「지방세법」상 취득세의 과세표준 및 세율에 관한 설명으로 옳은 것은?

① 건축(신축·재축 제외)으로 인하여 건축물 면적이 증가할 때에는 그 증가된 부분에 대하여 중과기준세율을 적용한다.

② 취득세의 과세표준은 취득 당시의 가액으로 한다. 다만, 연부로 취득하는 경우의 과세표준은 매회 사실상 지급되는 금액을 말하며, 취득금액에 포함되는 계약보증금은 제외한다.

③ 환매등기를 병행하는 부동산의 매매로서 환매기간 내에 매도자가 환매한 경우의 그 매도자와 매수자의 취득에 대한 취득세는 중과기준세율을 적용한다.

④ 지방자치단체장은 조례로 정하는 바에 따라 취득세 표준세율의 100분의 50 범위에서 가감할 수 있다.

⑤ 토지를 취득한 자가 그 취득한 날부터 3년 이내에 그에 인접한 토지를 취득한 경우에는 각각 그 전후의 취득에 관한 토지의 취득을 1건의 토지취득으로 보아 면세점을 적용한다.

23 「지방세법」상 부동산 취득 시 취득세 과세표준에 적용되는 표준세율로 옳은 것을 모두 고른 것은?

상 중 하

㉠ 건축물의 신축: 1천분의 28 ㉡ 상속으로 인한 농지 취득: 1천분의 23 ㉢ 공유물의 분할로 인한 취득(등기부등본상 본인 지분을 초과하지 아니함): 1천분의 28 ㉣ 법령으로 정한 비영리사업자의 상속 외의 무상취득: 1천분의 35

① ㉠, ㉡
② ㉠, ㉢
③ ㉡, ㉢
④ ㉡, ㉢, ㉣
⑤ ㉠, ㉡, ㉢, ㉣

24 **지방세법령상 부동산 취득에 대한 취득세의 표준세율로 옳은 것을 모두 고른 것은?** (단, 조례에 의한 세율조정, 지방세관계법령상 특례 및 감면은 고려하지 않음)

> ㉠ 상속으로 인한 농지의 취득: 1천분의 30
> ㉡ 법인의 합병으로 인한 농지 외의 토지 취득: 1천분의 40
> ㉢ 공유물의 분할로 인한 취득: 1천분의 23
> ㉣ 매매로 인한 농지 외의 토지 취득: 1천분의 23

① ㉠, ㉡
② ㉡, ㉢
③ ㉢, ㉣
④ ㉠, ㉡, ㉢
⑤ ㉡, ㉢, ㉣

25 **「지방세법」상 취득세의 표준세율이 가장 낮은 것은?**

① 공유수면을 매립하여 농지를 취득한 경우
② 상속으로 농지를 취득한 경우
③ 「사회복지사업법」에 따라 설립된 사회복지법인이 독지가의 기부에 의하여 건물을 취득한 경우
④ 개인이 유상거래를 원인으로 「지방세법」 제10조에 따른 취득 당시의 가액이 3억원인 주택(주택법에 의한 주택으로서 등기부에 주택으로 기재된 주거용 건축물과 그 부속토지)을 취득한 경우(단, 1세대 1주택에 속함)
⑤ 유상거래를 원인으로 농지를 취득한 경우

26 **다음 중 「지방세법」상 주택을 유상거래를 원인으로 취득하는 경우 취득세 세율과 관련된 내용으로 <u>틀린</u> 것은?** 상중하

① 세율 적용 시 주택의 공유지분이나 부속토지만을 소유하거나 취득하는 경우에도 주택을 소유하거나 취득한 것으로 본다.

② 법인이 주택을 취득하는 경우는 1천분의 40을 표준세율로 하여 해당 세율에 중과기준세율의 100분의 400을 합한 세율을 적용한다.

③ 1세대 2주택(대통령령으로 정하는 일시적 2주택은 제외)에 해당하는 주택으로서 「주택법」에 따른 조정대상지역에 있는 주택을 취득하는 경우에는 1천분의 40을 표준세율로 하여 해당 세율에 중과기준세율의 100분의 200을 합한 세율을 적용한다.

④ 1세대 4주택 이상에 해당하는 주택으로서 조정대상지역 외의 지역에 있는 주택을 취득하는 경우에는 1천분의 40을 표준세율로 하여 해당 세율에 중과기준세율의 100분의 400을 합한 세율을 적용한다.

⑤ 다주택자인 직계존속으로부터 시가표준액 5억원의 조정대상지역에 있는 주택을 증여받아 취득하는 경우 1천분의 35를 표준세율로 하여 해당 세율에 중과기준세율의 100분의 400을 합한 세율을 적용한다.

27 **주택을 유상거래를 원인으로 취득 시 중과세율을 적용함에 있어 세대별 소유 주택 수 산정에 대한 내용으로 <u>틀린</u> 것은?** (단, 주택 등은 모두 2025년에 취득하였음) 상중하

① 「신탁법」에 따라 신탁된 주택은 위탁자의 주택 수에 가산한다.

② 주택으로 재산세가 과세되는 오피스텔은 해당 오피스텔을 소유한 자의 주택 수에서 제외한다.

③ 「도시 및 주거환경정비법」 제2조 제1호에 따른 정비구역에 소재하는 시가표준액 1억원 이하인 주택은 소유한 자의 주택 수에 가산한다.

④ 「문화유산의 보존 및 활용에 관한 법률」에 따른 지정문화유산에 해당하는 주택은 소유한 자의 주택 수에서 제외한다.

⑤ 상속을 원인으로 취득한 주택, 조합원입주권, 주택분양권 또는 오피스텔로서 상속개시일부터 5년이 지나지 않은 주택, 조합원입주권, 주택분양권 또는 오피스텔은 소유 주택 수에서 제외한다.

28 **「지방세법」상 취득세액을 계산할 때 중과기준세율**(1천분의 20)**만을 적용하는 경우를 모두 고른 것은?** (단, 취득세 중과물건이 아님) 상중하

㉠ 개수로 인한 취득(면적이 증가하지 아니함) ㉡ 토지의 지목을 사실상 변경함으로써 그 가액이 증가한 경우 ㉢ 법인설립 시 주식을 취득하여 과점주주가 된 경우 ㉣ 지적공부상 지목이 묘지인 토지의 취득

① ㉠, ㉡
② ㉠, ㉣
③ ㉡, ㉢
④ ㉠, ㉡, ㉣
⑤ ㉡, ㉢, ㉣

PART 2

29 **「지방세법」상 취득세액을 계산할 때 중과기준세율**(1천분의 20)**만을 적용하는 경우가 아닌 것은?** (단, 취득세 중과대상에 해당하지 아니함) 상중하

① 임시건축물의 취득(존속기간이 1년을 초과함)
② 건축물을 건축하여 취득하는 경우로서 그 건축물에 대하여 소유권의 보존등기 또는 소유권의 이전등기에 대한 등록면허세 납세의무가 성립한 후 취득시기가 도래하는 건축물의 취득
③ 기계식 또는 철골조립식 주차장의 설치
④ 환매등기를 병행하는 부동산의 매매로서 환매기간 내에 매도자가 환매한 경우의 그 매도자와 매수자의 취득
⑤ 차량의 종류변경으로 인한 가액 증가

30 **「지방세법」상 취득세 표준세율에서 중과기준세율을 뺀 세율로 산출한 금액을 그 세액으로 하는 것으로만 묶은 것은?** (단, 취득물건은 지방세법 제11조 제1항 제8호에 따른 주택 외의 부동산이며 취득세 중과대상이 아님) 상중하

㉠ 존속기간이 1년을 초과하는 임시건축물의 취득 ㉡ 등기부등본상 본인 지분을 초과하는 공유물의 분할로 인한 취득 ㉢ 「민법」 제839조의2에 따라 이혼 시 재산분할로 인한 취득 ㉣ 상속을 원인으로 한 취득세의 감면대상이 되는 농지의 취득

① ㉠, ㉡
② ㉡, ㉣
③ ㉢, ㉣
④ ㉠, ㉡, ㉢
⑤ ㉠, ㉢, ㉣

31 **「지방세법」상 취득세 표준세율에서 중과기준세율을 뺀 세율로 산출한 금액을 그 세액으로 하는 취득에 해당하지 않는 것은?** (단, 취득물건은 지방세법 제11조 제1항 제8호에 따른 주택 외의 부동산이며 취득세 중과대상이 아님) 상중하

① 건축물의 이전으로 인한 취득(이전한 건축물의 가액이 종전 건축물의 가액을 초과함)
② 상속으로 인한 취득 중 대통령령으로 정하는 1가구 1주택의 취득
③ 환매등기를 병행하는 부동산의 매매로서 환매기간 내에 매도자가 환매한 경우의 그 매도자와 매수자의 취득
④ 법인의 합병으로 인한 부동산의 취득
⑤ 벌채하여 원목을 생산하기 위한 입목의 취득

32 **「지방세법」상 다음의 부동산 등을 신(증)축하는 경우 취득세가 중과되는 것을 모두 고른 것은?** (단, 지방세법상 중과요건을 충족하는 것으로 가정함) 상 중 하

㉠ 대도시 내 은행의 본점용 부동산 신축 ㉡ 고급오락장용 건축물의 취득 ㉢ 고급주택 ㉣ 회원제 골프장용 건축물 및 토지의 취득 ㉤ 과밀억제권역에서의 연면적 400m²인 공장용 건축물의 신설

① ㉠, ㉡, ㉢
② ㉠, ㉣, ㉤
③ ㉡, ㉢, ㉣
④ ㉡, ㉢, ㉤
⑤ ㉢, ㉣, ㉤

33 **「지방세법」상 취득세 표준세율에 중과기준세율 1천분의 20의 100분의 400을 가산한 세율이 적용되는 취득세 과세대상은 모두 몇 개인가?** (단, 지방세법상 중과세율의 적용요건을 모두 충족하는 것으로 가정함) 상 중 하

• 고급선박 • 회원제 골프장용 토지 • 고급주택 • 고급오락장 • 과밀억제권역 안에서 공장의 신설

① 1개
② 2개
③ 3개
④ 4개
⑤ 5개

34 다음 중 「지방세법」상 취득세 중과대상에 해당하는 것은?

① 과밀억제권역에서 본점이나 주사무소의 사업용으로 신축하거나 증축하는 건축물
② 대도시에서 「의료법」 제3조에 따른 의료업 영위법인을 설립함에 따른 부동산의 취득
③ 대도시 내 「국토의 계획 및 이용에 관한 법률」을 적용받는 공업지역에서 공장을 신설하거나 증설함에 따라 부동산을 취득하는 경우
④ 과밀억제권역 내 기존 공장의 기계설비 및 동력장치를 포함한 모든 생산설비를 포괄적으로 승계취득하는 경우
⑤ 과밀억제권역 내에서 부동산을 취득한 날부터 5년 이상 경과한 후 공장을 신설하거나 증설하는 경우

35 다음 중 「지방세법」상 취득세 세율 적용에 대한 설명으로 옳은 것은?

① 토지나 건축물을 취득한 후 5년 이내에 해당 토지나 건축물이 사치성 재산이 되었을 때는 해당 중과세율을 적용한 세액에서 기납부세액(가산세 포함)을 차감하여 추징한다.
② 같은 취득물건에 대하여 둘 이상의 세율이 해당되는 경우에는 이를 합산한 세율을 적용한다.
③ 과밀억제권역에 대한 중과와 대도시에 대한 중과가 동시에 적용되는 경우에는 표준세율의 100분이 300의 세율을 적용한다.
④ 과밀억제권역 내 공장 신설 또는 증설의 경우에 사업용 과세물건의 소유자와 공장을 신설하거나 증설한 자가 다를 때에는 공장을 신설하거나 증설한 자에게 중과세율을 적용한다(취득일부터 공장 신설 또는 증설을 시작한 날까지의 기간이 5년이 지나지 아니함).
⑤ 법인이 고급주택을 유상승계취득한 경우 적용되는 세율은 1천분의 40을 표준세율로 하여 중과기준세율의 100분의 400을 합한 세율을 적용한다.

36 **「지방세법」상 신탁**(신탁법에 따른 신탁으로서 신탁등기가 병행되는 것임)**으로 인한 신탁재산의 취득으로서 취득세를 부과하지 않는 경우는 모두 몇 개인가?** 상중하

㉠ 위탁자로부터 수탁자에게 신탁재산을 이전하는 경우 ㉡ 신탁의 종료로 인하여 수탁자로부터 위탁자에게 신탁재산을 이전하는 경우 ㉢ 수탁자가 변경되어 신수탁자에게 신탁재산을 이전하는 경우 ㉣ 「주택법」에 따른 주택조합이 조합원용 부동산을 취득하는 경우

① 0개
② 1개
③ 2개
④ 3개
⑤ 4개

최신 기출응용 35회

37 **지방세법령상 취득세에 관한 설명으로 옳은 것은?** (단, 지방세특례제한법령은 고려하지 않음)

① 대한민국 정부기관의 취득에 대하여 과세하는 외국정부의 취득에 대해서는 취득세를 부과하지 아니한다.
② 토지의 지목을 사실상 변경함으로써 그 가액이 증가한 경우에는 취득으로 본다.
③ 국가에 귀속의 반대급부로 영리법인이 국가소유의 부동산을 무상으로 양여받는 경우에는 취득세를 부과하지 아니한다.
④ 영리법인이 취득한 임시흥행장의 존속기간이 1년을 초과하는 경우에는 취득세를 부과하지 아니한다.
⑤ 신탁(신탁법에 따른 신탁으로서 신탁등기가 병행되는 것만 해당)으로 인한 신탁재산의 취득 중 주택조합 등과 조합원 간의 부동산 취득에 대해서는 취득세를 부과하지 아니한다.

38 **「지방세법」상 취득세의 비과세 등에 관한 설명 중 옳은 것은?** 

① 「사회기반시설에 관한 민간투자법」상 사회기반시설에 대하여는 기부채납을 조건으로 취득한 경우 취득세를 부과한다.

② 국가, 지방자치단체 또는 지방자치단체조합에 귀속 또는 기부채납을 조건으로 취득하는 부동산에 대해서는 취득세를 부과한다.

③ 「주택법」에 따른 공동주택의 개수(대수선 제외)로 인한 취득 중 개수로 인한 취득 당시 주택의 시가표준액이 9억원 이하인 주택과 관련된 개수로 인한 취득에 대하여는 취득세를 부과한다.

④ 임시흥행장, 공사현장사무소 등 임시건축물의 취득에 대해서는 그 존속기간과 관계없이 취득세를 부과하지 아니한다.

⑤ 「징발재산 정리에 관한 특별조치법」상의 환매권의 행사로 매수하는 부동산의 취득에 대해서는 취득세를 부과하지 아니한다.

39 **다음 중 「지방세법」상 취득세 비과세대상에 해당하지 않는 것은?** (단, 취득세 중과대상에 해당하지 아니함) 상 중 하

① 국가등에 귀속등의 반대급부로 기부채납대상물의 무상사용권을 제공받는 경우

② 「국가보위에 관한 특별조치법 폐지법률」 부칙 제2항에 따른 동원대상지역 내의 토지의 수용·사용에 관한 환매권의 행사로 매수하는 부동산의 취득

③ 존속기간이 1년을 초과하지 않는 임시건축물의 취득

④ 차령초과로 사실상 차량을 사용할 수 없는 경우로 상속으로 인한 이전등록을 하지 아니한 상태에서 폐차함에 따라 상속개시일이 속하는 달의 말일부터 6개월(외국에 주소를 둔 상속인이 있는 경우에는 9개월) 이내에 말소등록된 차량

⑤ 「주택법」에 따른 공동주택의 개수(대수선 제외)로 인한 취득 중 개수 당시 시가표준액 9억원 이하의 주택과 관련된 개수로 인한 취득

40 **「지방세법」상 취득세 신고·납부에 관한 설명이다. (　　) 안에 들어갈 내용을 순서대로 나열한 것은?** (단, 납세자가 국내에 주소를 둔 경우에 한함) 상중**하**

> 취득세 과세물건을 취득한 자는 그 취득한 날부터 (　　) 이내, 상속으로 인한 경우는 상속개시일이 속하는 달의 말일부터 (　　) 이내, 증여로 인한 경우는 취득일이 속하는 달의 말일부터 (　　) 이내에 그 과세표준에 세율을 적용하여 산출한 세액을 신고하고 납부하여야 한다.

① 10일, 3개월, 6개월
② 30일, 3개월, 3개월
③ 60일, 3개월, 6개월
④ 60일, 6개월, 3개월
⑤ 90일, 6개월, 6개월

41 **「지방세법」상 취득세 납세지에 관한 설명으로 <u>틀린</u> 것은?** 상**중**하

① 부동산: 부동산 소재지
② 차량: 「자동차관리법」에 따른 등록지. 다만, 등록지가 사용본거지와 다른 경우에는 사용본거지를 납세지로 하고, 철도차량의 경우에는 해당 철도차량의 청소, 유치(留置), 조성, 검사, 수선 등을 주로 수행하는 철도차량기지의 소재지를 납세지로 한다.
③ 광업권: 광구 소재지
④ 납세지가 분명하지 아니한 경우에는 등록관청의 소재지를 그 납세지로 한다.
⑤ 같은 취득물건이 둘 이상의 지방자치단체에 걸쳐 있는 경우에는 대통령령으로 정하는 바에 따라 소재지별로 안분(按分)한다.

42 **「지방세법」상 취득세의 부과·징수에 관한 설명으로 <u>틀린</u> 것은?** (단, 납세자가 국내에 주소를 둔 경우에 한함)

① 취득세의 징수는 신고납부의 방법을 원칙으로 한다.

② 상속으로 취득세 과세물건을 취득한 자는 상속개시일이 속하는 달의 말일부터 6개월 이내에 산출한 세액을 신고하고 납부하여야 한다.

③ 신고·납부기한 이내에 재산권과 그 밖의 권리의 취득·이전에 관한 사항을 공부에 등기하거나 등록(등재 포함)하려는 경우에는 등기 또는 등록신청서를 등기·등록관서에 접수하는 날까지 취득세를 신고·납부하여야 한다.

④ 취득세 과세물건을 취득한 후에 그 과세물건이 중과세율의 적용대상이 되었을 때에는 중과세율을 적용하여 산출한 세액에서 이미 납부한 세액(가산세 포함)을 공제한 금액을 세액으로 하여 신고·납부하여야 한다.

⑤ 법인의 취득당시가액을 증명할 수 있는 장부가 없는 경우 지방자치단체의 장은 그 산출된 세액의 100분의 10을 징수하여야 할 세액에 가산한다.

43 **「지방세법」상 취득세의 부과·징수에 관한 설명으로 옳은 것은?** 

① 납세의무자가 취득세 과세물건을 사실상 취득한 후 취득세 신고를 하지 아니하고 매각하는 경우에는 산출세액에 100분의 20을 가산한 금액을 세액으로 하여 보통징수의 방법으로 징수한다.

② 재산권을 공부에 등기하려는 경우에는 등기신청 접수일까지 취득세를 신고·납부하여야 한다.

③ 등기·등록관서의 장은 취득세가 납부되지 아니하였거나 납부부족액을 발견하였을 때에는 지체 없이 납세지를 관할하는 시장·군수에게 통보하여야 한다.

④ 국가등이 취득세 과세물건을 매각하면 매각일부터 60일 이내에 대통령령으로 정하는 바에 따라 그 물건 소재지를 관할하는 지방자치단체의 장에게 통보하거나 신고하여야 한다.

⑤ 지방자치단체의 장은 취득세 납세의무가 있는 법인이 장부 등의 작성과 보존의무를 이행하지 아니한 경우에는 산출된 세액 또는 부족세액의 100분의 20에 상당하는 금액을 징수하여야 할 세액에 가산한다.

44 「지방세법」상 취득세의 부과·징수에 관한 설명으로 <u>틀린</u> 것은? 상중하

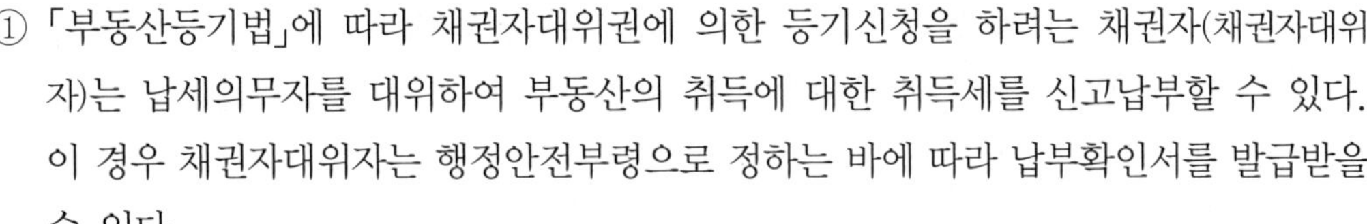

① 「부동산등기법」에 따라 채권자대위권에 의한 등기신청을 하려는 채권자(채권자대위자)는 납세의무자를 대위하여 부동산의 취득에 대한 취득세를 신고납부할 수 있다. 이 경우 채권자대위자는 행정안전부령으로 정하는 바에 따라 납부확인서를 발급받을 수 있다.

② 지방자치단체의 장은 채권자대위자의 신고납부가 있는 경우 납세의무자에게 그 사실을 즉시 통보하여야 한다.

③ 취득세 납부세액이 500만원 이하의 경우 250만원을 초과하는 금액을 분할납부할 수 있다.

④ 취득세는 물납이 허용되지 아니한다.

⑤ 납세의무자가 신고기한까지 취득세를 시가인정액으로 신고한 후 지방자치단체의 장이 세액을 경정하기 전에 그 시가인정액을 수정신고한 경우에는 「지방세기본법」에 따른 가산세를 부과하지 아니한다.

45 「지방세법」상 취득세 신고납부에 대한 설명 중 <u>틀린</u> 것은? 상중하

① 취득세가 경감된 과세물건이 추징대상이 된 때에는 그 사유 발생일부터 90일 이내에 그 산출세액에서 이미 납부한 세액(가산세 포함)을 공제한 세액을 신고·납부하여야 한다.

② 일시적 2주택으로 신고하였으나 그 취득일로부터 종전 주택을 3년 이내에 처분하지 못하여 1주택으로 되지 아니한 경우 가산세가 부과될 수 있다.

③ 취득세 과세물건을 취득한 자는 그 취득한 날(부동산 거래신고 등에 관한 법률에 따른 토지거래계약에 관한 허가구역에 있는 토지를 취득하는 경우로서 토지거래계약에 관한 허가를 받기 전에 거래대금을 완납한 경우 그 허가일이나 허가구역의 지정 해제일 또는 축소일)부터 60일 이내에 과세표준과 세액을 물건 소재지를 관할하는 특별시·광역시·도에 신고하고 해당 세액을 납부하여야 한다.

④ 토지의 지목변경에 따라 사실상 그 가액이 증가된 경우, 신고를 하지 아니하고 매각하는 경우에는 취득세 중가산세 규정은 적용되지 아니한다.

⑤ 지방자치단체의 장은 채권자대위자의 신고납부가 있는 경우 납세의무자에게 그 사실을 즉시 통보하여야 한다.

46 「지방세법」상 취득세에 관한 설명으로 옳은 것은?

① 지방자치단체에 기부채납을 조건으로 부동산을 취득하는 경우라도 그 반대급부로 기부채납대상물의 무상사용권을 제공받는 때에는 그 해당 부분에 대해서는 취득세를 부과한다.

② 상속으로 인하여 부동산을 취득하는 경우 공동상속재산에 대해서는 주된 상속자가 이를 취득한 것으로 본다.

③ 유상승계취득의 경우 사실상 취득가격과 시가표준액 중 높은 금액을 과세표준으로 한다.

④ 무상승계취득한 취득물건을 취득일에 등기·등록하지 아니하고 화해조서·인낙조서에 의하여 취득일부터 6개월 이내에 계약이 해제된 사실을 입증하는 경우에는 취득한 것으로 보지 아니한다.

⑤ 「주택법」 제2조 제3호에 따른 공동주택의 개수(건축법 제2조 제1항 제9호에 따른 대수선은 제외)로 인한 취득 중 개수로 인한 취득 당시 「지방세법」 제4조에 따른 주택의 시가표준액이 12억원 이하인 주택과 관련된 개수로 인한 취득에 대해서는 취득세를 부과하지 아니한다.

47 「지방세법」상 취득세에 관한 설명으로 틀린 것은?

① 국가 및 외국정부의 취득에 대해서는 취득세를 부과하지 않는 것이 원칙이다.

② 토지의 지목변경에 따른 취득은 토지의 지목이 공부상 변경된 날을 취득일로 본다.

③ 국가가 취득세 과세물건을 매각하면 매각일부터 30일 이내에 지방자치단체의 장에게 신고하여야 한다.

④ 법인이 아닌 자가 건축물을 건축하여 취득하는 경우로서 사실상 취득가격을 확인할 수 없는 경우의 취득당시가액은 시가표준액으로 한다.

⑤ 토지를 취득한 자가 그 취득한 날부터 1년 이내에 그에 인접한 토지를 취득한 경우 그 전후의 취득에 관한 토지의 취득을 1건의 토지 취득으로 보아 취득세에 대한 면세점을 적용한다.

최신 기출응용 32회

48 「지방세법」상 취득세에 관한 설명으로 옳은 것은?

① 「도시 및 주거환경정비법」에 따른 재건축조합이 재건축사업을 하면서 조합원으로부터 취득하는 토지 중 조합원에게 귀속되지 아니하는 토지를 취득하는 경우에는 같은 법에 따른 소유권이전고시일에 그 토지를 취득한 것으로 본다.

② 취득세 과세물건을 취득한 후에 그 과세물건이 중과세율의 적용대상이 되었을 때에는 취득한 날부터 60일 이내에 중과세율을 적용하여 산출한 세액에서 이미 납부한 세액(가산세 포함)을 공제한 금액을 신고하고 납부하여야 한다.

③ 대한민국 정부기관의 취득에 대하여 과세하는 외국정부의 취득에 대해서는 취득세를 부과하지 아니한다.

④ 상속으로 인한 취득의 경우에는 상속개시일에 취득한 것으로 본다.

⑤ 부동산의 취득은 「민법」 등 관계 법령에 따른 등기·등록 등을 하지 아니한 경우라면 취득한 것으로 보지 아니한다.

최신 기출응용 33회

49 「지방세법」상 취득세에 관한 설명으로 <u>틀린</u> 것은?

① 건축물 중 부대설비에 속하는 부분으로서 그 주체구조부와 하나가 되어 건축물로서의 효용가치를 이루고 있는 것에 대하여는 주체구조부 취득자 외의 자가 가설한 경우 그 가설자가 취득한 것으로 본다.

② 세대별 소유주택 수에 따른 중과세율을 적용함에 있어 주택으로 재산세를 과세하는 오피스텔(2025년 취득)은 해당 오피스텔을 소유한 자의 주택 수에 가산한다.

③ 납세의무자가 토지의 지목을 사실상 변경한 후 산출세액에 대한 신고를 하지 아니하고 그 토지를 매각하는 경우에는 중가산세를 적용하지 아니한다.

④ 공사현장사무소 등 임시건축물(중과대상에 해당하지 아니함)의 취득에 대하여는 그 존속기간이 1년을 초과하는 경우 취득세를 부과한다.

⑤ 토지를 취득한 자가 취득한 날부터 1년 이내에 그에 인접한 토지를 취득한 경우 이를 1건의 취득으로 보아 면세점 여부를 판단한다.

50 「지방세법」상 취득세에 관한 설명으로 틀린 것은?

① 토지의 지목변경에 따른 취득은 토지의 지목이 사실상 변경된 날과 공부상 변경된 날 중 빠른 날을 취득일로 본다. 다만, 토지의 지목변경일 이전에 사용하는 부분에 대해서는 그 사실상의 사용일을 취득일로 본다.

② 연부로 취득하는 것[취득가액의 총액이 법 제17조(면세점)의 적용을 받는 것은 제외]은 그 사실상의 연부금 지급일을 취득일로 본다.

③ 토지의 지목변경에 대한 과세표준은 지목변경 전의 시가표준액에 그 비용을 더한 금액으로 한다.

④ 취득세 납세의무가 있는 법인이 장부 등의 작성과 보존의무를 이행하지 아니하는 경우 산출세액의 100분의 10에 상당하는 가산세가 부과된다.

⑤ 甲소유의 미등기건물에 대하여 乙이 채권확보를 위하여 법원의 판결에 의한 소유권 보존등기를 甲명의로 등기할 경우의 취득세 납세의무는 甲에게 있다.

51 「지방세법」상 취득세에 관한 설명으로 틀린 것은?

상중하

① 승강기는 건축물에 부착, 설치된 경우에만 과세된다.

② 차량, 기계장비, 항공기 및 주문을 받아 건조하는 선박은 승계취득인 경우에만 과세된다.

③ 이혼 시 위자료로 취득세 과세물건을 취득한 경우 1천분의 35를 표준세율로 하여 중과기준세율을 뺀 세율로 산출한 금액을 그 세액으로 한다.

④ 배우자 또는 직계존비속으로부터의 부동산 등의 부담부증여의 경우에는 채무인수액을 증여로 추정한다.

⑤ 직계존속의 부동산을 직계비속이 본인의 소유재산을 처분 또는 담보한 금액으로 취득한 경우 이를 유상으로 취득한 것으로 본다.

52 「지방세법」상 취득세에 관한 설명으로 옳은 것은?

① 토지의 지목변경에 따른 취득은 토지의 지목을 사용한 날과 공부상 변경된 날 중 빠른 날을 취득일로 본다.

② 법인이 아닌 자가 건축물을 건축하여 취득하는 경우로서 사실상 취득가격을 확인할 수 없는 경우의 과세표준은 시가표준액으로 한다.

③ 지방자치단체의 장은 취득세 납세의무가 있는 법인이 취득당시가액을 증명할 수 있는 장부와 관련 증거서류를 작성하여 갖춰 두어야 하는 의무를 이행하지 아니하는 경우에는 산출된 세액 또는 부족세액의 100분의 20에 상당하는 금액을 징수하여야 할 세액에 가산한다.

④ 토지를 취득한 자가 그 취득한 날부터 1년 이내에 그에 인접한 토지를 취득한 경우 그 전후의 취득에 관한 토지의 취득을 각각의 취득으로 보아 취득세에 대한 면세점을 적용한다.

⑤ 국가, 지방자치단체 또는 지방자치단체조합이 취득세 과세물건을 매각(연부로 매각한 것을 포함)하면 매각일부터 60일 이내에 그 물건 소재지를 관할하는 지방자치단체의 장에게 통보하거나 신고하여야 한다.

대표문제 등록면허세 과세표준과 세율

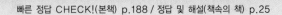

「지방세법」상 부동산등기에 대한 등록면허세의 표준세율로 옳은 것은? (단, 표준세율을 적용하여 산출한 세액이 부동산등기에 대한 그 밖의 등기 또는 등록세율보다 크다고 가정함)

① 전세권설정등기: 전세금액의 1천분의 15
② 상속으로 인한 소유권이전등기: 부동산가액의 1천분의 3
③ 지역권설정 및 이전등기: 승역지가액의 1천분의 2
④ 임차권설정 및 이전등기: 월임대차금액의 1천분의 2
⑤ 저당권설정 및 이전등기: 채권금액의 1천분의 8

POINT

자주 출제되는 부분으로, 등록면허세 과세표준과 세율에 대해 숙지하여야 합니다.

해설

① 전세권설정등기: 전세금액의 1천분의 2
② 상속으로 인한 소유권이전등기: 부동산가액의 1천분의 8
③ 지역권설정 및 이전등기: 요역지가액의 1천분의 2
⑤ 저당권설정 및 이전등기: 채권금액의 1천분의 2

이론 + **등록면허세 세율**

구분		과세표준	세율
소유권보존등기		부동산가액	1천분의 8
소유권 이전등기	유상		1천분의 20 (1천분의 10~1천분의 30의 세율이 적용되는 주택의 경우에는 해당 주택의 취득세율에 100분의 50을 곱한 세율)
	상속		1천분의 8
	상속 이외 무상		1천분의 15

소유권 외의 물권과 임차권의 설정 및 이전	지상권	부동산가액	1천분의 2
	지역권	요역지가액	
	전세권	전세금액	
	임차권	월임대차금액	
	저당권, 가압류, 가처분, 경매신청	채권금액	
	가등기	부동산가액 또는 채권금액	
그 밖의 등기(말소, 변경등기 등)		건당	6천원

정답 ④

01 **「지방세법」상 등록면허세가 과세되는 등기 또는 등록이 아닌 것은?** (단, 2025년 1월 1일 이후 등기 또는 등록한 것으로 가정함) 상중하

① 경매신청등기

② 전세권설정등기

③ 비영업용 승용자동차 소유권 등록(취득가액 45만원)

④ 취득가액이 50만원 이하인 농지의 상속으로 인한 소유권이전등기

⑤ 계약상의 잔금지급일을 2025년 10월 25일로 하는 주택(취득가액 2억원)의 소유권이전등기

02 「지방세법」상 등록에 대한 등록면허세 납세의무자에 대한 설명으로 틀린 것은?

① 등록면허세의 납세의무자는 재산권과 그 밖의 권리의 설정, 변경 또는 소멸에 관한 사항을 공부에 등기 또는 등록을 하는 자이다.
② 저당권설정등기 시 납세의무자는 저당권자이다.
③ 소유권이전등기 시 납세의무자는 매수자이다.
④ 저당권말소등기 시 납세의무자는 저당권자이다.
⑤ 전세권말소등기 시 납세의무자는 전세권설정자이다.

03 「지방세법」상 등록에 대한 등록면허세의 과세표준에 관한 설명으로 옳은 것은?

① 부동산, 선박, 항공기, 자동차 및 건설기계의 등록에 대한 등록면허세의 과세표준은 등록 당시의 가액으로 한다.
② 등록자의 신고가 없거나 신고가액이 시가표준액보다 적은 경우에는 시가인정액을 과세표준으로 한다.
③ 취득세 부과제척기간이 지난 토지의 소유권이전등기의 경우에는 등록 당시의 가액으로 한다.
④ 채권금액으로 과세액을 정하는 경우에 일정한 채권금액이 없을 때에는 채권최고액을 그 채권금액으로 본다.
⑤ 등록 당시에 자산재평가 또는 감가상각 등의 사유로 그 가액이 달라진 경우에도 변경 전 가액을 과세표준으로 한다.

04 **「지방세법」상 부동산등기에 대한 등록면허세의 표준세율로 틀린 것은?** (단, 부동산등기에 대한 표준세율을 적용하여 산출한 세액이 그 밖의 등기 또는 등록세율보다 크다고 가정하며, 중과세 및 비과세와 지방세특례제한법은 고려하지 않음) 상중하

① 취득세 부과제척기간이 지난 건축물 신축에 따른 소유권보존등기: 부동산가액의 1천분의 8

② 상속으로 취득한 농지(취득가액 40만원)의 소유권이전등기: 부동산가액의 1천분의 8

③ 비영리사업자가 기부로 취득한 건축물의 소유권이전등기: 부동산가액의 1천분의 15

④ 전세권설정등기: 전세금액의 1천분의 2

⑤ 저당권말소등기: 채권금액의 1천분의 2

05 **「지방세법」상 부동산등기에 대한 등록면허세의 과세표준과 표준세율로 틀린 것은?** (단, 부동산등기에 대한 표준세율을 적용하여 산출한 세액이 그 밖의 등기 또는 등록세율보다 크다고 가정하며, 중과세 및 비과세와 지방세특례제한법은 고려하지 않음) 상중하

① 소유권보존: 부동산가액의 1천분의 8

② 경매신청: 부동산가액의 1천분의 2

③ 지역권설정: 요역지가액의 1천분의 2

④ 임차권설정: 월임대차금액의 1천분의 2

⑤ 상속으로 인한 소유권이전: 부동산가액의 1천분의 8

06 **부동산등기의 등록에 대한 등록면허세의 과세표준과 세율에 대한 설명으로 옳은 것은?** (단, 부동산등기에 대한 표준세율을 적용하여 산출한 세액이 그 밖의 등기 또는 등록세율보다 크다고 가정하며, 중과세 및 비과세와 지방세특례제한법은 고려하지 않음) 상 중 하

① 지방자치단체의 장은 조례로 정하는 바에 따라 등록면허세의 세율을 표준세율의 100분의 60 범위에서 가감할 수 있다.

② 부동산 가압류에 대한 등록면허세 세율은 채권금액의 1천분의 2로 한다.

③ 증여로 인한 소유권이전등기는 부동산가액의 1천분의 8이다.

④ 지역권말소등기 시 등록면허세는 요역지가액의 1천분의 2이다.

⑤ 임차권설정등기에 대한 등록면허세는 임차보증금의 1천분의 2이다.

07 **「지방세법」상 등기·등록에 대한 등록면허세 비과세에 관한 설명으로 옳은 것은 모두 몇 개인가?** 상 중 하

㉠ 대한민국 정부기관의 등록 또는 면허에 대하여 과세하는 외국정부의 등록 또는 면허의 경우에는 등록면허세를 부과하지 아니한다.

㉡ 「채무자 회생 및 파산에 관한 법률」에 따른 법인채무자의 회생절차개시의 결정에 대한 법원의 촉탁등기에 대해서는 등기·등록에 대한 등록면허세를 부과한다.

㉢ 행정구역의 변경, 주민등록번호의 변경, 지적(地籍) 소관청의 지번 변경, 계량단위의 변경, 등기 또는 등록 담당 공무원의 착오 및 이와 유사한 사유로 인한 등기 또는 등록으로서 주소, 성명, 주민등록번호, 지번, 계량단위 등의 단순한 표시변경·회복 또는 경정등기·등록은 등기·등록에 대한 등록면허세를 부과하지 아니한다.

㉣ 무덤과 이에 접속된 부속시설물의 부지로 사용되는 토지로 지적공부상 지목이 묘지인 토지에 관한 등기에는 등기·등록에 대한 등록면허세를 부과한다.

① 0개 ② 1개
③ 2개 ④ 3개
⑤ 4개

08 지방세법령상 등록에 대한 등록면허세가 비과세되는 경우로 옳은 것은? 상중하

> ㉠ 지방자치단체가 자기를 위하여 받는 등록
> ㉡ 무덤과 이에 접속된 부속시설물의 부지로 사용되는 토지로서 지적공부상 지목이 묘지인 토지에 관한 등기
> ㉢ 대한민국 정부기관의 등록에 대하여 과세하는 외국정부의 등록
> ㉣ 등기 담당 공무원의 착오로 인한 주소 등의 단순한 표시변경 등기

① ㉠, ㉡
② ㉠, ㉢
③ ㉠, ㉡, ㉢
④ ㉠, ㉡, ㉣
⑤ ㉡, ㉢, ㉣

09 「지방세법」상 등록면허세 부과·징수에 관한 설명으로 틀린 것은? 상중하

① 부동산등기에 대한 등록면허세 납세지는 부동산 소재지이다.
② 같은 등록에 관계되는 재산이 둘 이상의 지방자치단체에 걸쳐 있어 등록면허세를 지방자치단체별로 부과할 수 없을 때에는 소재지별로 안분(按分)한다.
③ 같은 채권의 담보를 위하여 설정하는 둘 이상의 저당권을 등록하는 경우에는 이를 하나의 등록으로 보아 그 등록에 관계되는 재산을 처음 등록하는 등록관청 소재지를 납세지로 한다.
④ 납세지가 분명하지 아니한 경우에는 등록관청 소재지를 납세지로 한다.
⑤ 등록을 하려는 자는 과세표준에 세율을 적용하여 산출한 세액을 등록을 하기 전까지 납세지를 관할하는 지방자치단체의 장에게 신고하고 납부하여야 한다.

10 **「지방세법」상 취득세 또는 등록면허세의 신고·납부에 관한 설명으로 <u>틀린</u> 것은?** (단, 비과세 및 지방세특례제한법은 고려하지 않음) 상중하

① 취득세 과세물건을 취득한 후 중과세대상이 되었을 때에는 중과세율을 적용하여 산출한 세액에서 이미 납부한 세액(가산세 제외)을 공제한 금액을 세액으로 하여 신고·납부하여야 한다.

② 국내에 주소를 둔 상속인이 상속으로 취득세 과세물건을 취득한 경우 상속개시일이 속하는 달의 말일부터 6개월 이내에 과세표준과 세액을 신고·납부하여야 한다.

③ 등록을 하려는 자가 등록면허세 신고의무를 다하지 않고 산출세액을 등록하기 전까지 납부한 경우 「지방세기본법」에 따른 무신고가산세를 부과한다.

④ 지목변경으로 인한 취득세 납세의무자가 신고를 하지 아니하고 매각하는 경우 중가산세(100분의 80)를 적용하지 아니한다.

⑤ 등기·등록관서의 장은 등기 또는 등록 후에 등록면허세가 납부되지 아니하였거나 납부부족액을 발견한 경우에는 다음 달 10일까지 납세지를 관할하는 시장·군수·구청장에게 통보하여야 한다.

11 **「지방세법」상 등기·등록에 대한 등록면허세에 관한 설명으로 옳은 것은?** 

① 무덤과 이에 접속된 부속시설물의 부지로 사용되는 토지로 지적공부상 지목이 묘지인 토지에 관한 등기에는 등기·등록에 대한 등록면허세를 부과한다.

② 취득당시가액을 과세표준으로 하는 경우 등록 당시에 자산재평가의 사유로 그 가액이 달라진 때에는 자산재평가 전의 가액을 과세표준으로 한다.

③ 과세표준신고가 없거나 신고가액이 시가표준액보다 적은 경우에는 시가인정액을 과세표준으로 한다.

④ 채권금액으로 과세액을 정하는 경우에 일정한 채권금액이 없을 때에는 채권의 목적이 된 것의 가액 또는 처분의 제한의 목적이 된 금액을 그 채권금액으로 본다.

⑤ 지방세의 체납으로 인하여 압류의 등기를 한 재산에 대하여 압류해제의 등기를 할 경우 등기·등록에 대한 등록면허세가 과세된다.

12 「지방세법」상 등기·등록에 대한 등록면허세에 관한 설명으로 틀린 것은? 상중하

① 국가, 지방자치단체, 지방자치단체조합, 외국정부 및 주한국제기구가 자기를 위하여 받는 등록 또는 면허에 대하여는 등록면허세를 부과하지 아니한다. 다만, 대한민국 정부기관의 등록 또는 면허에 대하여 과세하는 외국정부의 등록 또는 면허의 경우에는 등록면허세를 부과한다.

② 등록면허세 비과세대상 과세물건이 등록면허세 부과대상이 되었을 때에는 그 사유 발생일부터 60일 이내에 해당 과세표준에 세율을 적용하여 산출한 세액을 납세지를 관할하는 지방자치단체의 장에게 신고하고 납부하여야 한다.

③ 지방자치단체의 장은 채권자대위자의 신고납부가 있는 경우 다음 달 10일까지 납세의무자에게 그 사실을 통보하여야 한다.

④ 등록면허세 납세의무자가 신고 또는 납부의무를 다하지 아니하면 산출세액 또는 그 부족세액에 「지방세기본법」에 따라 산출한 가산세를 합한 금액을 세액으로 하여 보통징수의 방법으로 징수한다.

⑤ 대도시에서 법인(대도시 중과 제외 업종에 해당하지 아니함)을 설립하거나 지점이나 분사무소를 설치함에 따른 등기의 경우 세율은 표준세율의 100분의 300을 적용한다.

PART 2

13 「지방세법」상 등기·등록에 대한 등록면허세에 관한 설명으로 틀린 것은? 상중하

① 상속으로 인한 소유권이전등기의 세율은 부동산가액의 1천분의 8로 한다.

② 등기·등록을 하려는 자가 신고의무를 다하지 않은 경우 등기·등록에 대한 등록면허세 산출세액을 등기·등록하기 전까지 납부하였을 때에는 신고·납부한 것으로 본다.

③ 부동산등기에 대한 등록면허세 납세지는 부동산 소재지이다.

④ 부동산을 등기하려는 자는 과세표준에 세율을 적용하여 산출한 세액을 등기신청 접수일까지 납세지를 관할하는 지방자치단체의 장에게 신고·납부하여야 한다.

⑤ 대도시 밖에 있는 법인의 본점이나 주사무소를 대도시로 전입함에 따른 등기는 법인등기에 대한 세율의 100분의 200을 적용한다.

14 **「지방세법」상 등록면허세에 관한 설명으로 <u>틀린</u> 것은?** 

① 같은 등록에 관계되는 재산이 둘 이상의 지방자치단체에 걸쳐 있어 등록면허세를 지방자치단체별로 부과할 수 없을 때에는 등록관청 소재지를 납세지로 한다.

② 「한국은행법」에 따른 은행업을 영위하기 위하여 대도시에서 법인을 설립함에 따른 등기를 할 때에는 표준세율을 적용한다. 단, 그 등기일부터 2년 이내에 업종변경이나 업종추가는 없다.

③ 재산권 기타 권리의 설정·변경 또는 소멸에 관한 사항을 공부에 등기 또는 등록을 받는 실질권리자와 외형상 권리자가 다른 경우 등록면허세 납세의무자는 실질권리자이다.

④ 대한민국 정부기관의 등록 또는 면허에 대하여 과세하는 외국정부의 등록 또는 면허의 경우에는 등록면허세를 부과한다.

⑤ 지방자치단체의 장은 조례로 정하는 바에 따라 등록면허세의 세율을 부동산등기에 대한 표준세율의 100분의 50의 범위에서 가감할 수 있다.

15 **임차인 乙이 甲소유 부동산에 대해 전세권설정등기를 하는 경우 「지방세법」상 등록에 대한 등록면허세에 관한 설명으로 옳은 것은?** 상중하

① 등록면허세의 납세의무자는 전세권설정자인 甲이다.

② 부동산 소재지와 乙의 주소지가 다른 경우 등록면허세의 납세지는 乙의 주소지로 한다.

③ 전세권설정등기에 대한 등록면허세의 표준세율은 전세금액의 1,000분의 2이다.

④ 전세권설정등기에 대한 등록면허세의 산출세액이 건당 6천원보다 적을 때에는 등록면허세를 부과하지 아니한다.

⑤ 납세의무자가 등록면허세 신고는 하였으나 납부의무를 다하지 아니한 경우라도 신고를 하고 납부한 것으로 본다.

16 **거주자 甲은 본인소유 토지**(시가 10억원)**를 담보로 에듀윌은행에서 5억원을 대출받았다. 다음 중 틀린 것은?** 상중하

① 甲소유 토지에 대해 저당권설정등기를 하는 경우 등록면허세 납세의무자는 에듀윌은행이다.

② 저당권설정등기 시 과세표준은 부동산가액인 10억원이다.

③ 저당권설정등기 시 적용되는 세율은 1천분의 2이다.

④ 만약 담보를 목적으로 에듀윌은행에 소유권을 이전하였다면 이는 양도로 보지 아니한다.

⑤ 채무자인 甲이 채무를 이행하지 않아 담보된 토지를 채무변제에 충당하였다면 이는 양도로 볼 수 있다.

17 **「지방세법」상 등록면허세에 관한 설명으로 옳은 것은?** 상중하

① 부동산등기에 대한 등록면허세의 납세지는 납세의무자의 주소지이다.

② 등록을 하려는 자가 법정신고기한까지 등록면허세 산출세액을 신고하지 않은 경우로서 등록 전까지 그 산출세액을 납부한 때에도 「지방세기본법」에 따른 무신고가산세가 부과된다.

③ 등기 또는 등록 담당 공무원의 착오로 인한 등기 또는 등록으로서 주소, 성명, 주민등록번호, 지번, 계량단위 등의 단순한 표시변경·회복 또는 경정등기 또는 등록에 대해서는 등록면허세를 납부할 의무가 있다.

④ 채권금액으로 과세액을 정하는 경우에 일정한 채권금액이 없을 때에는 채권의 목적이 된 것의 가액 또는 처분의 제한의 목적이 된 금액을 그 채권금액으로 본다.

⑤ 「한국은행법」 및 「한국수출입은행법」에 따른 은행업을 영위하기 위하여 대도시에서 법인을 설립함에 따른 등기를 한 법인이 그 등기일부터 3년 이내에 업종변경이나 업종 추가가 없는 때에는 등록면허세의 세율을 중과하지 아니한다.

18 **「지방세법」상 등록면허세에 관한 설명으로 <u>틀린</u> 것은?** 

① 지방자치단체의 장은 등록면허세의 세율을 표준세율의 100분의 50의 범위에서 가감할 수 있다.

② 등록 당시에 감가상각의 사유로 가액이 달라진 경우 그 가액에 대한 증명 여부에 관계없이 변경 전 가액을 과세표준으로 한다.

③ 지목이 묘지인 토지의 등록에 대하여 등록면허세를 부과하지 아니한다.

④ 부동산등기에 대한 등록면허세의 납세지는 부동산 소재지로 하며, 납세지가 분명하지 아니한 경우에는 등록관청 소재지로 한다.

⑤ 부동산 등록에 대한 신고가 없는 경우 시가표준액을 과세표준으로 한다.

최신 기출응용 32회

19 **거주자인 개인 乙은 甲이 소유한 부동산**(시가 5억원)**에 전세기간 2년, 전세보증금 2억원으로 하는 전세계약을 체결하고, 전세권설정등기를 하였다. 「지방세법」상 등록면허세에 관한 설명으로 <u>틀린</u> 것은?** 상중하

① 과세표준은 2억원이다.

② 표준세율은 전세보증금의 1천분의 2이다.

③ 납부세액은 40만원이다.

④ 납세의무자는 甲이다.

⑤ 납세지는 부동산 소재지이다.

20 「지방세법」상 등록에 대한 등록면허세에 관한 설명으로 틀린 것은?

① 등록면허세를 신고납부 시 그에 대한 지방교육세를 함께 신고하고 납부하여야 한다.

② 등록면허세의 감면을 받는 자는 농어촌특별세를 납부할 의무를 진다.

③ 취득가액 1억원의 토지를 유상승계취득하는 경우 등록면허세 납세의무가 있다.

④ 「채무자 회생 및 파산에 관한 법률」 제6조(회생절차폐지 등에 따른 파산선고) 제3항에 따른 촉탁등기에 대해서는 등록면허세를 과세하지 아니한다.

⑤ 취득세 부과제척기간이 지난 주택의 유상승계취득 시 1천분의 10~1천분의 30의 세율이 적용되는 경우에는 해당 주택의 취득세율에 100분의 50을 곱한 세율을 적용하여 산출한 금액을 그 세액으로 한다.

최신 기출응용 33회

21 「지방세법」상 등록에 대한 등록면허세에 관한 설명으로 옳은 것은?

① 채권금액으로 과세액을 정하는 경우에 일정한 채권금액이 없을 때에는 채권최고액을 과세표준으로 한다.

② 같은 채권의 담보를 위하여 설정하는 둘 이상의 저당권을 등록하는 경우에는 담보물건의 시가표준액을 기준으로 안분하여 부동산 소재지별로 신고납부한다.

③ 부동산등기에 대한 등록면허세의 납세지가 분명하지 아니한 경우에는 등록관청 소재지를 납세지로 한다.

④ 지상권등기의 경우에는 특별징수의무자가 징수할 세액을 납부기한까지 부족하게 납부하면 특별징수의무자에게 과소납부분세액의 100분의 1을 가산세로 부과한다.

⑤ 지방자치단체의 장은 채권자대위자의 부동산의 등기에 대한 등록면허세 신고납부가 있는 경우 다음 달 10일까지 납세의무자에게 그 사실을 통보하여야 한다.

22 지방세법령상 등록에 대한 등록면허세에 관한 설명으로 옳은 것은? (단, 지방세관계법령상 감면 및 특례는 고려하지 않음) 상중하

① 같은 등록에 관계되는 재산이 둘 이상의 지방자치단체에 걸쳐 있어 등록면허세를 지방자치단체별로 과할 수 없을 때에는 주소지를 납세지로 한다.

② 지방자치단체의 장은 조례로 정하는 바에 따라 등록면허세의 세율을 부동산등기에 따른 표준세율의 100분의 50의 범위에서 가감할 수 있다.

③ 주택의 토지와 건축물을 한꺼번에 평가하여 토지나 건축물에 대한 과세표준이 구분되지 아니하는 경우에는 한꺼번에 평가한 개별주택가격을 토지나 건축물의 면적비율로 나눈 금액을 각각 토지와 건축물의 과세표준으로 한다.

④ 부동산의 등록에 대한 등록면허세의 과세표준은 등록자가 신고한 당시의 가액으로 하고, 신고가 없거나 신고가액이 시가표준액보다 많은 경우에는 시가표준액으로 한다.

⑤ 채권자대위자는 납세의무자를 대위하여 부동산의 등기에 대한 등록면허세를 신고납부할 수 없다.

23 「지방세법」상 취득세 또는 등록면허세에 관한 설명으로 옳은 것은? 

① 등기 담당 공무원의 착오로 인한 지번의 오기에 대한 경정등기에 대해서는 등록면허세를 부과한다.

② 등록을 하려는 자가 법정신고기한까지 등록면허세 산출세액을 신고하지 않은 경우로서 등록 전까지 그 산출세액을 납부한 때에도 「지방세기본법」에 따른 무신고가산세가 부과된다.

③ 채권금액으로 과세액을 정하는 경우에 일정한 채권금액이 없을 때에는 채권의 목적이 된 것의 가액 또는 처분의 제한의 목적이 된 금액을 그 채권금액으로 본다.

④ 국가 및 외국정부의 취득에 대해서는 취득세를 부과한다.

⑤ 무상취득한 취득물건을 등기·등록한 후 공정증서로 계약이 해제된 사실이 입증(취득일부터 취득일이 속하는 달의 말일부터 3개월 이내에 계약이 해제된 사실이 입증되었음)되는 경우에는 취득한 것으로 보지 않는다.

24 「지방세법」상 취득세 및 등록면허세에 관한 설명으로 틀린 것은?

① 취득세 과세물건을 취득한 후 중과세율 적용대상이 되었을 경우 60일 이내에 산출세액에서 이미 납부한 세액(가산세 제외)을 공제하여 신고·납부하여야 한다.

② 취득세 과세물건을 증여취득한 경우는 취득일이 속하는 달의 말일부터 3개월 이내에 취득세 과세표준과 세액을 신고하고 납부하여야 한다.

③ 취득세 과세물건을 유상승계취득하는 경우에 있어 지방자치단체의 장은 특수관계인 간의 거래로 그 취득에 대한 조세부담을 부당하게 감소시키는 행위 또는 계산을 한 것으로 인정되는 경우 시가표준액을 취득당시가액으로 결정할 수 있다.

④ 부동산가압류에 대한 등록면허세의 세율은 채권금액의 1천분의 2로 한다.

⑤ 무상(상속 제외)으로 인한 부동산 소유권이전등기 시 등록면허세 세율은 부동산가액의 1천분의 15를 적용한다.

CHAPTER 03 재산세

빠른 정답 CHECK!(본책) p.189 / 정답 및 해설(책속의 책) p.30

대표문제 재산세 납세의무자

지방세법령상 재산세 과세기준일 현재 납세의무자로 옳은 것은? 기출응용 35회

① 공부상에 개인 등의 명의로 등재되어 있는 사실상의 종중재산으로 종중소유임을 신고하지 아니하였을 경우: 종중

② 상속이 개시된 재산으로서 상속등기가 이행되지 아니하고 사실상의 소유자를 신고하지 아니하였을 경우: 상속인 각자

③ 「도시 및 주거환경정비법」에 따른 정비사업(재개발사업만 해당)의 시행에 따른 환지계획에서 일정한 토지를 환지로 정하지 아니하고 체비지로 정한 경우: 사업시행자

④ 「채무자 회생 및 파산에 관한 법률」에 따른 파산선고 이후 파산종결의 결정까지 파산재단에 속하는 재산의 경우: 사실상 소유자

⑤ 지방자치단체와 재산세 과세대상 재산을 연부(年賦)로 매매계약을 체결하고 그 재산의 사용권을 유상으로 받은 경우: 그 매수계약자

POINT

재산세 납세의무자에 대한 문제는 자주 출제됩니다.

해설

① 공부상에 개인 등의 명의로 등재되어 있는 사실상의 종중재산으로 종중소유임을 신고하지 아니하였을 경우: 공부상 소유자

② 상속이 개시된 재산으로서 상속등기가 이행되지 아니하고 사실상의 소유자를 신고하지 아니하였을 경우: 주된 상속자

④ 「채무자 회생 및 파산에 관한 법률」에 따른 파산선고 이후 파산종결의 결정까지 파산재단에 속하는 재산의 경우: 공부상 소유자

⑤ 지방자치단체와 재산세 과세대상 재산을 연부(年賦)로 매매계약을 체결하고 그 재산의 사용권을 무상으로 받은 경우: 그 매수계약자

정답 ③

01 **「지방세법」상 재산세 과세대상의 구분에 있어 주거용과 주거 외의 용도를 겸하는 건물 등에 관한 설명으로 옳은 것을 모두 고른 것은?** 상중하

> ㉠ 1동(棟)의 건물이 주거와 주거 외의 용도로 사용되고 있는 경우에는 주거용으로 사용되는 부분만을 주택으로 본다.
> ㉡ 1구(構)의 건물이 주거와 주거 외의 용도로 사용되고 있는 경우 주거용으로 사용되는 면적이 전체의 100분의 50 이상인 경우에는 주택으로 본다.
> ㉢ 건축물에서 허가 등이나 사용승인을 받지 아니하고 주거용으로 사용하는 면적이 전체 건축물 면적의 100분의 50 이상인 경우에는 그 건축물 전체를 주택으로 보지 아니하고, 그 부속토지는 종합합산과세대상 토지로 본다.

① ㉠
② ㉢
③ ㉠, ㉡
④ ㉡, ㉢
⑤ ㉠, ㉡, ㉢

02 **「지방세법」상 재산세 과세대상에 관한 설명으로 틀린 것은?** 상중하

① 재산세는 토지, 건축물, 주택, 항공기 및 선박을 과세대상으로 한다.
② 주택의 부속토지의 경계가 명백하지 아니한 경우에는 그 주택의 바닥면적의 10배에 해당하는 토지를 주택의 부속토지로 한다.
③ 재산세의 과세대상 물건이 토지대장, 건축물대장 등 공부상 등재되지 아니하였거나 공부상 등재현황과 사실상의 현황이 다른 경우에는 사실상의 현황에 따라 재산세를 부과하는 것을 원칙으로 한다.
④ 관계 법령에 따라 허가 등을 받아야 함에도 불구하고 허가 등을 받지 않고 재산세의 과세대상 물건을 이용하는 경우로서 사실상 현황에 따라 재산세를 부과하면 재산세 부담이 낮아지는 경우에는 공부상 등재현황에 따라 재산세를 부과한다.
⑤ 재산세 과세기준일 현재의 사용이 일시적으로 공부상 등재현황과 달리 사용함으로써 재산세 부담이 낮아지는 경우 사실상 현황에 따라 재산세를 부과한다.

03 「지방세법」상 재산세의 납세의무자에 관한 설명으로 옳은 것은? 

① 상속이 개시된 재산으로서 상속등기가 이행되지 아니하고 사실상의 소유자를 신고하지 아니하였을 경우: 상속인 각자

② 「신탁법」에 따라 수탁자 명의로 등기·등록된 신탁재산의 경우로서 위탁자별로 구분된 재산: 위탁자

③ 국가가 선수금을 받아 조성하는 매매용 토지로서 사실상 조성이 완료된 토지의 사용권을 유상으로 받은 경우: 매수계약자

④ 「도시개발법」에 따라 시행하는 환지방식에 의한 도시개발사업 및 「도시 및 주거환경정비법」에 따른 주택재개발사업의 시행에 따른 환지계획에서 일정한 토지를 환지로 정하지 아니하고 체비지로 정한 경우: 환지 전 토지의 소유자

⑤ 공부상의 소유자가 매매 등의 사유로 소유권이 변동되었는데도 신고하지 아니하여 사실상의 소유자를 알 수 없을 때: 과세관청이 지정한 납세자

04 「지방세법」상 재산세의 납세의무자에 관한 설명으로 <u>틀린</u> 것은? 

① 공유재산인 경우 그 지분에 해당하는 부분(지분의 표시가 없는 경우에는 지분이 균등한 것으로 봄)에 대해서는 그 지분권자

② 공부상에 개인 등의 명의로 등재되어 있는 사실상의 종중재산으로서 종중소유임을 신고하지 아니하였을 때에는 공부상 소유자

③ 「채무자 회생 및 파산에 관한 법률」에 따른 파산선고 이후 파산종결의 결정까지 파산재단에 속하는 재산의 경우에는 공부상 소유자

④ 재산세 과세기준일 현재 소유권의 귀속이 분명하지 아니하여 사실상의 소유자를 확인할 수 없는 경우에는 공부상 소유자

⑤ 주택의 건물과 부속토지의 소유자가 다를 경우 그 주택에 대한 산출세액을 건축물과 그 부속토지의 시가표준액 비율로 안분계산(按分計算)한 부분에 대해서는 그 소유자

05 「지방세법」상 2025년 재산세 과세기준일 현재 납세의무자에 해당하는 것을 모두 고른 것은? 상중하

> ㉠ 5월 31일에 재산세 과세대상 재산의 매매잔금을 수령하고 소유권이전등기를 한 매수인
> ㉡ 공유물분할등기가 이루어지지 아니한 공유토지의 지분권자
> ㉢ 「신탁법」에 따라 위탁자별로 구분되어 수탁자 명의로 등기·등록된 신탁재산의 위탁자
> ㉣ 도시환경정비사업 시행에 따른 환지계획에서 일정한 토지를 환지로 정하지 아니하고 체비지로 정한 경우 사업시행자

① ㉠, ㉢
② ㉡, ㉣
③ ㉠, ㉡, ㉣
④ ㉠, ㉢, ㉣
⑤ ㉠, ㉡, ㉢, ㉣

06 「지방세법」상 2025년 재산세 과세기준일 현재 납세의무자에 관한 설명으로 옳은 것을 모두 고른 것은? 상중하

> ㉠ 사실상 종중소유임을 신고하지 아니한 임야의 공부상 소유자인 거주자 甲은 재산세 납세의무가 있다.
> ㉡ 과세기준일 현재 상속등기를 하지 아니하고 사실상 소유자를 신고하지 아니한 공동상속재산의 주된 상속자인 乙은 재산세 납세의무가 있다.
> ㉢ 주택의 소유자는 甲, 부속토지의 소유자는 乙인 경우 甲이 주택분 재산세 납세의무를 진다.
> ㉣ 「주택법」에 따른 지역주택조합 및 직장주택조합이 조합원이 납부한 금전으로 매수하여 소유하고 있는 신탁재산의 경우에는 해당 조합원이 재산세 납세의무를 진다.

① ㉠, ㉡
② ㉠, ㉢
③ ㉡, ㉣
④ ㉠, ㉢, ㉣
⑤ ㉡, ㉢, ㉣

07 「지방세법」상 재산세의 과세기준일 현재 납세의무자에 관한 설명으로 옳은 것은?

① 공유재산인 경우 그 지분에 해당하는 부분(지분의 표시가 없는 경우에는 과세관청이 지정한 자)에 대해서는 그 지분권자를 납세의무자로 본다.

② 소유권의 귀속이 분명하지 아니하여 사실상의 소유자를 확인할 수 없는 경우에는 그 사용자가 납부할 의무가 있다.

③ 지방자치단체와 재산세 과세대상 재산을 연부로 매매계약을 체결하고 그 재산의 사용권을 무상으로 받은 경우에는 지방자치단체를 납세의무자로 본다.

④ 공부상에 개인 등의 명의로 등재되어 있는 사실상의 종중재산으로서 종중소유임을 신고한 경우에도 공부상 소유자를 납세의무자로 한다.

⑤ 상속이 개시된 재산으로서 상속등기가 이행되지 아니하고 사실상의 소유자를 신고하지 아니하였을 때에는 공동상속인 각자가 받았거나 받을 재산에 따라 납부할 의무를 진다.

08 「지방세법」상 재산세의 과세기준일 현재 납세의무자에 관한 설명으로 틀린 것은?

① 재산세 과세기준일 현재 재산을 사실상 소유하고 있는 자는 재산세를 납부할 의무가 있다.

② 상속이 개시된 재산으로서 상속등기가 이행되지 아니하고 사실상의 소유자를 신고하지 아니하였을 때에는 상속지분이 가장 높은 사람을 납세의무자로 하되, 상속지분이 가장 높은 사람이 두 명 이상이면 그중 나이가 가장 많은 사람으로 한다.

③ 국가, 지방자치단체 및 지방자치단체조합이 선수금을 받아 조성하는 매매용 토지로서 사실상 조성이 완료된 토지의 사용권을 무상으로 받은 자에게는 재산세 납세의무가 없다.

④ 소유권의 귀속이 분명하지 아니한 재산에 대하여 사용자를 납세의무자로 보아 재산세를 부과하려는 경우에는 그 사실을 사용자에게 미리 통지하여야 한다.

⑤ 외국인 소유의 항공기 또는 선박을 임차하여 수입하는 경우에는 수입하는 자가 재산세 납세의무를 진다.

09 **「지방세법」상 재산세의 과세대상 및 납세의무자에 관한 설명으로 <u>틀린</u> 것은?** (단, 비과세는 고려하지 않음) 상중하

① 국가가 선수금을 받아 조성하는 매매용 토지로서 사실상 조성이 완료된 토지의 사용권을 무상으로 받은 자는 재산세를 납부할 의무가 있다.

② 토지의 재산세 과세대상은 종합합산과세대상, 별도합산과세대상 및 분리과세대상으로 구분한다.

③ 「신탁법」에 따른 신탁재산에 속하는 종합합산과세대상 토지는 위탁자의 토지와 합산하지 아니한다.

④ 주택 부속토지의 경계가 명백하지 아니한 경우 그 주택의 바닥면적의 10배에 해당하는 토지를 주택의 부속토지로 한다.

⑤ 재산세 과세대상인 토지의 범위에는 주택의 부속토지를 제외한다.

10 **「지방세법」상 재산세의 과세대상 및 납세의무자에 관한 설명으로 <u>틀린</u> 것은?** (단, 비과세는 고려하지 않음) 상중하

① 재산세 과세대상인 건축물의 범위에는 주택을 포함한다.

② 「신탁법」에 따른 신탁재산에 속하는 별도합산과세대상 토지는 위탁자의 토지와 합산한다.

③ 종합합산과세대상 토지란 과세기준일 현재 납세의무자가 소유하고 있는 토지 중 별도합산과세대상 또는 분리과세대상이 되는 토지를 제외한 토지를 말한다.

④ 「채무자 회생 및 파산에 관한 법률」에 따른 파산선고 이후 파산종결의 결정까지 파산재단에 속하는 재산의 경우 공부상 소유자가 납세의무를 진다.

⑤ 부부가 동일 관할구역 내 주택을 각각 1채씩 소유한 경우 각자가 납세의무를 진다.

11 「지방세법」상 2025년 과세기준일 현재 재산세의 과세표준과 세율에 관한 설명으로 옳은 것은?

상중하

① 주택에 대한 과세표준은 주택 시가표준액에 100분의 45의 공정시장가액비율을 곱하여 산정한다(단, 1세대 1주택자에 해당하지 아니함).

② 주택이 아닌 건축물에 대한 과세표준은 건축물 시가표준액에 100분의 100의 공정시장가액비율을 곱하여 산정한다.

③ 토지에 대한 과세표준은 사실상 취득가격이 증명되는 때에는 장부가액으로 한다.

④ 주택의 과세표준이 법정산식에 따른 과세표준상한액보다 큰 경우에도 과세표준상한 규정을 적용하지 아니한다.

⑤ 주택에 대한 재산세는 주택별로 표준세율을 적용한다.

12 「지방세법」상 2025년 과세기준일 현재 재산세의 과세표준과 세율에 관한 설명으로 틀린 것은?

상중하

① 선박 및 항공기에 대한 재산세의 과세표준은 시가표준액으로 한다.

② 종합합산과세대상 토지는 1천분의 2~1천분의 5의 초과누진세율을 표준세율로 한다.

③ 별도합산과세대상 토지는 1천분의 2~1천분의 4의 초과누진세율을 표준세율로 한다.

④ 취득세 중과대상인 회원제 골프장과 고급오락장용 건축물은 1천분의 4의 세율을 표준세율로 한다.

⑤ 합산과세대상 토지는 납세의무자가 소유하고 있는 관할구역에 있는 토지의 가액을 모두 합한 금액을 과세표준으로 하여 세율을 적용한다.

13 「지방세법」상 재산세 과세대상에 대한 표준세율 적용에 관한 설명으로 틀린 것은?

① 납세의무자가 해당 지방자치단체 관할구역에 소유하고 있는 종합합산과세대상 토지의 가액을 모두 합한 금액을 과세표준으로 하여 종합합산과세대상의 세율을 적용한다.

② 납세의무자가 해당 지방자치단체 관할구역에 소유하고 있는 별도합산과세대상 토지의 가액을 모두 합한 금액을 과세표준으로 하여 별도합산과세대상의 세율을 적용한다.

③ 분리과세대상이 되는 해당 토지의 가액을 과세표준으로 하여 분리과세대상의 세율을 적용한다.

④ 납세의무자가 해당 지방자치단체 관할구역에 2개 이상의 주택을 소유하고 있는 경우 주택별로 세율을 적용한다.

⑤ 주택에 대한 토지와 건물의 소유자가 다를 경우 해당 주택의 토지와 건물별로 각각 주택의 세율을 적용한다.

PART 2

14 「지방세법」상 재산세 표준세율 및 세율 적용에 관한 설명으로 틀린 것은? 상중하

① 다가구주택은 1가구가 독립하여 구분사용할 수 있도록 분리된 부분을 1구의 주택으로 본다. 이 경우 그 부속토지는 건물면적의 비율에 따라 각각 나눈 면적을 1구의 부속토지로 본다.

② 종합합산과세대상 토지에 대해 세율 적용 시 둘 이상의 지방자치단체가 통합된 경우에는 통합 지방자치단체의 조례로 정하는 바에 따라 5년의 범위에서 통합 이전 지방자치단체 관할구역별로 토지의 가액을 합한 가액을 과세표준으로 하여 세율을 적용할 수 있다.

③ 1천분의 0.5~1천분의 3.5의 세율을 적용하는 1세대 1주택이란 법정요건을 충족한 과세기준일 현재 시가표준액이 12억원 이하인 주택을 말한다.

④ 지방자치단체의 장은 특별한 재정수요나 재해 등의 발생으로 재산세의 세율 조정이 불가피하다고 인정되는 경우 조례로 정하는 바에 따라 표준세율의 100분의 50의 범위에서 가감할 수 있다. 다만, 가감한 세율은 해당 연도에만 적용한다.

⑤ 상가건축물의 표준세율은 1천분의 2.5이다.

15 다음 중 「지방세법」상 가장 높은 재산세 표준세율이 적용되는 것은? 

① 고급오락장용 토지
② 시지역의 주거지역 소재 공장용 건축물
③ 고급주택(1세대 1주택에 해당하지 아니함)
④ 별도합산과세대상 자동차운전학원용 토지
⑤ 종합합산과세대상 나대지

16 다음 중 「지방세법」상 가장 높은 재산세 표준세율이 적용되는 것은? 

① 종합합산과세대상인 무허가건축물의 부속토지
② 분리과세대상인 전·답
③ 주택(1세대 1주택에 해당하지 아니함)
④ 항공기
⑤ 고급선박

17 「지방세법」상 다음의 재산세 과세표준에 적용되는 표준세율 중 가장 낮은 것은?

① 과세표준 5천만원인 분리과세대상 임야
② 과세표준 2억원인 별도합산과세대상 토지
③ 과세표준 5천만원인 종합합산과세대상 토지
④ 과세표준 6천만원인 주택(단, 1세대 1주택에 해당하지 아니함)
⑤ 과세표준 10억원인 분리과세대상 염전

18 **「지방세법」상 다음에 적용되는 재산세의 표준세율이 가장 낮은 것은?** (단, 재산세 도시지역분은 제외하고, 지방세관계법에 의한 특례는 고려하지 않음) 상중하

① 과세표준이 5천만원인 종합합산과세대상 토지
② 과세표준이 2억원인 별도합산과세대상 토지
③ 과세표준이 1억원인 관계 법령에 따른 사회복지사업자가 복지시설이 소비목적으로 사용할 수 있도록 하기 위하여 소유하는 농지
④ 과세표준이 5억원인 「수도권정비계획법」에 따른 과밀억제권역 외의 읍·면지역의 공장용 건축물
⑤ 과세표준이 6천만원인 주택(법령이 정한 1세대 1주택에 해당됨)

19 **「지방세법」상 재산세 표준세율이 초과누진세율로 되어 있는 재산세 과세대상을 모두 고른 것은?** 상중하

㉠ 종합합산과세대상 토지 ㉡ 별도합산과세대상 토지 ㉢ 광역시(군지역 제외) 지역에서 「국토의 계획 및 이용에 관한 법률」과 그 밖의 관계 법령에 따라 지정된 주거지역의 대통령령으로 정하는 공장용 건축물 ㉣ 주택(1세대 1주택에 해당하지 아니함)

① ㉠, ㉡
② ㉠, ㉢
③ ㉠, ㉣
④ ㉠, ㉡, ㉢
⑤ ㉠, ㉡, ㉣

20 **지방세법령상 재산세의 표준세율에 관한 설명으로 옳은 것은?** (단, 지방세관계법령상 감면 및 특례는 고려하지 않음) 상중하

① 법령에서 정하는 고급선박 및 고급오락장용 건축물은 표준세율이 같다.

② 특별시 지역에서 「국토의 계획 및 이용에 관한 법률」과 그 밖의 관계 법령에 따라 지정된 주거지역 및 해당 지방자치단체의 조례로 정하는 지역의 대통령령으로 정하는 공장용 건축물의 표준세율은 과세표준의 1천분의 2.5이다.

③ 주택(법령으로 정하는 1세대 1주택 아님)의 경우 표준세율은 최저 1천분의 1에서 최고 1천분의 4까지 4단계 초과누진세율로 적용한다.

④ 항공기의 표준세율은 1천분의 50으로 법령에서 정하는 고급선박의 표준세율과 동일하다.

⑤ 지방자치단체의 장은 특별한 재정수요나 재해 등의 발생으로 재산세의 세율 조정이 불가피하다고 인정되는 경우 조례로 정하는 바에 따라 표준세율의 100분의 50의 범위에서 가감할 수 있다. 다만, 가감한 세율은 해당 연도를 포함하여 5년간 적용한다.

21 **「지방세법」상 재산세의 과세표준과 세율에 관한 설명으로 <u>틀린</u> 것을 모두 고른 것은?** (단, 법령에 따른 재산세의 경감은 고려하지 않음) 상중하

> ㉠ 지방자치단체의 장은 조례로 정하는 바에 따라 표준세율의 100분의 50의 범위에서 가감할 수 있으며, 가감한 세율은 해당 연도부터 5년간 적용한다.
> ㉡ 법령이 정한 회원제 골프장용 토지의 표준세율은 1천분의 40이다.
> ㉢ 주택(1세대 1주택에 해당하지 아니함)의 과세표준은 법령에 따른 시가표준액에 공정시장가액비율(시가표준액의 100분의 60)을 곱하여 산정한 가액으로 한다.

① ㉠ ② ㉢
③ ㉠, ㉡ ④ ㉡, ㉢
⑤ ㉠, ㉡, ㉢

22 **「지방세법」상 재산세의 비과세대상인 것은?** (단, 주어진 자료 외의 비과세요건은 충족된 것으로 가정함) 상중하

① 임시로 사용하기 위하여 건축된 건축물로서 재산세 과세기준일 현재 존속기간 1년 이상인 것

② 특정인이 전용하는 제방

③ 재산세를 부과하는 해당 연도에 철거하기로 계획이 확정되어 재산세 과세기준일 현재 행정관청으로부터 철거명령을 받은 주택과 그 부속토지인 대지

④ 「군사기지 및 군사시설 보호법」에 따른 군사기지 및 군사시설 보호구역 중 통제보호구역에 있는 전·답

⑤ 「도로법」에 따른 도로와 그 밖에 일반인의 자유로운 통행을 위하여 제공할 목적으로 개설한 사설도로(건축법 시행령 제80조의2에 따른 대지 안의 공지는 제외)

23 **「지방세법」상 재산세 비과세대상에 해당하지 <u>않는</u> 것은?** (단, 주어진 조건 외에는 고려하지 않음) 상중하

① 지방자치단체가 1년 이상 공용으로 사용하는 재산으로서 유료로 사용하는 재산

② 「자연공원법」에 따른 공원자연보존지구의 임야

③ 「백두대간 보호에 관한 법률」 제6조에 따라 지정된 백두대간보호지역의 임야

④ 「하천법」에 따른 하천과 「소하천정비법」에 따른 소하천

⑤ 「산림자원의 조성 및 관리에 관한 법률」에 따라 지정된 채종림·시험림

24 「지방세법」상 재산세 비과세대상에 해당하는 것은 모두 몇 개인가?

> • 무덤과 이에 접속된 부속시설물의 부지로 사용되는 토지로서 지적공부상 지목이 묘지인 토지
> • 대한민국 정부기관의 재산에 대하여 과세하는 외국정부의 재산
> • 「산림보호법」에 따른 산림보호구역의 토지
> • 「자연공원법」에 따라 지정된 공원자연환경지구의 임야

① 0개
② 1개
③ 2개
④ 3개
⑤ 4개

25 「지방세법」상 재산세 비과세대상에 해당하는 것은? (단, 주어진 조건 외에는 고려하지 않음)

① 지방자치단체가 1년 이상 공용으로 사용하는 재산으로 소유권의 유상이전을 약정하고 그 재산을 취득하기 전에 미리 사용하는 경우
② 국가, 지방자치단체, 지방자치단체조합과 재산세 과세대상 재산을 연부(年賦)로 매매계약을 체결하고 그 재산의 사용권을 무상으로 받은 경우
③ 임시로 사용하기 위하여 건축된 고급오락장으로서 재산세 과세기준일 현재 1년 미만의 것
④ 종중(宗中)이 소유하는 임야
⑤ 「자연공원법」에 따른 공원자연보존지구의 임야

26 「지방세법」상 재산세 납부에 관한 설명으로 옳은 것은? 

① 토지에 대한 재산세 납기는 매년 7월 16일부터 7월 31일까지이다.

② 주택에 대한 재산세(해당 연도에 부과할 세액이 20만원을 초과함)의 납기는 해당 연도에 부과·징수할 세액의 2분의 1은 매년 7월 16일부터 7월 31일까지, 나머지 2분의 1은 9월 16일부터 9월 30일까지이다.

③ 지방자치단체의 장은 재산세의 납부세액이 1천만원을 초과하는 경우 납세의무자의 신청을 받아 관할구역에 관계없이 해당 납세자의 부동산에 대하여 법령으로 정하는 바에 따라 물납을 허가할 수 있다.

④ 지방자치단체의 장은 과세대상 누락, 위법 또는 착오 등으로 인하여 이미 부과한 세액을 변경하거나 수시부과하여야 할 사유가 발생하더라도 납부기한이 지난 경우에는 재산세를 변경 혹은 수시부과할 수 없다.

⑤ 재산세 납부세액이 250만원을 초과하여 재산세를 분할납부하려는 자는 재산세 납부기한 10일 전까지 법령으로 정하는 신청서를 시장·군수에게 제출하여야 한다.

PART 2

27 「지방세법」상 재산세의 부과·징수에 관한 설명으로 옳은 것은? 

① 재산세의 징수는 신고납부의 방법으로 한다.

② 고지서 1장당 재산세로 징수할 세액이 2천원인 경우에는 해당 재산세를 징수하지 아니한다.

③ 지방자치단체의 장은 재산세의 납부세액이 250만원을 초과하는 경우에는 대통령령으로 정하는 바에 따라 납부할 세액의 일부를 납부기한이 지난 날부터 6개월 이내에 분할납부하게 할 수 있다.

④ 국가 또는 지방자치단체의 경우에는 납세고지서에 따른 납부지연가산세의 적용을 배제한다.

⑤ 위탁자의 다른 재산에 대하여 체납처분을 하여도 징수할 금액에 미치지 못할 때에는 해당 신탁재산의 수탁자는 그 재산세에 대해 위탁자와 연대납세의무가 있다.

최신 기출응용 34회

28 지방세법령상 재산세의 부과·징수에 관한 설명으로 옳은 것은? 

① 주택에 대한 재산세의 경우 해당 연도에 부과·징수할 세액의 2분의 1은 매년 7월 16일부터 7월 31일까지, 나머지 2분의 1은 10월 16일부터 10월 31일까지를 납기로 한다. 다만, 해당 연도에 부과할 세액이 20만원 이하인 경우에는 조례로 정하는 바에 따라 납기를 10월 16일부터 10월 31일까지로 하여 한꺼번에 부과·징수할 수 있다.

② 재산세의 징수는 신고납부의 방법으로 한다.

③ 재산세를 징수하려면 토지, 건축물, 주택, 선박 및 항공기로 구분한 납세고지서에 과세표준과 세액을 적어 늦어도 납기개시일까지 발급하여야 한다.

④ 재산세의 과세기준일은 매년 7월 1일로 한다.

⑤ 고지서 1장당 재산세로 징수할 세액이 2천원 미만인 경우에는 해당 재산세를 징수하지 아니한다.

29 「지방세법」상 2025년도 귀속 재산세의 부과·징수에 관한 설명으로 <u>틀린</u> 것은? (단, 세액변경이나 수시부과사유는 없음) 상중하

① 건축물분 재산세 납기는 매년 9월 16일부터 9월 30일까지이다.

② 선박분 재산세 납기는 매년 7월 16일부터 7월 31일까지이다.

③ 재산세를 징수하려면 재산세 납세고지서를 납기개시 5일 전까지 발급하여야 한다.

④ 주택분 재산세로서 해당 연도에 부과할 세액이 20만원 이하인 경우 조례로 정하는 바에 따라 납기를 7월 16일부터 7월 31일까지로 하여 한꺼번에 부과·징수할 수 있다.

⑤ 재산세를 물납하려는 자는 납부기한 10일 전까지 납세지를 관할하는 시장·군수·구청장에게 물납을 신청하여야 한다.

30 **「지방세법」상 재산세의 부과·징수에 관한 설명으로 틀린 것은 모두 몇 개인가?** (단, 비과세는 고려하지 않음) 상중하

- 재산세의 과세기준일은 매년 7월 1일로 한다.
- 토지의 재산세 납기는 매년 7월 16일부터 7월 31일까지이다.
- 재산세 납부할 세액이 800만원인 경우 최대 분할납부 가능한 금액은 400만원이다.
- 재산세는 관할 지방자치단체의 장이 세액을 산정하여 특별징수의 방법으로 부과·징수한다.

① 0개
② 1개
③ 2개
④ 3개
⑤ 4개

31 **「지방세법」상 재산세의 부과·징수에 관한 설명으로 옳은 것을 모두 고른 것은?** (단, 비과세는 고려하지 않음) 상중하

㉠ 상속이 개시된 재산으로서 상속등기가 되지 아니한 경우 주된 상속자는 과세기준일부터 15일 이내에 그 소재지를 관할하는 지방자치단체의 장에게 그 사실을 알 수 있는 증거자료를 갖추어 신고하여야 한다.

㉡ 거주자 甲이 소유하고 있는 공동주택가격 6억원인 주택에 대한 산출세액이 직전연도의 해당 주택에 대한 재산세액 상당액의 100분의 150을 초과하는 경우에는 100분의 150에 해당하는 금액을 해당 연도에 징수할 세액으로 한다.

㉢ 재산세를 징수하려면 토지, 건축물, 주택, 선박 및 항공기로 구분한 납세고지서에 과세표준과 세액을 적어 늦어도 납기개시 5일 전까지 발급하여야 한다.

① ㉠
② ㉡
③ ㉠, ㉡
④ ㉠, ㉢
⑤ ㉠, ㉡, ㉢

32 **다음 중 재산세 과세기준일부터 15일 이내에 그 소재지를 관할하는 지방자치단체의 장에게 그 사실을 알 수 있는 증거자료를 갖추어 신고하여야 하는 자에 해당하지 않는 것은?**

상중하

① 재산의 소유권 변동 또는 과세대상 재산의 변동사유가 발생하였으나 과세기준일까지 그 등기·등록이 되지 아니한 재산의 공부상 소유자

② 사실상 종중재산으로서 공부상에는 개인 명의로 등재되어 있는 재산의 공부상 소유자

③ 수탁자 명의로 등기·등록된 신탁재산의 위탁자

④ 공부상 등재현황과 사실상의 현황이 다르거나 사실상의 현황이 변경된 경우에는 해당 재산의 사실상 소유자

⑤ 1세대가 둘 이상의 주택을 소유하고 있음에도 불구하고 「지방세법」 제111조의2 제1항에 따른 세율(1세대 1주택에 대한 주택 세율 특례)을 적용받으려는 경우에는 그 세대원

33 **「지방세법」상 재산세 분할납부에 대한 설명으로 틀린 것은?** 상중하

① 납부할 세액이 500만원 이하인 경우 250만원을 초과하는 금액을 분할납부할 수 있다.

② 납부할 세액이 500만원을 초과하는 경우 그 세액의 100분의 50 이하의 금액을 분할납부할 수 있다.

③ 분할납부하려는 자는 재산세의 납부기한까지 행정안전부령으로 정하는 신청서를 시장·군수·구청장에게 제출하여야 한다.

④ 주택에 대한 해당 연도 납부할 세액이 400만원인 경우 250만원을 초과하는 금액을 분할납부할 수 있다.

⑤ 지방자치단체의 장은 건축물분 재산세에 대해 분할납부신청 시 납부할 세액의 일부를 9월 30일까지 분할납부하게 할 수 있다.

34 「지방세법」상 재산세의 물납에 관한 설명으로 옳은 것은?

① 「지방세법」상 물납의 신청 및 허가요건을 충족하고 재산세의 납부세액이 250만원을 초과하는 경우 물납이 가능하다.

② 서울특별시 은평구와 경기도 고양시에 부동산을 소유하고 있는 자의 고양시 소재 부동산에 대하여 부과된 재산세의 물납은 관할구역에 관계없이 부동산이면 가능하다.

③ 물납허가를 받은 부동산을 행정안전부령으로 정하는 바에 따라 물납하였을 때에는 납부기한 내에 납부한 것으로 본다.

④ 물납하려는 자는 행정안전부령으로 정하는 서류를 갖추어 그 납부기한까지 납세지를 관할하는 시장·군수·구청장에게 신청하여야 한다.

⑤ 물납신청 후 불허가 통지를 받은 경우에 해당 시·군·구의 다른 부동산으로의 변경신청은 허용되지 않으며 금전으로만 납부하여야 한다.

35 「지방세법」상 재산세의 물납에 관한 설명으로 <u>틀린</u> 것은?

① 물납신청을 받은 시장·군수·구청장은 신청을 받은 날부터 5일 이내에 납세의무자에게 그 허가 여부를 서면으로 통지하여야 한다.

② 토지분 재산세에 대해 10월 15일에 물납이 완료되었다면 「지방세기본법」에 따른 가산세가 부과된다.

③ 물납을 허가하는 부동산의 가액은 재산세 과세기준일 현재의 시가로 한다.

④ 토지 및 주택은 시가표준액을 과세기준일 현재의 시가로 보는 것이 원칙이다.

⑤ 시가로 인정되는 가액이 둘 이상인 경우에는 재산세의 과세기준일부터 가장 가까운 날에 해당하는 가액에 의한다.

36 지방세법령상 재산세의 물납에 관한 설명으로 옳은 것을 모두 고른 것은?

> ㉠ 지방자치단체의 장은 재산세의 납부세액이 1천만원을 초과하는 경우에는 납세의무자의 신청을 받아 해당 지방자치단체의 관할구역에 있는 부동산 및 유가증권에 대하여 대통령령으로 정하는 바에 따라 물납을 허가할 수 있다.
> ㉡ 시장·군수·구청장은 법령에 따라 불허가 통지를 받은 납세의무자가 그 통지를 받은 날부터 10일 이내에 해당 시·군·구의 관할구역에 있는 부동산으로서 관리·처분이 가능한 다른 부동산으로 변경신청하는 경우에는 변경하여 허가할 수 있다.
> ㉢ 물납을 허가하는 부동산의 가액은 과세기준일 현재의 시가로 한다.

① ㉠
② ㉢
③ ㉠, ㉡
④ ㉡, ㉢
⑤ ㉠, ㉡, ㉢

37 「지방세법」상 토지에 대한 재산세를 부과함에 있어서 과세대상의 구분(종합합산과세대상, 별도합산과세대상, 분리과세대상)이 같은 것으로만 묶인 것은?

상중하

> ㉠ 도시지역 밖에 소재하고 과세기준일 현재 실제 영농에 사용되고 있는 개인이 소유하는 농지
> ㉡ 「여객자동차 운수사업법」에 따라 여객자동차운송사업의 면허·등록을 받은 자가 그 면허·등록조건에 따라 사용하는 차고용 토지로서 자동차운송사업의 최저보유차고 면적기준의 1.5배에 해당하는 면적 이내의 토지
> ㉢ 과세기준일 현재 계속 염전으로 실제 사용하고 있는 토지
> ㉣ 법인이 매립·간척으로 취득한 농지로서, 과세기준일 현재 실제 영농에 사용되고 있는 해당 법인 소유농지

① ㉠, ㉡
② ㉡, ㉢
③ ㉡, ㉣
④ ㉠, ㉡, ㉢
⑤ ㉠, ㉢, ㉣

38 「지방세법」상 재산세 종합합산과세대상에 해당하지 않는 토지는?

① 「농지법」에 따른 농업법인이 소유하는 농지로서 과세기준일 현재 실제 영농에 사용되고 있는 농지로 시지역의 도시지역의 주거지역에 있는 것

② 관계 법령에 따른 사회복지사업자가 복지시설이 소비목적으로 사용할 수 있도록 하기 위하여 소유하는 농지

③ 「건축법」 등 관계 법령에 따라 허가 등을 받아야 할 건축물로서 허가 등을 받지 아니한 공장용 건축물의 부속토지

④ 축산용으로 사용하는 도시지역 안의 녹지지역의 목장용지로서 과세기준일이 속하는 해의 직전연도를 기준으로 법령이 정하는 축산용 토지 및 건축물의 기준을 적용하여 계산한 토지면적의 범위를 초과하여 소유하는 토지

⑤ 나대지

PART 2

39 「지방세법」상 재산세 분리과세대상에 해당하지 않는 토지는?

① 1989년 12월 31일 이전부터 소유한 「개발제한구역의 지정 및 관리에 관한 특별조치법」에 따른 개발제한구역의 임야

② 1990년 5월 31일 이전부터 소유한 「수도법」에 따른 상수원보호구역의 임야

③ 읍·면지역에 소재하는 공장용 건축물(허가를 득함)의 부속토지로서 공장입지기준면적 범위의 토지

④ 「자연공원법」에 따른 공원자연보존지구의 임야

⑤ 계속 염전으로 사용하다가 사용을 폐지한 토지(단, 염전 사용을 폐지한 후 다른 용도로 사용하지 아니함)

40 **「지방세법」상 재산세 별도합산과세대상에 해당하지 않는 토지는?** (단, 건축물을 허가 또는 사용승인을 득하였으며, 부속토지는 법정기준면적을 초과하지 아니함) 상중하

① 건축물의 시가표준액이 해당 부속토지의 시가표준액의 100분의 2에 미달하는 건축물의 부속토지 중 그 건축물의 바닥면적

② 「종자산업법」에 따라 종자업 등록을 한 종자업자가 소유하는 농지로서 종자연구 및 생산에 직접 이용되고 있는 시험·연구·실습지 또는 종자생산용 토지

③ 「도로교통법」에 따라 등록된 자동차운전학원의 자동차운전학원용 토지로서 같은 법에서 정하는 시설을 갖춘 구역 안의 토지

④ 건축허가를 받았으나 「건축법」 제18조에 따라 착공이 제한된 건축물의 부속토지

⑤ 과세기준일 현재 건축물이 사실상 철거·멸실된 날부터 6개월이 지난 건축물의 부속토지

41 **「지방세법」상 토지분 재산세에 대한 설명으로 틀린 것은?** 

① 토지에 대한 재산세 과세대상은 종합합산과세대상, 별도합산과세대상 및 분리과세대상으로 구분한다.

② 「국토의 계획 및 이용에 관한 법률」의 규정에 의한 도시지역의 공업지역 안에 위치한 공장용 건축물의 부속토지로서 공장입지 기준면적 범위 안의 토지는 별도합산과세대상이 된다.

③ 여객자동차터미널 및 화물터미널용 토지는 분리과세대상이다.

④ 군사기지 및 군사시설 보호구역 중 제한보호구역 안의 임야 및 그 제한보호구역에서 해제된 날부터 2년이 경과되지 아니한 임야는 분리과세대상이 된다.

⑤ 일반영업용 건축물 부속토지로서 일정한 기준면적을 초과한 토지는 종합합산과세대상이다.

42 **다음은 「지방세법」상 공장용 건축물 및 부속토지에 관한 재산세 세율에 관한 내용이다. (　) 안에 들어갈 내용으로 옳은 것은?** (단, 공장용 건축물은 허가 등을 득하였으며, 공장용 건축물의 부속토지는 공장용 건축물의 바닥면적에 용도지역별 적용배율을 곱하여 산정한 범위 및 입지기준면적 이내의 토지임) 상중하

구분	공장용 건축물	부속토지
「국토의 계획 및 이용에 관한 법률」에 따라 지정된 시(읍·면 제외)지역의 공업지역에 소재	(㉠)	(㉢)
「국토의 계획 및 이용에 관한 법률」에 따라 지정된 시(읍·면 제외)지역의 주거지역에 소재	(㉡)	(㉣)

	㉠	㉡	㉢	㉣
①	1천분의 2.5	1천분의 2.5	별도합산과세대상	분리과세대상
②	1천분의 2.5	1천분의 5	분리과세대상	별도합산과세대상
③	1천분의 5	1천분의 2.5	분리과세대상	종합합산과세대상
④	1천분의 5	1천분의 5	별도합산과세대상	분리과세대상
⑤	1천분의 2.5	1천분의 5	분리과세대상	종합합산과세대상

43 **「지방세법」상 재산세에 관한 설명으로 틀린 것은?** 상중하

① 과세기준일은 매년 6월 1일이다.

② 주택의 정기분 납부세액이 100만원인 경우 세액의 2분의 1은 7월 16일부터 7월 31일까지, 나머지는 9월 16일부터 9월 30일까지를 납기로 한다.

③ 토지의 정기분 납부세액이 18만원인 경우 조례에 따라 납기를 7월 16일부터 7월 31일까지로 하여 한꺼번에 부과·징수할 수 있다.

④ 과세기준일 현재 공부상의 소유자가 매매로 소유권이 변동되었는데도 신고하지 아니하여 사실상의 소유자를 알 수 없는 경우 그 공부상의 소유자에게 재산세 납부의무가 있다.

⑤ 지방자치단체의 장은 재산세의 납부세액이 250만원을 초과하는 경우 법령에 따라 납부할 세액의 일부를 납부기한이 지난 날부터 3개월 이내에 분납하게 할 수 있다.

44 「지방세법」상 2025년에 납세의무가 성립하는 재산세에 관한 설명으로 틀린 것은?

① 건축물에 대한 재산세의 납기는 매년 7월 16일에서 7월 31일이다.
② 재산세의 과세대상 물건이 공부상 등재현황과 사실상의 현황이 다른 경우에는 사실상현황에 따라 재산세를 부과하는 것이 원칙이다.
③ 주택에 대한 재산세는 납세의무자별로 해당 지방자치단체의 관할구역에 있는 주택의 과세표준을 합산하여 주택의 세율을 적용한다.
④ 지방자치단체의 장은 재산세의 납부세액(재산세 도시지역분 포함)이 1천만원을 초과하는 경우에는 납세의무자의 신청을 받아 해당 지방자치단체의 관할구역에 있는 부동산에 대하여만 대통령령으로 정하는 바에 따라 물납을 허가할 수 있다.
⑤ 주택(1세대 1주택에 해당하지 아니함)에 대한 재산세의 과세표준은 시가표준액의 100분의 60으로 한다.

45 「지방세법」상 재산세에 관한 설명으로 틀린 것은?

① 1동(棟)의 건물이 주거와 주거 외의 용도로 사용되고 있는 경우에는 주거용으로 사용되는 부분만을 주택으로 본다.
② 1구(構)의 건물이 주거와 주거 외의 용도로 사용되고 있는 경우에는 주거용으로 사용되는 면적이 전체의 100분의 50 이상인 경우에는 주택으로 본다.
③ 건축물에서 허가 등이나 사용승인을 받지 아니하고 주거용으로 사용하는 면적이 전체 건축물 면적의 100분의 50 이상인 경우에는 그 건축물 전체를 주택으로 보지 아니하고, 그 부속토지는 별도합산과세대상 토지로 본다.
④ 재산세 과세기준일 현재의 사용이 일시적으로 공부상 등재현황과 달리 사용하는 것으로 인정되는 경우로 재산세 부담이 낮아지는 경우에는 등재현황에 따라 재산세를 부과한다.
⑤ 주택의 부속토지의 경계가 명백하지 아니한 경우에는 그 주택의 바닥면적의 10배에 해당하는 토지를 주택의 부속토지로 한다.

최신 기출응용 32회

46 **「지방세법」상 재산세에 관한 설명으로 옳은 것은?** (단, 주어진 조건 외에는 고려하지 않음)

① 토지에 대한 재산세의 과세표준은 시가표준액에 공정시장가액비율(100분의 60)을 곱하여 산정한 가액으로 한다.

② 지방자치단체가 1년 이상 공용으로 사용하는 재산으로서 유료로 사용하는 경우에는 재산세를 부과하지 아니한다.

③ 재산세 물납신청을 받은 시장·군수·구청장이 물납을 허가하는 경우 물납을 허가하는 부동산의 가액은 과세기준일 현재의 시가로 한다.

④ 주택의 토지와 건물 소유자가 다를 경우 해당 주택에 대한 세율을 적용할 때 해당 주택의 토지와 건물의 가액을 소유자별로 구분한 과세표준에 주택의 세율을 적용한다.

⑤ 법인 소유 주택에 대한 재산세의 산출세액이 직전연도의 해당 주택에 대한 재산세액 상당액의 100분의 150을 초과하는 경우에는 100분의 150에 해당하는 금액을 해당 연도에 징수할 세액으로 한다.

최신 기출응용 33회

47 **「지방세법」상 재산세에 관한 설명으로 옳은 것은?** (단, 주어진 조건 외에는 고려하지 않음)

① 재산세 과세기준일 현재 공부상에 개인 등의 명의로 등재되어 있는 사실상의 종중재산으로서 종중소유임을 신고하였을 때 공부상 소유자는 재산세를 납부할 의무가 있다.

② 지방자치단체가 1년 이상 공용으로 사용하는 재산에 대하여는 소유권의 유상이전을 약정한 경우로서 그 재산을 취득하기 전에 미리 사용하는 경우 재산세를 부과하지 아니한다.

③ 재산세 과세기준일 현재 소유권의 귀속이 분명하지 아니하여 사실상의 소유자를 확인할 수 없는 경우에는 공부상 소유자가 재산세를 납부할 의무가 있다.

④ 재산세의 납기는 건축물 및 토지의 경우 매년 9월 16일부터 9월 30일까지이다.

⑤ 재산세의 납기에도 불구하고 지방자치단체의 장은 과세대상 누락, 위법 또는 착오 등으로 인하여 이미 부과한 세액을 변경하거나 수시부과하여야 할 사유가 발생하면 수시로 부과·징수할 수 있다.

48 「지방세법」상 재산세에 관한 설명으로 옳은 것은? (단, 주어진 조건 외에는 고려하지 않음)

상중하

① 「군사기지 및 군사시설 보호법」에 따른 군사기지 및 군사시설 보호구역 중 제한보호구역에 있는 토지는 재산세를 부과하지 아니한다. 다만, 전·답·과수원 및 대지는 제외한다.

② 주택분 재산세는 주택 소유자의 주소지를 관할하는 지방자치단체에서 부과한다.

③ 지방자치단체의 장이 조례로 정하는 바에 따라 가감한 세율을 적용한 세액이 1세대 1주택에 대한 특례세율을 적용한 세액보다 적은 경우에는 1세대 1주택에 대한 특례세율을 적용하지 아니한다.

④ 주택에 대한 세율 적용 시 1세대 1주택의 해당 여부를 판단할 때 「신탁법」에 따라 신탁된 주택은 위탁자의 주택 수에 가산하지 아니한다.

⑤ 「지방세특례제한법」에도 불구하고 동일한 주택이 1세대 1주택에 대한 특례세율과 「지방세특례제한법」에 따른 재산세 경감 규정(같은 법 제92조의2에 따른 자동이체 등 납부에 대한 세액공제는 제외)의 적용대상이 되는 경우에는 이를 중복하여 적용한다.

최신 기출응용 35회

49 지방세법령상 재산세에 관한 설명으로 틀린 것은? (단, 주어진 조건 외에는 고려하지 않음)

상중하

① 특별시 지역에서 「국토의 계획 및 이용에 관한 법률」에 따라 지정된 주거지역의 대통령령으로 정하는 공장용 건축물의 표준세율은 1천분의 5이다.

② 수탁자 명의로 등기·등록된 신탁재산의 수탁자는 과세기준일부터 15일 이내에 그 소재지를 관할하는 지방자치단체의 장에게 그 사실을 알 수 있는 증거자료를 갖추어 신고하여야 한다.

③ 주택의 토지와 건물소유자가 다를 경우 해당 주택에 대한 세율을 적용할 때 해당 주택의 토지와 건물의 가액을 소유자별로 구분계산한 과세표준에 세율을 적용한다.

④ 주택의 재산세로서 해당 연도에 부과할 세액이 20만원 이하인 경우에는 납기를 7월 16일부터 7월 31일까지로 하여 한꺼번에 부과·징수할 수 있다.

⑤ 지방자치단체의 장은 과세대상의 누락으로 이미 부과한 재산세액을 변경하여야 할 사유가 발생하여도 수시로 부과·징수할 수 있다.

인생의 가장 큰 손실은
내가 가진 것을 잃는 것이 아니라
나를 바꿀 수 있는 기회를 잃는 것입니다.

– 조정민, 『사람이 선물이다』, 두란노

국세

CHAPTER 01 종합부동산세

CHAPTER 02 종합소득세

CHAPTER 03 양도소득세

CHAPTER	문항 수					비중	☆빈출 키워드
	31회	32회	33회	34회	35회		
CH.01	1	2.5	2	2	2	22.9%	과세대상, 납세의무자, 과세표준, 납세절차
CH.02	1	0	2	1	1	12%	부동산임대소득
CH.03	5	7	5	5	5	65.1%	과세대상, 양도의 개념, 비과세, 납세절차, 국외자산에 대한 양도소득세

* 복합문제이거나, 법률이 개정 및 제정된 경우 분류 기준에 따라 위 수치와 달라질 수 있습니다.

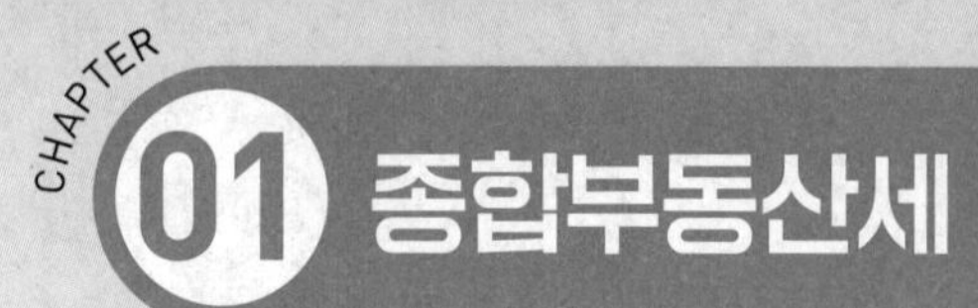

CHAPTER 01 종합부동산세

빠른 정답 CHECK!(본책) p.189 / 정답 및 해설(책속의 책) p.43

대표문제 종합부동산세 종합문제

종합부동산세법령상 주택에 대한 과세에 관한 설명으로 틀린 것은? 기출응용 35회

① 「신탁법」 제2조에 따른 수탁자의 명의로 등기된 신탁주택의 경우에는 위탁자가 종합부동산세를 납부할 의무가 있으며, 이 경우 위탁자가 신탁주택을 소유한 것으로 본다.

② 개인이 2주택을 소유한 경우 종합부동산세의 세율은 1천분의 5~1천분의 27을 적용한다.

③ 거주자 甲이 2024년부터 보유한 3주택(주택 수 계산에서 제외되는 주택은 없음) 중 2주택을 2025.6.17.에 양도하고 동시에 소유권이전등기를 한 경우, 甲의 2025년도 주택분 종합부동산세액은 3주택 이상을 소유한 경우의 세율을 적용하여 계산한다.

④ 신탁주택의 위탁자가 종합부동산세를 체납한 경우 그 수탁자의 다른 재산에 대하여 강제징수하여도 징수할 금액에 미치지 못할 때에는 해당 주택의 수탁자는 해당 종합부동산세에 대해 연대납세의무를 진다.

⑤ 1세대 1주택자의 경우 주택에 대한 종합부동산세의 과세표준은 주택의 공시가격을 합산한 금액에서 12억원을 공제한 금액에 100분의 60을 곱한 금액으로 한다.

POINT

주택에 대한 종합부동산세에 관한 문제가 많이 출제되고 있습니다.

해설

신탁주택의 위탁자가 종합부동산세 또는 강제징수비(종합부동산세 등)를 체납한 경우로서 그 위탁자의 다른 재산에 대하여 강제징수를 하여도 징수할 금액에 미치지 못할 때에는 해당 신탁주택의 수탁자는 그 신탁주택으로써 위탁자의 종합부동산세 등을 납부할 의무가 있다.

이론+ **주택에 관한 종합부동산세 납세의무자**

1. 과세기준일 현재 주택분 재산세의 납세의무자는 종합부동산세를 납부할 의무가 있다(종합부동산세법 제7조 제1항).
2. 「신탁법」에 따른 수탁자의 명의로 등기 또는 등록된 신탁재산으로서 주택의 경우에는 위탁자(주택법에 따른 지역주택조합 및 직장주택조합이 조합원이 납부한 금전으로 매수하여 소유하고 있는 신탁주택의 경우에는 해당 지역주택조합 및 직장주택조합을 말함)가 종합부동산세를 납부할 의무가 있다. 이 경우 위탁자가 신탁주택을 소유한 것으로 본다(종합부동산세법 제7조 제2항).
3. 신탁주택의 위탁자가 종합부동산세 또는 강제징수비를 체납한 경우로서 그 위탁자의 다른 재산에 대하여 강제징수를 하여도 징수할 금액에 미치지 못할 때에는 해당 신탁주택의 수탁자는 그 신탁주택으로써 위탁자의 종합부동산세 등을 납부할 의무가 있다(종합부동산세법 제7조의2).
   ㉠ 신탁 설정일 이후에 「국세기본법」 제35조 제2항에 따른 법정기일이 도래하는 종합부동산세로서 해당 신탁주택과 관련하여 발생한 것
   ㉡ 위 ㉠의 금액에 대한 강제징수 과정에서 발생한 강제징수비

정답 ④

01 종합부동산세의 과세대상이 아닌 것을 모두 고른 것은? 

㉠ 「문화유산의 보존 및 활용에 관한 법률」에 따른 보호구역 안의 임야
㉡ 「도로교통법」에 따라 등록된 자동차운전학원의 자동차운전학원용 토지로서 같은 법에서 정하는 시설을 갖춘 구역 안의 토지로 공시가격의 합계가 100억원인 경우
㉢ 「지방세법」에 따라 재산세가 비과세되는 토지
㉣ 취득세 중과대상인 고급오락장용 건축물

① ㉡
② ㉡, ㉢
③ ㉢, ㉣
④ ㉠, ㉡, ㉣
⑤ ㉠, ㉢, ㉣

02 **종합부동산세의 과세기준일 현재 종합부동산세가 과세되는 것을 모두 고른 것은?** (단, 주어진 조건 외에는 고려하지 않음)

> ㉠ 여객자동차운송사업 면허를 받은 자가 그 면허에 따라 사용하는 차고용 토지(자동차운송사업의 최저보유차고면적기준의 1.5배에 해당하는 면적 이내의 토지)의 공시가격이 100억원인 경우
> ㉡ 국내에 있는 부부공동명의(지분비율이 동일함)로 된 1세대 1주택의 공시가격이 18억원인 경우
> ㉢ 회원제 골프장용 건축물
> ㉣ 취득세 중과대상인 고급오락장용 토지의 공시가격이 100억원인 경우

① ㉠
② ㉠, ㉡
③ ㉢, ㉣
④ ㉠, ㉢, ㉣
⑤ ㉡, ㉢, ㉣

03 **종합부동산세 과세대상이 될 수 없는 것은?**

① 재산세가 과세되는 법인소유주택으로 공시가격이 8억원인 경우
② 전·답·과수원으로서 과세기준일 현재 실제 영농에 사용되고 있지 않는 개인이 소유하는 도시지역 밖에 소재하는 농지
③ 「건축법」 등 관계 법령에 따라 허가 등을 받은 상업용 건축물의 부속토지
④ 무덤과 이에 접속된 부속시설물의 부지로 사용되는 토지로서 지적공부상 지목이 묘지인 토지로 과세기준일 현재 공시가격의 합계가 100억원인 경우(단, 법인 묘지용 토지는 아님)
⑤ 허가를 받지 않은 공장용 건축물의 부속토지

04 다음 중 종합부동산세가 과세될 수 있는 것은 모두 몇 개인가?

㉠ 취득세가 중과되는 고급주택
㉡ 고급오락장용 건축물로 공시가격이 90억원인 경우
㉢ 「자연공원법」에 따른 공원자연보존지구의 임야로 공시가격이 100억원인 경우
㉣ 읍·면지역에 소재한 공장용 건축물의 부속토지로 공장입지기준면적 범위의 토지

① 0개
② 1개
③ 2개
④ 3개
⑤ 4개

PART 3

05 다음 중 종합부동산세가 과세될 수 <u>없는</u> 것은?

① 1989년 1월부터 종중(宗中)이 소유하는 농지
② 「도로교통법」에 따라 등록된 자동차운전학원의 자동차운전학원용 토지로서 같은 법에서 정하는 시설을 갖춘 구역 안의 토지
③ 과세기준일 현재 공시가격 1억원인 법인소유주택
④ 축산용으로 사용하는 도시지역 안의 개발제한구역·녹지지역과 도시지역 밖의 목장용지로서 법정기준면적의 범위를 초과하는 토지
⑤ 건축물의 시가표준액이 해당 부속토지의 시가표준액의 100분의 2에 미달하는 건축물의 부속토지 중 그 건축물의 바닥면적을 제외한 부속토지

06 **다음 중 주택에 대한 종합부동산세에 관한 설명으로 틀린 것은?** 

① 과세기준일 현재 주택분 재산세의 납세의무자는 종합부동산세를 납부할 의무가 있다.
② 「신탁법」에 따른 수탁자의 명의로 등기 또는 등록된 신탁재산으로서 주택의 경우에는 위탁자가 종합부동산세를 납부할 의무가 있다.
③ 개인이 소유하는 주택(2주택 소유)에 대한 종합부동산세의 과세표준은 주택의 공시가격을 합산한 금액에서 9억원을 공제한 금액에 대통령령으로 정하는 공정시장가액비율을 곱한 금액으로 한다.
④ 법인이 소유하는 주택의 경우 과세표준 계산 시 공정시장가액비율을 곱하지 아니한다.
⑤ 대통령령으로 정하는 1세대 1주택자의 경우 과세표준 계산 시 주택의 공시가격을 합산한 금액에서 12억원을 공제한다.

07 **다음 중 주택에 대한 종합부동산세 계산 시 과세표준 합산의 대상이 되는 것은?** 

① 「민간임대주택에 관한 특별법」에 따른 민간임대주택, 「공공주택 특별법」에 따른 공공임대주택 또는 대통령령으로 정하는 다가구 임대주택으로서 임대기간, 주택의 수, 가격, 규모 등을 고려하여 대통령령으로 정하는 주택
② 종업원에게 무상이나 저가로 제공하는 사용자 소유의 주택으로서 국민주택규모 이하이거나 과세기준일 현재 공시가격이 6억원 이하인 주택
③ 「근현대문화유산의 보존 및 활용에 관한 법률」에 따른 등록문화유산주택
④ 「노인복지법」에 따른 노인복지주택을 설치한 자가 소유한 해당 노인복지주택
⑤ 과세기준일 현재 상속개시일부터 5년이 경과하지 않은 주택

08 종합부동산세법령상 주택의 과세표준 계산과 관련한 내용으로 옳은 것은? (단, 2025년 납세의무 성립분임)

상중하

① 대통령령으로 정하는 1세대 1주택자(공동명의 1주택자 제외)의 경우 주택에 대한 종합부동산세의 과세표준은 납세의무자별로 주택의 공시가격을 합산한 금액에서 12억원을 공제한 금액에 100분의 80을 곱한 금액으로 한다. 다만, 그 금액이 영보다 작은 경우에는 영으로 본다.

② 대통령령으로 정하는 다가구 임대주택으로서 임대기간, 주택의 수, 가격, 규모 등을 고려하여 대통령령으로 정하는 주택은 과세표준 합산의 대상이 되는 주택의 범위에 포함되지 아니하는 것으로 본다.

③ 1주택(주택의 부속토지만을 소유한 경우는 제외)과 다른 주택의 부속토지(주택의 건물과 부속토지의 소유자가 다른 경우의 그 부속토지)를 함께 소유하고 있는 경우는 1세대 1주택자로 보지 아니한다.

④ 혼인으로 인한 1세대 2주택의 경우 납세의무자가 해당 연도 9월 16일부터 9월 30일까지 관할 세무서장에게 합산배제를 신청하면 1세대 1주택자로 본다.

⑤ 2주택을 소유하여 1천분의 27의 세율이 적용되는 법인의 경우 주택에 대한 종합부동산세의 과세표준은 납세의무자별로 주택의 공시가격을 합산한 금액에서 0원을 공제한 금액으로 한다. 다만, 그 금액이 영보다 작은 경우에는 영으로 본다.

09 「종합부동산세법」상 1세대 1주택자에 관한 설명으로 틀린 것은? 

① 과세기준일 현재 세대원 중 1인과 그 배우자만이 공동으로 1주택을 소유하고 해당 세대원 및 다른 세대원이 다른 주택을 소유하지 아니한 경우 신청하지 않더라도 공동명의 1주택자를 해당 1주택에 대한 납세의무자로 한다.

② 1주택과 과세기준일 현재 상속개시일부터 5년이 경과하지 않은 주택을 소유하고 있는 경우에는 1세대 1주택자로 본다.

③ 1세대 1주택자에 대하여는 주택분 종합부동산세 산출세액에서 소유자의 연령과 주택 보유기간에 따른 공제액을 공제율 합계 100분의 80의 범위에서 중복하여 공제한다.

④ 합산배제 신고한 「근현대문화유산의 보존 및 활용에 관한 법률」에 따른 등록문화유산에 해당하는 주택은 1세대가 소유한 주택 수에서 제외한다.

⑤ 1세대가 일반 주택과 합산배제 신고한 임대주택을 각각 1채씩 소유한 경우 과세기준일 현재 일반 주택에 주민등록이 되어 있고 실제로 거주하고 있는 경우 1세대 1주택자로 본다.

10 「종합부동산세법」상 1세대 1주택자에 관한 설명으로 틀린 것은? 

① 「근현대문화유산의 보존 및 활용에 관한 법률」에 따른 등록문화유산주택은 1세대 1주택 여부 판정 시 1세대가 소유한 주택수에서 제외한다.

② 1세대 1주택 여부 판정 시 다가구주택은 1주택으로 보되, 합산배제 임대주택으로 신고한 경우에는 1세대가 독립하여 구분 사용할 수 있도록 구획된 부분을 각각 1주택으로 본다.

③ 보유기간별 세액공제 적용 시 동일세대원인 직계존속으로부터 상속받은 주택에 대하여는 피상속인이 해당 주택을 취득한 날부터 보유기간을 계산한다.

④ 1세대 1주택자의 적용을 신청하려는 납세의무자는 기획재정부령으로 정하는 신청서를 관할 세무서장에게 제출해야 한다.

⑤ 1세대 1주택자의 적용신청을 한 납세의무자는 최초의 신청을 한 연도의 다음 연도부터는 그 신청사항에 변동이 없으면 신청하지 않을 수 있다.

최신 기출응용 33회

11 「종합부동산세법」상 주택에 대한 과세 및 납세지에 관한 설명으로 틀린 것은? 상중하

① 납세의무자가 개인이며 3주택 이상을 소유한 경우 소유한 주택 수에 따라 과세표준에 0.5%~5%의 세율을 적용하여 계산한 금액을 주택분 종합부동산세액으로 한다.

② 납세의무자가 법인인 경우 주택에 대한 종합부동산세 납세지는 그 법인의 등기부에 따른 본점이나 주사무소의 소재지로 한다.

③ 과세표준 합산의 대상에 포함되지 않는 주택을 보유한 납세의무자는 해당 연도 9월 16일부터 9월 30일까지 관할 세무서장에게 해당 주택의 보유현황을 신고하여야 한다.

④ 종합부동산세 과세대상 1세대 1주택자로서 과세기준일 현재 해당 주택을 12년 보유한 자의 보유기간별 세액공제에 적용되는 공제율은 100분의 50이다.

⑤ 과세기준일 현재 주택분 재산세의 납세의무자는 종합부동산세를 납부할 의무가 있다.

12 다음 중 주택에 대한 종합부동산세에 관한 설명으로 틀린 것은? 상중하

① 납세의무자가 개인이며 2주택을 소유한 경우 과세표준에 1천분의 5~1천분의 27의 세율을 적용하여 계산한 금액을 주택분 종합부동산세액으로 한다.

② 2주택을 소유한 납세의무자가 법인(공익법인 및 공공주택사업자 등 에 해당하지 아니함)인 경우 과세표준에 1천분의 27을 적용하여 계산한 금액을 주택분 종합부동산세액으로 한다.

③ 주택분 과세표준금액에 대하여 해당 과세대상 주택의 주택분 재산세로 부과된 세액(지방세법에 따라 가감조정된 세율이 적용된 경우에는 그 세율이 적용되기 전 세액)은 주택분 종합부동산세액에서 이를 공제한다.

④ 주택분 종합부동산세액을 계산할 때 1주택을 여러 사람이 공동으로 소유한 경우 공동소유자 각자가 그 주택을 소유한 것으로 본다.

⑤ 주택분 종합부동산세액을 계산할 때 다가구주택은 1주택으로 본다.

최신 기출응용 32회

13 **2025년 귀속 토지분 종합부동산세에 관한 설명으로 틀린 것은?** (단, 감면과 비과세, 지방세특례제한법 또는 조세특례제한법은 고려하지 않음) 상중하

① 재산세 과세대상 중 분리과세대상 토지는 종합부동산세 과세대상이 아니다.
② 종합부동산세로 납부하여야 할 세액이 250만원을 초과하는 경우에는 그 세액의 일부를 납부기한이 지난 날부터 6개월 이내에 분납하게 할 수 있다.
③ 종합부동산세의 물납은 허용되지 않는다.
④ 납세자에게 부정행위가 없으며 특례제척기간에 해당하지 않는 경우 원칙적으로 납세의무 성립일부터 5년이 지나면 종합부동산세를 부과할 수 없다.
⑤ 별도합산과세대상인 토지의 재산세로 부과된 세액이 「지방세법」에 따라 가감조정된 세율이 적용된 경우에는 그 세율이 적용되기 전 세액을 별도합산과세대상 토지분 종합부동산세액에서 공제한다.

최신 기출응용 35회

14 **종합부동산세법령상 토지에 대한 과세에 관한 설명으로 틀린 것은?** 

① 토지분 재산세의 납세의무자로서 종합합산과세대상 토지의 공시가격을 합한 금액이 5억원을 초과하는 자는 종합부동산세를 납부할 의무가 있다.
② 토지분 재산세의 납세의무자로서 별도합산과세대상 토지의 공시가격을 합한 금액이 80억원을 초과하는 자는 종합부동산세를 납부할 의무가 있다.
③ 토지에 대한 종합부동산세는 종합합산과세대상, 별도합산과세대상으로 구분하여 과세한다.
④ 종합합산과세대상인 토지에 대한 종합부동산세의 과세 표준은 해당 토지의 공시가격을 합산한 금액에서 5억원을 공제한 금액에 100분의 60을 한도로 공정시장가액비율을 곱한 금액으로 한다.
⑤ 별도합산과세대상인 토지의 과세표준 금액에 대하여 해당 과세대상 토지의 토지분 재산세로 부과된 세액(지방세법에 따라 가감조정된 세율이 적용된 경우에는 그 세율이 적용된 세액, 같은 법에 따라 세부담 상한을 적용받은 경우에는 그 상한을 적용받은 세액을 말함)은 토지분 별도합산세액에서 이를 공제한다.

15 「종합부동산세법」상 납세의무 성립시기가 2025년인 종합부동산세에 관한 설명으로 틀린 것은? 상중하

① 개인의 경우 과세기준일 현재 주택의 공시가격을 합산한 금액이 9억원인 자는 과세되지 않는다.

② 과세기준일은 매년 6월 1일로 한다.

③ 1주택 소유자(개인) 주택에 대한 과세표준이 3억원인 경우 적용될 세율은 1천분의 3이다.

④ 종합부동산세는 물납제도를 두고 있지 않다.

⑤ 관할 세무서장이 종합부동산세를 부과·징수하는 경우 납세고지서에 주택 및 토지로 구분한 과세표준과 세액을 기재하여 납부기간 개시 5일 전까지 발급하여야 한다.

PART 3

16 「종합부동산세법」상 납세의무 성립시기가 2025년인 종합부동산세에 관한 설명으로 옳은 것은? 상중하

① 종합부동산세 과세대상 토지를 부부공동명의(지분율은 동일함)로 소유한 경우 배우자와 공동으로 토지를 소유한 자 또는 그 배우자 중 1명을 해당 토지에 대한 납세의무자로 할 수 있다.

② 과세기준일 현재 염전의 공시가격의 합계가 100억원인 경우 종합부동산세 과세대상이다.

③ 개인이 3주택을 소유한 경우(과세표준 3억원) 적용되는 세율은 1천분의 5이다.

④ 관할 세무서장은 종합부동산세로 납부하여야 할 세액이 200만원을 초과하는 경우에는 그 세액의 일부를 납부기한이 지난 날부터 6개월 이내에 분납하게 할 수 있다.

⑤ 토지분 종합부동산세의 납세의무자가 법인인 경우 「종합부동산세법」 제15조(세부담의 상한) 규정을 적용하지 않는다.

17 **「종합부동산세법」상 종합부동산세에 대한 설명으로 <u>틀린</u> 것은?** 

① 과세기준일 현재 만 60세 이상인 1세대 1주택자(단독소유)는 연령별 공제 적용대상이 된다.

② 취득세가 중과되는 고급오락장의 부속토지는 종합부동산세 과세대상이다.

③ 종합부동산세의 납세의무자가 개인인 경우에는 「소득세법」의 규정을 준용하여 납세지를 정한다.

④ 개인에 대한 종합부동산세는 인별로 과세한다.

⑤ 재산세 과세대상 중 종합합산과세대상 토지의 공시가격을 합한 금액이 5억원을 초과하는 자는 종합부동산세를 납부할 의무가 있다.

18 **종합부동산세에 관한 설명으로 옳은 것은?** 

① 종합부동산세는 납세의무자가 신고납부하는 것이 원칙이다.

② 종합부동산세의 납부기간은 해당 연도 12월 16일부터 12월 31일까지이다.

③ 개인소유 주택에 대한 세부담 상한의 기준이 되는 직전연도에 해당 주택에 부과된 주택에 대한 총세액상당액은 납세의무자가 해당 연도의 과세표준합산주택을 직전연도 과세기준일에 실제로 소유하였는지의 여부를 불문하고 직전연도 과세기준일 현재 소유한 것으로 보아 계산한다.

④ 주택분 종합부동산세액의 납부유예를 신청하려는 납세의무자는 납부유예 신청서를 납부기한까지 관할 세무서장에게 제출해야 한다.

⑤ 과세기준일 현재 토지분 재산세의 납세의무자로서 국내에 소재하는 별도합산과세대상 토지의 공시가격을 합한 금액이 5억원을 초과하는 자는 토지에 대한 종합부동산세의 납세의무자이다.

19 **2025년 귀속 종합부동산세에 관한 설명으로 옳은 것은?** 

① 과세대상 토지가 매매로 유상이전되는 경우로서 매매계약서 작성일이 2025년 5월 31일이고, 잔금지급 및 소유권이전등기일이 2025년 6월 2일인 경우, 종합부동산세의 납세의무자는 매수인이다.

② 주택분 종합부동산세의 납세의무자가 거주자인 개인의 경우 납세지는 주택의 소재지이다.

③ 종합부동산세 납부세액이 1천만원을 초과하는 경우 물납을 신청할 수 있다.

④ 납세의무자는 선택에 따라 신고·납부할 수 있으나, 신고를 함에 있어 납부세액을 과소하게 신고한 경우라도 과소신고가산세가 적용되지 않는다.

⑤ 납세자에게 부정행위가 없으며 특례제척기간에 해당하지 않는 경우, 원칙적으로 납세의무 성립일부터 5년이 지나면 종합부동산세를 부과할 수 없다.

PART 3

20 **거주자 甲은 A주택을 6년간 소유하며 직접 거주하고 있다. 甲이 A주택에 대하여 납부하게 되는 2025년 귀속 재산세와 종합부동산세에 관한 설명으로 틀린 것은?** (단, 甲은 종합부동산세법상 납세의무자로서 만 61세이며, 1세대 1주택자라 가정함) 상중하

① 甲의 보유기간에 따른 세액공제는 「종합부동산세법」에 따라 산출된 세액에 100분의 20을 곱한 금액으로 한다.

② 甲의 연령에 따른 세액공제액은 「종합부동산세법」에 따라 산출된 세액에 100분의 20을 곱한 금액으로 한다.

③ 종합부동산세 납부세액이 300만원인 경우, 50만원은 납부기한이 지난 날부터 2개월 이내에만 분납할 수 있다.

④ 재산세 및 종합부동산세를 분할납부하려면 납부기한까지 과세관청의 장에게 신청하여야 한다.

⑤ 만약 甲이 A주택을 「신탁법」에 따라 수탁자 명의로 신탁등기하게 하는 경우로서 A주택이 위탁자별로 구분된 재산이라면, 위탁자를 재산세 납세의무자로 본다.

21 **2025년 귀속 종합부동산세에 관한 설명으로 옳은 것은?** 

① 과세기준일 현재 토지분 재산세의 납세의무자로서 「자연공원법」에 따라 지정된 공원자연보존지구의 임야를 소유하는 자는 토지에 대한 종합부동산세를 납부할 의무가 없다.

② 납세의무자가 과세기준일 현재 만 60세 이상이고 5년 이상 보유한 경우 토지분 종합부동산세액 계산 시 연령에 따른 세액공제와 보유기간에 따른 세액공제는 공제율 합계 100분의 80의 범위에서 중복하여 적용할 수 있다.

③ 관할 세무서장은 종합부동산세 납부고지서에 주택 및 토지의 가액을 합산한 과세표준에 세율을 곱하여 구한 세액을 기재하여 납부기간 개시 5일 전까지 발급하여야 한다.

④ 관할 세무서장은 종합부동산세로 납부하여야 할 세액이 400만원인 경우 최대 200만원의 세액을 납부기한이 지난 날부터 6개월 이내에 분납하게 할 수 있다.

⑤ 주택분 종합부동산세액을 계산할 때 1주택을 여러 사람이 공동으로 매수하여 소유한 경우 지분이 가장 큰 자의 소유로 본다.

22 **「종합부동산세법」상 종합부동산세에 관한 설명으로 <u>틀린</u> 것은?** (단, 감면과 비과세, 지방세특례제한법 또는 조세특례제한법은 고려하지 않음) 상중하

① 종합부동산세의 납세의무자가 비거주자인 개인으로서 국내사업장이 없고 국내원천소득이 발생하지 아니하는 1주택을 소유한 경우 그 주택 소재지를 납세지로 정한다.

② 관할 세무서장은 종합부동산세를 징수하고자 하는 때에는 납세고지서에 주택 및 토지로 구분한 과세표준과 세액을 기재하여 납부기간 개시 5일 전까지 발급하여야 한다.

③ 과세기준일 현재 토지분 재산세의 납세의무자로서 국내에 소재하는 별도합산과세대상 토지의 공시가격을 합한 금액이 80억원을 초과하는 자는 해당 토지에 대한 종합부동산세를 납부할 의무가 있다.

④ 법인이 소유한 주택에 대한 종합부동산세의 과세표준은 주택의 공시가격을 합산한 금액에 대통령령으로 정하는 공정시장가액비율을 곱한 금액으로 한다.

⑤ 신탁주택의 위탁자가 법령이 정한 종합부동산세 등을 체납한 경우로서 그 위탁자의 다른 재산에 대하여 강제징수를 하여도 징수할 금액에 미치지 못할 때에는 해당 신탁주택의 수탁자는 수탁자의 고유재산으로 위탁자의 종합부동산세 등을 납부할 의무가 있다.

최신 기출응용 32회

23 **거주자인 개인 甲은 서울특별시 종로구에 주택 2채**(다가구주택 아님) **및 나대지 2필지**(과세기준일 현재 개별공시지가 합계 10억원)**를 각각 보유하고 있다. 甲의 2025년 귀속 재산세 및 종합부동산세에 관한 설명으로 옳은 것은?** (단, 甲의 주택은 종합부동산세법상 합산배제 주택에 해당하지 아니하며, 지방세관계법상 재산세 특례 및 감면은 없음) 상중하

① 甲의 주택에 대한 재산세는 주택별로 표준세율을 적용한다.

② 甲의 주택에 대한 종합부동산세는 주택별로 초과누진세율을 적용한다.

③ 甲의 토지에 대한 재산세는 시가표준액에 법령이 정하는 공정시장가액비율을 곱하여 산정한 가액을 과세표준으로 하여 비례세율로 과세한다.

④ 甲의 토지에 대해서는 종합부동산세를 과세하지 아니한다.

⑤ 甲의 납기별 재산세 및 종합부동산세의 납부할 세액이 250만원을 초과하는 경우 그 세액의 일부를 납부기한이 지난 날부터 6개월 이내에 분납하게 할 수 있다.

최신 기출응용 33회

24 **「종합부동산세법」상 토지 및 주택에 대한 과세와 부과·징수에 관한 설명으로 틀린 것은?** 상중하

① 주택에 대한 종합부동산세의 세액은 2주택 이하의 경우 과세표준에 0.5%~2.7%의 세율을 적용하여 계산한 금액으로 한다.

② 종합부동산세로 납부해야 할 세액이 400만원인 경우 관할 세무서장은 그 세액의 일부를 납부기한이 지난 날부터 6개월 이내에 분납하게 할 수 있다.

③ 관할 세무서장은 종합부동산세를 징수하려면 납부고지서에 주택 및 토지로 구분한 과세표준과 세액을 기재하여 납부기간 개시 5일 전까지 발급하여야 한다.

④ 종합부동산세를 신고납부방식으로 납부하고자 하는 납세의무자는 종합부동산세의 과세표준과 세액을 해당 연도 12월 1일부터 12월 15일까지 관할 세무서장에게 신고하여야 한다.

⑤ 별도합산과세대상인 토지에 대한 종합부동산세의 세액은 과세표준에 0.5%~0.8%의 세율을 적용하여 계산한 금액으로 한다.

25 **종합부동산세법령상 종합부동산세의 부과·징수에 관한 내용으로 옳은 것은 모두 몇 개인가?**

상중하

> ㉠ 관할 세무서장은 납부하여야 할 종합부동산세의 세액을 결정하여 해당 연도 12월 16일부터 12월 31일까지 부과·징수한다.
> ㉡ 종합부동산세를 신고납부방식으로 납부하고자 하는 납세의무자는 종합부동산세의 과세표준과 세액을 관할 세무서장이 결정하기 전인 해당 연도 11월 16일부터 11월 30일까지 관할 세무서장에게 신고하여야 한다.
> ㉢ 관할 세무서장은 종합부동산세로 납부하여야 할 세액이 1천만원을 초과하는 경우에는 물납을 허가할 수 있다.
> ㉣ 관할 세무서장은 납세의무자가 과세기준일 현재 1세대 1주택자가 아닌 경우 주택분 종합부동산세액의 납부유예를 허가할 수 없다.
> ㉤ 관할 세무서장은 주택분 종합부동산세액의 납부가 유예된 납세의무자가 해당 주택을 타인에게 양도하거나 증여하는 경우에는 그 납부유예 허가를 취소하여야 한다.

① 1개
② 2개
③ 3개
④ 4개
⑤ 5개

26 **재산세와 종합부동산세에 관한 설명으로 틀린 것은?** 

① 재산세 과세대상 토지와 종합부동산세 과세대상 토지의 범위는 다르다.

② 재산세와 종합부동산세는 모두 주택의 과세표준에 대해 상한제도를 두고 있다.

③ 재산세와 종합부동산세 모두 납부할 세액이 일정한 금액을 초과하는 경우 분할납부 제도를 두고 있다.

④ 재산세와는 달리 종합부동산세는 물납제도를 두고 있지 않다.

⑤ 토지에 대해서는 재산세와 종합부동산세 모두 세부담의 상한제도를 두고 있다.

빠른 정답 CHECK!(본책) p.189 / 정답 및 해설(책속의 책) p.50

대표문제 부동산임대소득

소득세법령상 거주자의 부동산과 관련된 사업소득에 관한 설명으로 틀린 것은?

기출응용 35회

① 해당 과세기간의 종합소득금액이 있는 거주자(종합소득과세표준이 없거나 결손금이 있는 거주자를 포함)는 그 종합소득 과세표준을 그 과세기간의 다음 연도 5월 1일부터 5월 31일까지 대통령령으로 정하는 바에 따라 납세지 관할 세무서장에게 신고하여야 하나, 해당 과세기간에 분리과세 주택임대소득이 있는 경우에는 그러하지 아니하다.
② 공장재단을 대여하는 사업은 부동산임대업에 해당된다.
③ 해당 과세기간의 주거용 건물임대업에서 발생한 결손금은 그 과세기간의 종합소득 과세표준을 계산할 때 공제한다.
④ 「공익사업을 위한 토지 등의 취득 및 보상에 관한 법률」 제4조에 따른 공익사업과 관련하여 지역권을 설정함으로써 발생하는 소득은 부동산업에서 발생하는 소득에 해당하지 아니한다.
⑤ 사업소득에 부동산임대업에서 발생한 소득이 포함되어 있는 사업자는 그 소득별로 구분하여 회계처리하여야 한다.

POINT

부동산업에서 발생하는 소득에 관한 내용에 대해 숙지하여야 합니다.

해설

해당 과세기간의 종합소득금액이 있는 거주자(종합소득과세표준이 없거나 결손금이 있는 거주자를 포함)는 그 종합소득 과세표준을 그 과세기간의 다음 연도 5월 1일부터 5월 31일까지 대통령령으로 정하는 바에 따라 납세지 관할 세무서장에게 신고하여야 하며, 해당 과세기간에 분리과세 주택임대소득이 있는 경우에도 이를 적용한다(소득세법 제70조 제1항·제2항).

이론+ **주택임대소득에 대한 분리과세(소득세법 제64조의2 제1항·제2항)**

1. 주택임대를 통한 총 수입금액의 합계액이 2천만원 이하인 거주자의 종합소득 결정세액은 다음의 방법 중 하나로 적용한다.
   ㉠ 종합소득에 합산하여 종합소득세로 계산, 결정하는 방법(종합과세)
   ㉡ 분리과세 주택임대소득에 대한 사업소득금액에 100분의 14를 곱하여 산출한 금액과 그 외의 종합소득 결정세액을 합산하는 방법(분리과세)
2. 분리과세 주택임대소득에 대한 사업소득금액은 총수입금액에서 필요경비(총수입금액의 100분의 50으로 함)를 차감한 금액으로 하되, 분리과세 주택임대소득을 제외한 해당 과세기간의 종합소득금액이 2천만원 이하인 경우에는 추가로 200만원을 차감한 금액으로 한다. 다만, 대통령령으로 정하는 임대주택을 임대하는 경우에는 해당 임대사업에서 발생한 사업소득금액은 총수입금액에서 필요경비(총수입금액의 100분의 60으로 함)를 차감한 금액으로 하되, 분리과세 주택임대소득을 제외한 해당 과세기간의 종합소득금액이 2천만원 이하인 경우에는 추가로 400만원을 차감한 금액으로 한다.

정답 ①

01 「소득세법」상 거주자의 부동산임대업에서 발생하는 소득에 해당하지 <u>않는</u> 것은?

① 지상권을 대여함으로써 발생하는 소득
② 「공익사업을 위한 토지 등의 취득 및 보상에 관한 법률」에 따른 공익사업과 관련하여 지역권을 대여함으로써 발생하는 소득
③ 미등기부동산을 임대하고 그 대가를 받는 것
④ 자기소유의 부동산을 타인의 담보로 사용하게 하고 그 사용대가를 받는 것
⑤ 광고용으로 토지, 가옥의 옥상을 사용하게 하고 받은 대가

02 **「소득세법」상 거주자가 국내 소재 부동산 등을 임대하여 발생하는 소득에 관한 설명으로 <u>틀린</u> 것은?** 상중하

① 부동산임대업에서 발생한 소득은 사업소득에 해당한다.
② 부동산임대업에서 발생한 사업소득의 납세지는 주소지이다.
③ 주거용 건물임대업에서 발생한 결손금은 종합소득 과세표준을 계산할 때 공제하지 아니한다.
④ 부부가 각각 주택을 1채씩 보유한 상태에서 그중 1주택(과세기간 종료일 현재 기준시가 13억원)을 전세금 5억원을 받고 임대를 주었다면 주택임대에 따른 소득세가 과세되지 아니한다.
⑤ 해당 과세기간에 주거용 건물임대업에서 발생한 수입금액의 합계가 2천만원 이하라면 분리과세를 선택할 수 있다.

03 **「소득세법」상 거주자의 부동산과 관련된 사업소득에 관한 설명으로 옳은 것은?** 상중하

① 국외에 소재하는 1주택의 임대소득은 과세하지 아니한다.
② 부동산임대업에서 발생하는 사업소득의 납세지는 부동산 소재지로 한다.
③ 관리비 중 전기료 등 공공요금 명목으로 징수한 금액이 포함되어 있는 경우에는 공공요금 납입액을 초과하는 금액은 총수입금액에 산입하지 아니한다.
④ 국내에 소재하는 논·밭을 작물 생산에 이용하게 함으로써 발생하는 사업소득은 소득세를 과세하지 아니한다.
⑤ 부동산임대업에 대한 소득의 수입시기는 그 지급을 받은 날이 원칙이다.

04 **「소득세법」상 2025년 귀속 부동산임대업에서 발생한 소득에 관한 설명으로 옳은 것은?**

① 해당 과세기간의 주거용 건물임대업에서 발생한 결손금은 그 과세기간의 종합소득과세표준을 계산할 때 공제하지 않는다.

② 1개의 주택을 소유하는 자의 주택임대소득(기준시가가 12억원을 초과하는 주택 및 국외에 소재하는 주택의 임대소득을 포함)은 소득세를 과세하지 아니한다.

③ 3주택(주택 수에 포함되지 않는 주택 제외) 이상을 소유한 거주자가 주택과 주택부수토지를 임대(주택부수토지만 임대하는 경우 제외)하고 수령한 보증금의 합계가 2억원인 경우에는 법령으로 정하는 바에 따라 계산한 금액(간주임대료)을 총수입금액에 산입한다.

④ 간주임대료 계산 시 3주택 이상 여부 판정에 있어 주택 수에 포함되지 않는 주택이란 주거의 용도로만 쓰이는 면적이 1호 또는 1세대당 40m² 이하인 주택으로서 해당 과세기간의 기준시가가 3억원 이하인 주택을 말한다.

⑤ 해당 과세기간에 분리과세 주택임대소득이 있는 거주자(종합소득과세표준이 없거나 결손금이 있는 거주자 포함)는 그 종합소득 과세표준을 그 과세기간의 다음 연도 5월 1일부터 5월 31일까지 신고하여야 한다.

05 **「소득세법」상 국내에 소재한 주택을 임대한 경우 발생하는 2025년 귀속 소득에 관한 설명으로 옳은 것은?** (단, 주택은 상시 주거용으로 사용하고 있음) 상중하

① 주택 1채만을 소유한 거주자가 과세기간 종료일 현재 기준시가 13억원인 해당 주택을 전세금을 받고 임대하여 얻은 소득에 대해서는 소득세가 과세된다.

② 주택 2채를 소유한 거주자가 1채는 월세계약으로, 나머지 1채는 전세계약의 형태로 임대한 경우, 수입임대료와 법령에 따라 계산한 간주임대료를 총수입금액에 포함한다.

③ 거주자의 보유주택 수를 계산함에 있어서 다가구주택은 1개의 주택으로 보되, 구분등기된 경우에는 각각을 1개의 주택으로 계산한다.

④ 주택의 임대로 인하여 얻은 연 1,800만원의 수입금액은 과세되지 아니한다.

⑤ 주택을 임대하여 얻은 소득은 거주자가 사업자등록을 한 경우에 한하여 소득세 납세의무가 있다.

06 **다음은 「소득세법 시행령」 제8조의2**(비과세주택 임대소득)**에 관한 내용이다. ( ) 안에 들어갈 내용으로 옳은 것은?** 상중하

> ③ 법 제12조 제2호 나목을 적용할 때 주택 수는 다음 각 호에 따라 계산한다.
> 1. 다가구주택은 1개의 주택으로 보되, 구분등기된 경우에는 각각을 1개의 주택으로 계산
> 2. 공동소유하는 주택은 지분이 가장 큰 사람의 소유로 계산(지분이 가장 큰 사람이 2명 이상인 경우로서 그들이 합의하여 그들 중 1명을 해당 주택 임대수입의 귀속자로 정한 경우에는 그의 소유로 계산). 다만, 다음 각 목의 어느 하나에 해당하는 사람은 본문에 따라 공동소유의 주택을 소유하는 것으로 계산되지 않는 경우라도 그의 소유로 계산한다.
>   가. 해당 공동소유하는 주택을 임대해 얻은 수입금액을 기획재정부령으로 정하는 방법에 따라 계산한 금액이 연간 (㉠)백만원 이상인 사람
>   나. 해당 공동소유하는 주택의 기준시가가 (㉡)억원을 초과하는 경우로서 그 주택의 지분을 100분의 (㉢) 초과 보유하는 사람

	㉠	㉡	㉢
①	6	9	50
②	6	9	30
③	6	12	30
④	9	12	30
⑤	9	12	50

07 다음 중 「소득세법」상 주택임대소득에 대해 비과세 여부 판정에 관한 내용 중 틀린 것은?

① 본인과 배우자가 각각 주택을 소유하는 경우에는 이를 합산하여 주택 수를 계산하는 것이 원칙이다.

② 비과세되는 주택의 부수토지는 건물의 연면적과 건물이 정착된 면적에 10배를 곱하여 산정한 면적 중 넓은 면적 이내의 토지를 말한다.

③ 임차 또는 전세받은 주택을 전대하거나 전전세하는 경우에는 당해 임차 또는 전세받은 주택을 임차인 또는 전세받은 자의 주택으로 계산한다.

④ 1명의 임차인에게 임대한 건축물이 주택과 부가가치세가 과세되는 사업용 건물이 함께 설치되어 있는 경우 주택 부분의 면적이 사업용 건물 부분의 면적보다 큰 때에는 그 전부를 주택으로 본다.

⑤ 1개 주택 임대 시 과세되는 기준시가 12억원을 초과하는 주택은 과세기간 종료일 또는 해당 주택의 양도일을 기준으로 판단한다.

08 「소득세법」상 주택임대소득에 대한 분리과세에 관한 내용으로 틀린 것은?

① 해당 과세기간에 대통령령으로 정하는 총수입금액의 합계액이 2천만원 이하인 자의 주택임대소득은 분리과세할 수 있다.

② 분리과세 선택 시 적용되는 세액은 100분의 14이다.

③ 분리과세 선택 시 등록임대주택의 경우 총수입금액의 100분의 60을 필요경비로 차감한다.

④ 분리과세 선택 시 등록임대주택의 경우 분리과세 주택임대소득을 제외한 해당 과세기간의 종합소득금액이 2천만원 이하인 경우에는 추가로 400만원을 차감한 금액으로 한다.

⑤ 분리과세 주택임대소득을 제외한 해당 과세기간의 종합소득금액이 2천만원을 초과하는 경우에는 주택임대소득에 대해 분리과세를 선택할 수 없다.

09 **「소득세법」상 국내소재 주택을 임대한 경우**(해당 과세기간의 총수입금액 1,800만원) **발생하는 소득에 대한 설명으로 옳은 것은 모두 몇 개인가?** 상중하

> ㉠ 주택임대에 관한 소득세 신고 시 종합과세와 분리과세를 선택할 수 있다.
> ㉡ 분리과세 선택 시에도 필요경비는 주택임대에 실제 소요된 경비만을 인정한다.
> ㉢ 분리과세 선택 시 적용 세율은 100분의 14를 적용한다.
> ㉣ 주택임대소득을 제외한 해당 과세기간의 종합소득금액이 3천만원이라면 분리과세를 선택할 수 없다.
> ㉤ 주택임대소득을 제외한 해당 과세기간의 종합소득금액이 1천만원이라면 사업자등록 시 법정 필요경비 외 추가로 400만원을 공제한다.

① 1개
② 2개
③ 3개
④ 4개
⑤ 5개

최신 기출응용 34회

10 **주택임대사업자인 거주자 甲의 국내주택 임대현황**(A, B, C 각 주택의 임대기간: 2025. 1.1.~2025.12.31.)**을 참고하여 계산한 주택임대에 따른 2025년 귀속 사업소득의 총수입금액은?** (단, 법령에 따른 적격증명서류를 수취·보관하고 있고, 기획재정부령으로 정하는 이자율은 연 3%로 가정하며 주어진 조건 이외에는 고려하지 않음) 상중하

구분(주거전용면적)	보증금	월세*	기준시가
A주택($85m^2$)	6억원	1백만원	9억원
B주택($40m^2$)	1억원	-	2억원
C주택($109m^2$)	7억원	1백5십만원	13억원

* 월세는 매월 수령하기로 약정한 금액임

① 0원
② 18,000,000원
③ 30,000,000원
④ 53,400,000원
⑤ 55,200,000원

최신 기출응용 33회

11 다음은 거주자 甲이 소유하고 있는 상가건물 임대에 관한 자료이다. 부동산임대업의 사업소득을 장부에 기장하여 신고하는 경우 2025년도 부동산임대업의 총수입금액은? (단, 법령에 따른 적격증명서류를 수취·보관하고 있으며, 주어진 조건 이외에는 고려하지 않음)

- 임대기간: 2025.1.1.~2026.12.31.
- 임대계약내용
  - 월임대료: 1,000,000원
  - 임대보증금: 500,000,000원
- 임대부동산(취득일자: 2024.11.26.)
  - 건물취득가액: 200,000,000원
  - 토지취득가액: 300,000,000원
- 기획재정부령으로 정하는 이자율: 연 2%
- 임대보증금 운용수익
  - 수입이자: 1,000,000원
  - 배당금수익: 2,000,000원

① 12,000,000원　② 15,000,000원
③ 18,000,000원　④ 30,000,000원
⑤ 33,000,000원

PART 3

CHAPTER 03 양도소득세

빠른 정답 CHECK!(본책) p.189 / 정답 및 해설(책속의 책) p.54

대표문제 양도차익 계산

2012년 취득 후 등기한 토지를 2025년 10월 15일에 양도한 경우, 「소득세법」상 토지의 양도차익계산에 관한 설명으로 틀린 것은? (단, 특수관계자와의 거래가 아님)

① 취득 당시 실지거래가액을 확인할 수 없는 경우에는 매매사례가액, 감정가액, 환산취득가액, 기준시가를 순차로 적용하여 산정한 가액을 취득가액으로 한다.

② 양도와 취득 시의 실지거래가액을 확인할 수 있는 경우에는 양도가액과 취득가액을 실지거래가액으로 산정한다.

③ 취득가액을 실지거래가액으로 계산하는 경우 자본적 지출액은 필요경비에 포함된다.

④ 취득가액을 매매사례가액으로 계산하는 경우 취득 당시 개별공시지가에 1,000분의 3을 곱한 금액이 필요경비에 포함된다.

⑤ 양도가액을 기준시가에 따를 때에는 취득가액도 기준시가에 따른다.

POINT

양도차익 계산방법은 계산문제로도 많이 출제됩니다. 따라서 계산구조에 대해 확실하게 알아두어야 합니다.

해설

취득가액을 매매사례가액으로 계산하는 경우 취득 당시 개별공시지가에 100분의 3을 곱한 금액이 필요경비에 포함된다(미등기의 경우 1,000분의 3).

이론+ 양도차익의 계산구조

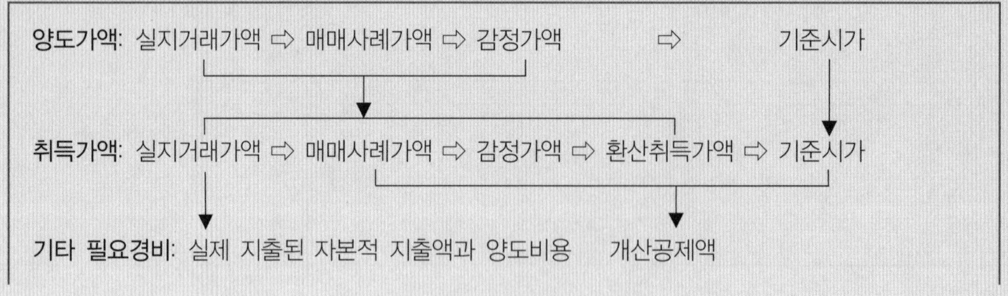

1. 양도가액을 우선 결정하고 취득가액, 기타 필요경비 순으로 결정한다.
2. 먼저 있는 가액부터 적용한다(즉, 실지거래가액이 확인되는데 매매사례가액을 적용할 수 없음).
3. 취득가액을 실지거래가액으로 적용하는 경우에만 기타 필요경비를 실제 지출된 금액으로 적용할 수 있다(나머지 경우에는 전부 개산공제액을 적용).

정답 ④

PART 3

최신 기출응용 35회

01 소득세법령상 거주자의 양도소득세 과세대상은 모두 몇 개인가? (단, 국내소재 자산을 양도한 경우임) 상중하

- 조합원입주권
- 등기되지 않은 부동산임차권
- 사업에 사용하는 토지 및 건물과 별도로 양도하는 영업권
- 토지 및 건물과 함께 양도하는 「개발제한구역의 지정 및 관리에 관한 특별조치법」에 따른 이축권(해당 이축권의 가액을 대통령령으로 정하는 방법에 따라 별도로 평가하여 신고함)

① 0개
② 1개
③ 2개
④ 3개
⑤ 4개

02 **「소득세법」상 양도소득의 과세대상 자산을 모두 고른 것은?** (단, 거주자가 국내자산을 양도한 것으로 한정함) 상중하

> ㉠ 전세권
> ㉡ 지역권
> ㉢ 부동산매매계약을 체결한 자가 계약금만 지급한 상태에서 양도하는 권리
> ㉣ 영업권(사업용 자산과 분리되어 양도되는 것)
> ㉤ 이축권(토지, 건물과 별도로 평가하여 신고하는 경우)

① ㉠, ㉢
② ㉡, ㉢, ㉤
③ ㉢, ㉣, ㉤
④ ㉠, ㉡, ㉢, ㉣
⑤ ㉠, ㉡, ㉢, ㉤

03 **「소득세법」상 거주자의 양도소득세 과세대상에 해당하는 것은?** 상중하

① 직계존속의 토지와 본인소유 건물의 교환(상호 등기됨)
② 「도시개발법」이나 그 밖의 법률에 따른 환지처분으로 지목 또는 지번의 변경
③ 위탁자와 수탁자 간 신임관계에 기하여 위탁자의 자산에 신탁이 설정되고 그 신탁재산의 소유권이 수탁자에게 이전된 경우로서 위탁자가 신탁설정을 해지하거나 신탁의 수익자를 변경할 수 있는 등 신탁재산을 실질적으로 지배하고 소유하는 것으로 볼 수 있는 경우
④ 부담부증여 시 수증자가 부담하는 채무액 이외에 해당하는 부분
⑤ 채무자가 채무의 변제를 담보하기 위하여 자산을 양도하는 계약을 체결한 경우에 법정 요건을 모두 갖춘 계약서의 사본을 양도소득 과세표준 확정신고서에 첨부하여 신고하는 때

04 「소득세법」상 거주자의 양도소득세 과세대상에 관한 설명으로 틀린 것은? (단, 양도자산은 국내자산임)

상중하

① 부동산에 관한 권리 중 지역권의 양도는 과세대상이 아니다.

② 법인의 주식을 소유하는 것만으로 시설물을 배타적으로 이용하게 되는 경우 그 주식의 양도는 과세대상이다.

③ 무상이전에 따라 자산의 소유권이 변경된 경우에는 과세대상이 되지 아니한다.

④ 사업용 건물과 별도로 양도하는 영업권은 과세대상이 아니다.

⑤ 등기되지 않은 부동산임차권의 양도는 과세대상이다.

PART 3

05 「소득세법」상 거주자의 국내자산 양도소득세 과세대상이 아닌 것은?

① 골프회원권

② 비사업용 토지

③ 사업용 건물과 함께 양도하는 영업권

④ 등기되지 않은 부동산임차권

⑤ 부동산과 함께 양도하는 이축권(해당 이축권 가액을 대통령령으로 정하는 방법에 따라 별도로 평가하여 신고하지 아니함)

06 「소득세법」상 양도소득세가 과세되는 것은? (단, 국내자산을 양도한 것으로 가정함)

① 등기되지 아니한 지상권의 양도

② 등기되지 아니한 부동산임차권의 양도

③ 토지, 건물과 함께 양도하는 이축권의 가액을 별도로 평가하여 신고하는 경우

④ 부동산매매업자가 상가건물을 취득하여 대수선을 거쳐 매도하는 경우

⑤ 파산선고에 의한 처분으로 발생하는 소득

07 「소득세법」상 양도에 해당하는 것은 모두 몇 개인가? 

> ㉠ 본인 소유자산을 경매나 공매로 인하여 자기가 재취득하는 경우
> ㉡ 법원의 확정판결에 의한 이혼위자료로 배우자에게 건물의 소유권을 이전하는 경우
> ㉢ 법원의 확정판결에 의하여 신탁해지를 원인으로 소유권이전등기를 하는 경우
> ㉣ 매매원인무효의 소에 의하여 그 매매사실이 원인무효로 판시되어 환원될 경우

① 0개
② 1개
③ 2개
④ 3개
⑤ 4개

08 「소득세법」상 양도에 해당하지 <u>않는</u> 것은? (단, 거주자의 국내자산으로 가정함) 상중하

① 「도시개발법」이나 그 밖의 법률에 따른 환지처분으로 지목이 변경되는 경우
② 형제 간 부담부증여 시 그 증여가액 중 채무액에 해당하는 부분
③ 「소득세법 시행령」 제151조 제1항에 따른 양도담보계약을 체결한 후 채무불이행으로 인하여 당해 자산을 변제에 충당한 때
④ 배우자의 토지와 본인소유 건물을 상호 교환한 경우(등기됨)
⑤ 본인소유 자산이 경매로 인하여 낙찰자에게 소유권이 이전된 경우

09 「소득세법」상 양도소득세 양도에 관한 설명으로 <u>틀린</u> 것은?

① 배우자 또는 직계존비속이 아닌 자 간의 부담부증여에 있어서 수증자가 증여자의 채무를 인수하는 경우 그 채무액에 해당하는 부분은 양도에 해당한다.

② 당사자 간 이혼에 따른 위자료에 갈음하여 부동산소유권을 이전한 경우는 양도에 해당한다.

③ 매매원인무효의 소에 의하여 그 매매사실이 원인무효로 판시되어 소유권이 환원되는 경우는 양도로 보지 아니한다.

④ 「소득세법 시행령」 제151조 제1항에 따른 양도담보계약을 체결한 후 채무불이행으로 인하여 당해 자산을 변제에 충당한 경우에는 양도로 보지 아니한다.

⑤ 「도시개발법」 등에 의한 환지처분으로 지목 또는 지번이 변경되거나 보류지로 충당되는 경우는 양도로 보지 아니한다.

10 「소득세법」상 거주자의 양도소득세 과세대상에 해당하는 경우는 모두 몇 개인가?

㉠ 직계존비속 간의 부담부증여의 경우 수증자의 채무인수 부분(실제 채무인수사실이 객관적으로 소명됨) ㉡ 해당 법령에 따라 지적경계선 변경을 위한 토지의 교환을 하는 경우(단, 분할된 토지의 전체 면적이 분할 전 토지의 전체 면적의 100분의 20을 초과하지 아니함) ㉢ 토지, 건물과 함께 이축권(해당 이축권 가액을 대통령령으로 정하는 방법에 따라 별도로 평가하여 신고하지 아니함)을 양도하는 경우 ㉣ 주거용 건물건설업자가 당초부터 판매할 목적으로 신축한 다가구주택을 양도하는 경우

① 0개
② 1개
③ 2개
④ 3개
⑤ 4개

11 「소득세법」상 국내자산을 양도한 경우 양도소득세와 관련된 설명으로 <u>틀린</u> 것은?

① 양도담보계약을 체결한 후 채무변제에 충당된 경우 이를 양도로 본다.

② 매매원인 무효의 소에 의한 판결로 소유권이 환원되는 경우에는 이를 양도로 보지 아니한다.

③ 사업용 자산과 별도로 양도하는 영업권은 양도소득세 과세대상이다.

④ 「도시개발법」에 의한 도시개발사업, 기타 법률에 의한 환지처분으로 지목 또는 지번이 변경되거나 보류지로 충당되는 경우 양도로 보지 아니한다.

⑤ 토지, 건물과 함께 양도하는 특정 이축권(해당 이축권 가액을 대통령령으로 정하는 방법에 따라 별도로 평가하여 신고하지 아니함)의 양도소득은 양도소득세 과세대상이 된다.

12 「소득세법」상 양도소득세 과세대상이 될 수 있는 것은 모두 몇 개인가?

> ㉠ 건물을 법인에 현물출자하는 경우
> ㉡ 건물을 동생에게 부담부증여하여 동생이 채무를 인수한 사실이 객관적으로 소명되는 경우
> ㉢ 양도담보 목적으로 부동산등기가 된 후 채무를 불이행함으로써 변제에 충당된 경우
> ㉣ 이혼 시 위자료 지급에 갈음하여 소유하고 있던 부동산으로 대물변제한 경우
> ㉤ 소유자산을 경매·공매로 인하여 자기가 재취득하는 경우

① 1개
② 2개
③ 3개
④ 4개
⑤ 5개

13 소득세법령상 양도소득세의 양도 또는 취득시기에 관한 내용으로 옳은 것은? 상중하

① 대금을 청산한 날이 분명하지 아니한 경우에는 계약서상 잔금일

② 상속에 의하여 취득한 자산에 대하여는 등기부·등록부 또는 명부 등에 기재된 등기·등록접수일 또는 명의개서일

③ 대금을 청산하기 전에 소유권이전등기를 한 경우에는 등기부에 기재된 등기접수일

④ 자기가 건설한 건축물로서 건축허가를 받지 아니하고 건축하는 건축물에 있어서는 추후 사용승인을 받은 날

⑤ 완성되지 아니한 자산을 양도한 경우로서 해당 자산의 대금을 청산한 날까지 그 목적물이 완성되지 아니한 경우에는 해당 자산의 대금을 청산한 날

14 「소득세법 시행령」 제162조에서 규정하는 양도 또는 취득의 시기에 관한 내용으로 <u>틀린</u> 것은? 상중하

① 제1항 제2호: 대금을 청산하기 전에 소유권이전등기(등록 및 명의개서를 포함)를 한 경우에는 등기부·등록부 또는 명부 등에 기재된 등기접수일

② 제1항 제3호: 기획재정부령이 정하는 장기할부조건의 경우에는 소유권이전등기(등록 및 명의개서를 포함) 접수일·인도일 또는 사용수익일 중 빠른 날

③ 제1항 제4호: 자기가 건설한 건축물에 있어서 건축허가를 받지 아니하고 건축하는 건축물은 그 사실상의 사용일

④ 제1항 제5호: 상속에 의하여 취득한 자산에 대하여는 그 상속이 개시된 날

⑤ 제1항 제6호: 「민법」 제245조 제1항의 규정에 의하여 부동산의 소유권을 취득하는 경우에는 당해 부동산의 등기·등록일

15 「소득세법」상 양도소득세 과세대상 자산의 양도 또는 취득의 시기로 틀린 것은?

① 「도시개발법」에 따라 교부받은 토지의 면적이 환지처분에 의한 권리면적보다 증가 또는 감소된 경우: 환지처분의 공고가 있은 날의 다음 날
② 법률에 의한 수용 시 소유권에 관한 소송으로 보상금이 공탁된 경우: 공탁일
③ 건축허가를 받지 않고 자기가 건설한 건축물의 경우: 그 사실상의 사용일
④ 「민법」 제245조 제1항의 규정에 의하여 부동산의 소유권을 취득하는 경우: 당해 부동산의 점유를 개시한 날
⑤ 대금을 청산한 날이 분명하지 아니한 경우: 등기부·등록부 또는 명부 등에 기재된 등기·등록접수일 또는 명의개서일

16 「소득세법 시행령」에서 규정하는 양도 또는 취득의 시기에 관한 내용으로 틀린 것은?

① 증여로 취득한 경우: 증여를 받은 날
② 대금을 청산한 날이 분명하지 아니한 경우: 등기부·등록부 또는 명부 등에 기재된 등기·등록접수일 또는 명의개서일
③ 「공익사업을 위한 토지 등의 취득 및 보상에 관한 법률」에 따라 공익사업을 위하여 수용되는 경우로서 소유권에 관한 소송으로 보상금이 공탁된 경우: 공탁일
④ 장기할부조건의 경우: 소유권이전등기접수일·인도일 또는 사용수익일 중 빠른 날
⑤ 「도시개발법」에 따른 환지처분으로 교부받은 토지의 면적이 환지처분에 의한 권리면적보다 증가한 경우 그 증가된 면적의 토지: 환지처분의 공고가 있은 날의 다음 날

17 「소득세법」상 양도소득세 과세대상 자산의 양도 또는 취득의 시기로 틀린 것은?

① 완성 또는 확정되지 아니한 자산을 양도 또는 취득한 경우로서 해당 자산의 대금을 청산한 날까지 그 목적물이 완성 또는 확정되지 아니한 경우에는 그 목적물이 완성 또는 확정된 날로 한다.

② 「도시개발법」 또는 그 밖의 법률에 따른 환지처분으로 인하여 취득한 토지의 취득시기는 환지 전의 토지의 취득일로 한다.

③ 상속개시일이 1981.12.31.인 경우 상속개시일에 취득한 것으로 본다.

④ 양도한 자산의 취득시기가 분명하지 아니한 경우에는 먼저 취득한 자산을 먼저 양도한 것으로 본다.

⑤ 자기가 건설한 건축물을 사용승인서 교부일 전에 사실상 사용한 경우에는 그 사실상의 사용일로 본다.

PART 3

18 「소득세법」상 양도 또는 취득시기에 대한 설명으로 옳은 것은?

① 공익사업을 위하여 수용되는 경우에는 수용개시일로 한다.

② 장기할부매매로 인하여 거래한 경우에는 소유권이전등기접수일·인도일 또는 사용수익일 중 빠른 날로 한다.

③ 「민법」 제245조의 점유로 인해 부동산을 취득한 때에는 해당 부동산의 등기일을 취득일로 한다.

④ 취득 또는 양도시기는 해당 자산의 대금을 청산한 날을 원칙으로 한다. 이 경우 자산의 대금에는 해당 자산의 양도에 대한 양도소득세 및 양도소득세의 부가세액을 양수자가 부담하기로 약정한 경우에는 해당 양도소득세 및 양도소득세의 부가세액을 포함한다.

⑤ 1985년 12월 31일 이전에 취득한 부동산은 1986년 1월 1일에 취득한 것으로 본다.

19 **「소득세법」상 양도소득세의 양도 및 취득시기에 대한 내용으로 틀린 것은?** 상중하

① 장기할부조건의 경우에는 소유권이전등기접수일, 인도일 또는 사용수익일 중 빠른 날을 양도 및 취득시기로 본다.

② 점유시효완성에 의한 취득의 경우에는 시효완성일을 취득시기로 본다.

③ 「도시개발법」 또는 그 밖의 법률에 따른 환지처분으로 인하여 취득한 토지의 취득시기는 환지 전 토지의 취득일이다.

④ 건축허가를 받지 아니하고 건축하는 건축물은 그 사실상의 사용일을 취득시기로 한다.

⑤ 수용에 있어 소유권에 관한 소송으로 보상금이 공탁된 경우에는 소유권에 관한 소송 판결확정일을 양도시기로 한다.

20 **1세대 1주택 비과세요건을 충족하는 거주자 甲이 다음과 같은 단층 겸용주택**(주택은 국내 상시 주거용이며, 수도권 내 도시지역의 녹지지역에 존재)**을 11억원에 양도하였을 경우 양도소득세가 비과세되는 건물면적과 토지면적으로 옳은 것은?** (단, 주어진 조건 외에는 고려하지 않음) 상중하

- 건물: 주택 $100m^2$, 상가 $100m^2$
- 토지: 건물 부수토지 $800m^2$

① 건물: $100m^2$, 토지: $300m^2$

② 건물: $100m^2$, 토지: $400m^2$

③ 건물: $100m^2$, 토지: $500m^2$

④ 건물: $200m^2$, 토지: $400m^2$

⑤ 건물: $200m^2$, 토지: $500m^2$

21 **거주자 甲이 1세대 1주택 비과세요건을 충족하는 다음과 같은 단층 겸용주택**(주택은 국내 상시주거용이며, 수도권의 도시지역 내 녹지지역에 소재)**을 10억원에 양도하였을 경우 양도소득세가 과세되는 건물의 면적과 토지면적으로 옳은 것은?** (단, 주어진 조건 외에는 고려하지 않음) 상중하

- 건물: 주택 $120m^2$, 상가 $80m^2$
- 토지: 건물 부수토지 $2,000m^2$

① 건물: 없음, 토지: $1,000m^2$
② 건물: 없음, 토지: $1,400m^2$
③ 건물: $80m^2$, 토지: $600m^2$
④ 건물: $80m^2$, 토지: $800m^2$
⑤ 건물: $120m^2$, 토지: $1,400m^2$

22 **「소득세법」상 거주자의 양도소득세 비과세에 관한 설명으로 틀린 것은?** 상중하

① 국내에 1주택만을 보유하고 있는 1세대가 해외이주로 세대전원이 출국하는 경우 출국일부터 2년이 되는 날까지 해당 주택을 양도하면 비과세된다.
② 파산선고에 의한 처분으로 발생하는 소득은 비과세된다.
③ 직장의 변경으로 세대전원이 다른 시로 주거를 이전하는 경우 1년 6개월간 거주한 1주택을 양도하면 비과세된다.
④ 양도 당시 실지거래가액이 13억원인 1세대 1주택의 양도로 발생하는 양도차익 전부가 비과세된다.
⑤ 농지를 교환할 때 쌍방 토지가액의 차액이 가액이 큰 편의 4분의 1 이하의 경우 발생하는 소득은 비과세된다.

23 **「소득세법」상 비과세 양도소득에 해당하지 않는 것은?** (단, 양도하는 주택은 고가주택에 해당하지 아니하며 취득 당시 조정대상지역에 해당되지 아니함) 상중하

① 甲소유의 농지(토지가액 1억원)와 乙소유의 농지(토지가액 9천만원)를 경작상 필요에 의해 교환하고 교환 이후 3년 이상 농지 소재지에 거주하며 경작한 경우

② 1세대가 국내 1주택을 3년간 보유하고 양도한 경우

③ 출국일 현재 1세대가 1주택을 보유하고 「해외이주법」에 따른 해외이주로 세대전원이 출국하였으며 출국일로부터 1년 내 당해 주택을 양도한 경우

④ 기존에 1주택을 보유한 거주자가 1주택을 상속받아 상속개시일로부터 2년 경과 후 상속주택 외의 주택을 양도한 경우

⑤ 2023.7.1. 종전주택을 취득하였고 신규주택을 2024.7.31. 취득하였으며 2025.6.1. 종전주택을 양도한 경우

24 **「소득세법」상 1세대 1주택**(고가주택에 해당하지 않고, 등기된 주택임)**을 양도한 경우로서 양도소득세 비과세대상이 아닌 것은?** 상중하

① 각자 1주택을 소유한 甲과 乙이 혼인으로 인해 합가한 날부터 10년 이내 먼저 양도하는 주택(보유기간 3년이며 취득 당시 조정대상지역 내 주택이 아님)

② 1주택(일반주택)을 보유하던 중 별도세대원인 직계존속으로부터 1주택을 상속받은 후 1년이 경과하여 일반주택을 양도한 경우(보유기간 3년이며 취득 당시 조정대상지역 내 주택이 아님)

③ 국내에 소재하는 1주택을 출국일 현재 1년 동안 보유하고, 세대전원이 「해외이주법」에 따른 해외이주로 출국한 날부터 6개월 이내에 양도한 경우

④ 「민간임대주택에 관한 특별법」에 따른 민간건설임대주택을 1년 전에 취득하여 양도한 경우로서, 해당 건설임대주택의 임차일부터 해당 주택의 양도일까지의 기간 중 세대전원이 거주한 기간이 6년인 경우

⑤ 제주시에 소재하는 주택을 6개월 동안 보유하고 거주하던 중 양도한 경우로서, 기획재정부령이 정하는 근무상의 형편으로 서울특별시로 이사한 경우

25 **「소득세법」상 1세대 1주택**(고가주택은 제외)**의 양도소득세 비과세에 대한 설명으로 틀린 것은?**

상 중 하

① 1세대가 주택(2025년 1월 취득, 취득 당시 조정대상지역 아님)과 분양권(2025년 10월 취득)을 보유하다가 그 주택을 양도하는 경우(2025년 12월 양도)에는 1세대 1주택의 비과세를 적용받을 수 있다.

② 1년 이상 거주한 주택을 기획재정부령으로 정하는 취학, 근무상의 형편, 질병의 요양, 그 밖에 부득이한 사유로 양도하는 경우 보유 및 거주기간의 제한을 받지 아니한다.

③ 1주택을 보유하고 1세대를 구성하는 자가 1주택을 보유하고 있는 법령에 정한 60세 이상의 직계존속을 동거봉양하기 위하여 세대를 합침으로써 1세대가 2주택을 보유하게 되는 경우 합친 날부터 10년 이내에 먼저 양도하는 주택은 이를 1세대 1주택으로 보아 비과세 규정을 적용한다.

④ 상속주택과 일반주택을 보유하게 되는 경우 일반주택을 양도하는 경우에는 이를 1세대 1주택으로 보아 비과세 규정을 적용한다.

⑤ 2025.7.1. 매매계약을 체결하고 계약금을 지급한 사실이 증명되며 2025.10.31. 대금을 청산하였다면 거주기간의 제한을 받지 아니한다(단, 2025.10.1. 당해 주택은 조정대상으로 지정되었고 계약금 지급일 당시 세대원 전원이 무주택자임).

PART 3

26 「소득세법」상 1세대 1주택 양도소득세 비과세에 대한 설명 중 틀린 것은? 상중하

① 주택 양도 시 보유기간 계산은 그 주택의 취득일로부터 양도일까지로 한다.

② 상속받은 주택으로서 상속인과 피상속인이 상속개시 당시 동일세대인 경우에는 상속개시 전에 상속인과 피상속인이 동일세대로서 거주하고 보유한 기간은 통산한다.

③ 거주하거나 보유하는 중에 소실·무너짐·노후 등으로 인하여 멸실되어 재건축한 주택인 경우에는 그 멸실된 주택과 재건축한 주택에 대한 거주기간 및 보유기간은 통산한다.

④ 취학, 근무상의 형편, 질병의 요양, 그 밖에 부득이한 사유로 취득한 수도권 밖에 소재하는 주택과 일반주택을 국내에 각각 1개씩 소유하고 있는 1세대가 부득이한 사유가 해소된 날부터 3년 이내에 일반주택을 양도하는 경우에는 국내에 1개의 주택을 소유하고 있는 것으로 보아 비과세 규정을 적용한다.

⑤ 종전의 주택 취득일부터 1년 이상 경과 후 신규주택을 취득하고 신규주택의 취득일로부터 1년 이내에 그 주택으로 세대전원이 이사하고, 신규주택의 취득일부터 5년 이내에 종전의 주택을 양도하여야 한다.

27 다음은 「소득세법 시행령」 제155조 '1세대 1주택의 특례'에 관한 내용이다. ( ) 안에 들어갈 법령상의 숫자를 순서대로 옳게 나열한 것은? 상중하

- 1주택을 보유하는 자가 1주택을 보유하는 자와 혼인함으로써 1세대가 2주택을 보유하게 되는 경우 혼인한 날부터 ( )년 이내에 먼저 양도하는 주택은 이를 1세대 1주택으로 보아 제154조 제1항을 적용한다.
- 수도권 밖의 지역 중 읍지역(도시지역 안의 지역을 제외) 또는 면지역에 소재하는 주택(농어촌주택)과 그 밖의 주택(일반주택)을 국내에 각각 1개씩 소유하고 있는 1세대가 일반주택을 양도하는 경우에는 국내에 1개의 주택을 소유하고 있는 것으로 보아 제154조 제1항을 적용한다. 다만, 영농 또는 영어의 목적으로 취득한 귀농주택에 대해서는 그 주택을 취득한 날부터 ( )년 이내에 일반주택을 양도하는 경우에 한정하여 적용한다.

① 3, 3　② 3, 5　③ 10, 10
④ 10, 5　⑤ 5, 10

28 「소득세법 시행령」 제155조 '1세대 1주택의 특례'에 관한 조문의 내용이다. (   )에 들어갈 숫자로 옳은 것은? 상중하

> • 영농의 목적으로 취득한 귀농주택으로서 수도권 밖의 지역 중 면지역에 소재하는 주택과 일반주택을 국내에 각각 1개씩 소유하고 있는 1세대가 귀농주택을 취득한 날부터 (㉠)년 이내에 일반주택을 양도하는 경우에는 국내에 1개의 주택을 소유하고 있는 것으로 보아 제154조 제1항을 적용한다.
> • 취학 등 부득이한 사유로 취득한 수도권 밖에 소재하는 주택과 일반주택을 국내에 각각 1개씩 소유하고 있는 1세대가 부득이한 사유가 해소된 날부터 (㉡)년 이내에 일반주택을 양도하는 경우에는 국내에 1개의 주택을 소유하고 있는 것으로 보아 제154조 제1항을 적용한다.
> • 1주택을 보유하고 1세대를 구성하는 자가 1주택을 보유하고 있는 60세 이상의 직계존속을 동거봉양하기 위하여 세대를 합침으로써 1세대가 2주택을 보유하게 되는 경우 합친 날부터 (㉢)년 이내에 먼저 양도하는 주택은 이를 1세대 1주택으로 보아 제154조 제1항을 적용한다.

① ㉠: 2, ㉡: 2, ㉢: 5
② ㉠: 2, ㉡: 3, ㉢: 10
③ ㉠: 3, ㉡: 2, ㉢: 5
④ ㉠: 5, ㉡: 3, ㉢: 5
⑤ ㉠: 5, ㉡: 3, ㉢: 10

29 **다음은 「소득세법 시행령」 제155조 '1세대 1주택의 특례'에 대한 조문 내용이다. (　) 안에 들어갈 숫자를 순서대로 나열한 것으로 옳은 것은?** 상중하

> • 국내에 1주택을 소유한 1세대가 그 주택(종전의 주택)을 양도하기 전에 다른 주택(신규주택)을 취득(자기가 건설하여 취득한 경우를 포함)함으로써 일시적으로 2주택이 된 경우 종전의 주택을 취득한 날부터 (　　)년 이상이 지난 후 신규주택을 취득하고 신규주택을 취득한 날부터 (　　)년 이내에 종전의 주택을 양도하는 경우에는 이를 1세대 1주택으로 보아 제154조 제1항을 적용한다.
> • 1주택을 보유하고 1세대를 구성하는 자가 1주택을 보유하고 있는 (　　)세 이상의 직계존속을 동거봉양하기 위하여 세대를 합침으로써 1세대가 2주택을 보유하게 되는 경우 합친 날부터 10년 이내에 먼저 양도하는 주택은 이를 1세대 1주택으로 보아 제154조 제1항을 적용한다.

① 1, 2, 60
② 1, 3, 60
③ 1, 3, 65
④ 2, 2, 60
⑤ 2, 2, 65

30 **「소득세법」상 1세대 1주택 비과세 규정에 관한 설명으로 틀린 것은?** (단, 거주자의 국내주택으로 가정하고, 해당 주택은 고가주택이 아님) 상중하

① 1세대 1주택 비과세 규정 적용 시 생계를 같이 하는 등 사실상 이혼한 것으로 보기 어려운 관계에 있는 경우에도 법률상 이혼한 경우에는 부부를 각각 1세대로 본다.

② 「해외이주법」에 따른 해외이주로 세대전원이 출국하는 경우로서 출국일 현재 1주택을 보유하고 출국일부터 2년 이내에 양도하는 경우 보유 및 거주기간의 제한을 받지 않는다.

③ 1주택을 보유하는 자가 1주택을 보유하는 자와 혼인함으로써 1세대가 2주택을 보유하게 되는 경우 혼인한 날부터 10년 이내에 먼저 양도하는 주택(보유 및 거주기간은 3년임)은 비과세한다.

④ 「건축법 시행령」 별표 1 제1호 다목에 해당하는 다가구주택은 해당 다가구주택을 구획된 부분별로 양도하지 아니하고 하나의 매매단위로 하여 양도하는 경우 그 전체를 하나의 주택으로 본다.

⑤ 양도일 현재 법령이 정한 민간건설임대주택, 공공임대주택, 공공매입임대주택을 1주택만을 보유하는 1세대는 해당 임대주택의 임차일로부터 해당 주택의 양도일까지의 세대전원 거주기간이 5년 이상인 경우 보유 및 거주기간 요건을 충족하지 않더라도 비과세한다.

31 **「소득세법」상 실지거래가액으로 자산 양도차익을 계산하는 경우 공제 가능한 자본적 지출액에 해당되는 것이 아닌 것은?** (단, 법령에 따른 증명서류가 수취·보관되어 있으며, 양도자는 종합소득세신고대상인 사업자에 해당하지 아니함)

상중하

① 공익사업으로 법률에 따라 토지 등이 수용된 경우 그 보상금의 증액과 관련하여 직접 소요된 소송비용·화해비용 등의 금액으로 지출한 연도의 각 소득금액의 계산에 있어 필요경비에 산입된 금액

② 재해·노후화 등 부득이한 사유로 인하여 건물을 재건축한 경우 그 철거비용

③ 엘리베이터 설치비용(자산의 가치를 현실적으로 증가시킴)

④ 「하천법」 등 기타 법률에 따라 토지소유자가 양도자산과 관련하여 부담한 수익자부담금, 개발부담금, 재건축부담금

⑤ 토지이용의 편의를 위하여 도로를 신설한 경우의 시설비

32 **실지거래가액에 의한 양도차익의 산정에 있어서 취득가액에 대한 설명 중 옳은 것은?**

상중하

① 양도자산의 보유기간 중에 그 자산의 감가상각비로서 해당 연도 사업소득금액의 계산 시 필요경비로 산입된 금액은 취득가액에서 공제한다.

② 취득가액을 환산취득가액에 의하여 산정하는 경우, 환산취득가액과 개산공제액의 합계액과 보유기간 중의 자본적 지출 및 양도직접비용 중 선택하여 공제할 수 없다.

③ 당사자 약정에 의한 대금지급방법에 따라 취득원가에 이자상당액을 가산하여 거래가액을 확정한 경우의 당해 이자상당액 및 은행 대출이자는 취득가액에 포함한다.

④ 취득에 관한 쟁송이 있는 재산에 대하여 그 소유권확보를 위하여 직접 소요된 소송비용으로 지출한 연도의 각 소득금액 계산상 필요경비에 산입된 것은 취득가액에 포함된다.

⑤ 현재가치할인차금을 취득원가에 포함하는 경우에 있어서 양도자산의 보유기간 중에 동 현재가치할인차금의 상각액을 각 연도의 사업소득금액의 계산 시 필요경비로 산입하였거나 산입할 금액이 있는 때에는 이를 취득가액에서 공제하지 아니한다.

33 「소득세법」상 양도소득세 계산 시 실지거래가액방식에 의한 양도차익의 산정에 있어서 필요경비에 대한 설명 중 <u>틀린</u> 것은? 상중하

① 양도소득세 과세표준 신고서 작성비용 및 계약서 작성비용은 필요경비로 공제할 수 있다.

② 양도한 자산의 보유기간 동안 부담한 재산세 및 종합부동산세액은 필요경비로 공제할 수 있다.

③ 취득에 관한 쟁송이 있는 재산에 대하여 그 소유권확보를 위하여 직접 소요된 소송비용(단, 지출한 연도의 각 사업소득금액 계산상 필요경비에 산입된 것은 제외)은 취득가액에 포함된다.

④ 양도자산의 보유기간 중에 그 자산의 감가상각비로서 해당 연도의 사업소득금액의 계산 시에 필요경비로 산입된 금액은 취득가액에 포함되지 않는다.

⑤ 당사자 약정에 의한 대금지급방법에 따라 취득원가에 이자상당액을 가산하여 거래가액을 확정한 경우에는 당해 이자상당액도 취득원가에 해당한다.

PART 3

34 「소득세법」상 양도소득세 양도차익 계산 시 공제하는 필요경비에 관한 설명으로 <u>틀린</u> 것은? (단, 특수관계자와의 거래가 아님) 상중하

① 양도자산의 보유기간 중에 현재가치할인차금상각액을 각 과세기간의 사업소득금액의 계산 시 필요경비로 산입하였거나 산입할 금액이 있는 때에는 이를 취득가액에서 공제한다.

② 매매계약에 따른 인도의무를 이행하기 위해 양도자가 지출하는 명도비용은 직접 양도비용에 포함된다.

③ 취득가액을 실지거래가액에 의하는 경우 당초 약정에 의한 지급기일의 지연으로 인하여 추가로 발생하는 이자상당액은 취득원가에 포함하지 아니한다.

④ 양도차익을 실지거래가액에 의하는 경우 양도가액에서 공제할 취득가액은 그 자산에 대한 감가상각비로서 각 과세기간의 사업소득금액을 계산하는 경우 필요경비에 산입한 금액이 있을 때에는 이를 공제하지 않은 금액을 취득가액으로 한다.

⑤ 양도 또는 취득 당시 실지거래가액의 확인을 위하여 필요한 장부·매매계약서·영수증 기타 증빙서류가 없거나 그 중요한 부분이 미비된 경우 추계결정 또는 경정의 사유에 해당한다.

35 「소득세법」상 거주자가 국내자산을 양도한 경우 양도소득의 필요경비에 관한 설명으로 틀린 것은? 상중하

① 취득가액을 실지거래가액에 의하는 경우 당초 약정에 의한 지급기일의 지연으로 인하여 추가로 발생하는 이자상당액은 취득원가에 포함하지 아니한다.

② 취득가액을 실지거래가액에 의하는 경우 자본적 지출액은 그 지출에 관한 법 제160조의2 제2항에 따른 증명서류를 수취·보관하거나 실제 지출사실이 금융거래 증명서류에 의하여 확인되는 경우 필요경비로 인정된다.

③ 「소득세법」 제97조 제3항에 따른 취득가액을 계산할 때 감가상각비를 공제하는 것은 취득가액을 실지거래가액으로 하는 경우에만 적용하므로 취득가액을 환산가액으로 하는 때에는 적용하지 아니한다.

④ 토지를 취득함에 있어서 부수적으로 매입한 채권을 만기 전에 양도함으로써 발생하는 매각차손은 금융기관 외의 자에게 양도한 경우에는 동일한 날에 금융기관에 양도하였을 경우 발생하는 매각차손을 한도로 한다.

⑤ 취득세는 납부영수증이 없어도 필요경비로 인정된다.

36 다음 중 양도차익을 실지거래가액에 의할 때 양도가액에서 공제할 수 있는 필요경비에 해당하지 않는 것은? (단, 적격증빙 수취함) 상중하

① 양도소득세 과세표준 신고서 작성비용

② 할부이자 등 당사자 약정에 의한 대금지급방법에 따라 취득원가에 가산한 이자상당액

③ 소유권확보를 위하여 직접 소요된 소송비용, 화해비용으로 지출한 연도의 사업소득금액 계산 시 필요경비로 산입된 금액

④ 해당 자산의 내용연수를 연장시키거나 그 가치를 현실적으로 증가시키는 수선비

⑤ 해당 토지에 도로를 신설하여 국가 등에 기부한 경우 도로에 해당하는 토지의 가액

37 **「소득세법」상 사업소득이 있는 거주자가 실지거래가액에 의해 부동산의 양도차익을 계산하는 경우 양도가액에서 공제할 자본적 지출액 또는 양도비용에 포함되지 않는 것은?**
(단, 자본적 지출액에 대해서는 법령에 따른 증명서류가 수취·보관되어 있음) 

① 토지이용의 편의를 위하여 지출한 장애철거비용
② 자산을 양도하기 위하여 직접 지출한 매매계약에 따른 인도의무를 이행하기 위하여 양도자가 지출하는 명도비용
③ 양도자산의 이용편의를 위하여 지출한 비용
④ 양도자산의 취득 후 쟁송이 있는 경우 그 소유권을 확보하기 위하여 직접 소요된 소송비용으로서 그 지출한 연도의 각 사업소득금액 계산 시 필요경비에 산입된 금액
⑤ 자산을 양도하기 위하여 직접 지출한 공증비용

PART 3

38 **「소득세법」상 양도차익에 대한 설명으로 틀린 것은?** 

① 실지거래가액에 의한 양도차익 계산 시 공제하는 필요경비에는 취득가액, 자본적 지출액, 양도비용이 있다.
② 취득 당시의 실지거래가액을 확인할 수 없는 경우에는 매매사례가액, 감정가액, 환산가액, 기준시가를 순차로 적용하여 산정한 가액을 취득가액으로 한다.
③ 양도 당시의 실지거래가액을 확인할 수 없는 경우 매매사례가액, 감정가액, 기준시가를 순차로 적용하여 산정한 가액을 양도가액으로 한다.
④ 법령에 따른 고가주택에 해당하는 자산의 양도차익은 양도차익에 양도가액에서 9억원을 차감한 금액이 양도가액에서 차지하는 비율을 곱한 금액으로 한다.
⑤ 등기된 토지의 취득가액을 감정가액으로 계산하는 경우 필요경비개산공제액은 취득 당시 기준시가에 100분의 3을 적용한다.

39 다음 자료에 의하여 양도소득세 부담을 최소화하기 위한 토지의 양도차익을 계산한 것으로 옳은 것은? 상중하

- 양도 당시 실지거래가액: 200,000,000원
- 취득 당시 실지거래가액: 확인할 수 없음(매매사례가액이나 감정가액은 없는 것으로 가정함)
- 취득 당시 기준시가: 40,000,000원
- 양도 당시 기준시가: 80,000,000원
- 자본적 지출액과 양도직접비용: 100,000,000원

① 98,800,000원
② 100,000,000원
③ 120,000,000원
④ 158,800,000원
⑤ 160,000,000원

최신 기출응용 32회

40 다음은 거주자 甲의 상가건물 양도소득세 관련 자료이다. 이 경우 양도차익은? (단, 양도차익을 최소화하는 방향으로 필요경비를 선택하고, 부가가치세는 고려하지 않음) 상중하

- 취득 및 양도 내역

구분	실지거래가액	기준시가	거래일자
양도 당시	5억원	2억원	2025.4.30.
취득 당시	확인 불가능	1억원	2024.3.7.

- 자본적 지출액 및 소개비: 3억원(세금계산서 수취함)
- 주어진 자료 외에는 고려하지 않음

① 2억원
② 2억 4천4백만원
③ 2억 4천7백만원
④ 2억 5천만원
⑤ 2억 6천만원

41 「소득세법」상 건물의 양도에 따른 장기보유특별공제에 관한 설명으로 옳은 것은?

① 국외부동산을 3년 이상 보유하고 양도하는 경우 장기보유특별공제를 적용한다.
② 보유기간이 3년 이상인 미등기 상가건물은 장기보유특별공제가 적용된다.
③ 1세대 1주택 요건을 충족한 고가주택(보유기간 2년 6개월)이 과세되는 경우 장기보유특별공제가 적용된다.
④ 장기보유특별공제액은 건물의 양도차익에 보유기간별 공제율을 곱하여 계산한다.
⑤ 보유기간이 20년인 등기된 상가건물의 보유기간별 공제율은 100분의 40이다.

PART 3

42 「소득세법」상 양도소득세의 계산에 있어서 장기보유특별공제와 양도소득기본공제에 관한 설명으로 틀린 것은?

상 중 하

① 장기보유특별공제는 국내 소재 등기된 토지·건물로서 보유기간이 3년 이상인 것 및 조합원입주권(조합원으로부터 취득한 것은 제외)에 대하여 적용한다.
② 미등기 양도자산의 경우 장기보유특별공제와 양도소득기본공제를 적용하지 아니한다.
③ 양도소득세가 과세되는 고가주택과 부속토지를 8년 5개월 보유였으나 거주한 기간이 없이 양도한 경우 장기보유특별공제율은 양도차익의 32%이다.
④ 양도소득기본공제는 부동산, 부동산에 관한 권리 및 기타자산의 양도로 인한 소득과 주식 등의 양도로 인한 소득, 파생상품, 신탁수익권의 소득별로 구분하여 당해 연도의 양도소득금액에서 각각 연 250만원을 공제한다.
⑤ 양도소득금액에 감면소득금액이 있는 경우에는 그 감면소득금액 외의 양도소득금액에서 먼저 공제하고, 감면소득금액 외의 양도소득금액 중에서는 해당 과세기간에 먼저 양도한 자산의 양도소득금액에서부터 순서대로 공제한다.

43 다음은 거주자가 국내 소재 1세대 1주택을 양도한 내용이다. 장기보유특별공제액은 얼마인가? (단, 비과세요건을 충족함) 상중하

- 취득 및 양도시기(등기되었으며 보유기간 동안 계속하여 거주함)
  - 2015.3.1. 취득
  - 2025.6.2. 양도
- 양도가액(실지거래가액): 15억원
- 필요경비(실지거래가액): 10억원

① 1천7백5십만원 ② 2천만원
③ 8천만원 ④ 1억 5천만원
⑤ 5억원

최신 기출응용 33회

44 거주자 甲의 매매(양도일: 2025.5.1.)**에 의한 등기된 토지 취득 및 양도에 관한 다음의 자료를 이용하여 양도소득세 과세표준을 계산하면?** (단, 법령에 따른 적격증명서류를 수취·보관하고 있으며, 주어진 조건 이외에는 고려하지 않음) 상중하

항목	기준시가	실지거래가액
양도가액	50,000,000원	60,000,000원
취득가액	25,000,000원	40,000,000원
추가사항	• 양도비용: 5,000,000원 • 보유기간: 2년	

① 8,000,000원 ② 10,500,000원
③ 12,500,000원 ④ 15,000,000원
⑤ 20,000,000원

45 **「소득세법」상 거주자의 국내자산 양도소득세 계산에 관한 설명으로 틀린 것은?** (단, 양도자산은 2025년 10월에 양도한 것임) 상중하

① 주택 분양권을 1년 미만 보유하고 양도한 경우 100분의 70에 해당하는 세율을 적용한다.

② 1세대 1주택 비과세요건을 충족한 고가주택의 경우 10년 6개월 동안 보유만 하고 거주하지 아니한 경우에는 100분의 40에 해당하는 장기보유특별공제를 적용한다.

③ 비거주자가 국내 소재 부동산을 양도한 경우에는 장기보유특별공제 및 양도소득기본공제를 적용받을 수 있다.

④ 1세대 3주택 이상인 자가 2년 이상 보유한 법령이 정한 조정대상지역 안의 등기된 주택을 양도한 경우 100분의 6~100분의 45의 초과누진세율을 적용한다.

⑤ 자본적 지출액은 그 지출에 관한 증명서류를 수취·보관하지 않고 실제지출사실이 금융거래 증명서류에 의하여 확인되지 않는 경우에는 양도차익 계산 시 양도가액에서 공제할 수 없다.

PART 3

46 **「소득세법」상 거주자의 양도소득세에 관한 설명으로 옳은 것은?** (단, 국내 소재 부동산의 양도임) 상중하

① 같은 해에 여러 개의 자산(모두 등기됨)을 양도한 경우 양도소득기본공제는 해당 과세기간에 먼저 양도한 자산의 양도소득금액에서부터 순서대로 공제한다. 단, 감면소득금액은 없다.

② 「소득세법」에 따른 미등기양도자산에 대하여 양도소득기본공제를 적용한다.

③ 「소득세법」 제97조의2 제1항에 따라 이월과세를 적용받는 경우 장기보유특별공제의 보유기간은 수증자가 해당 자산을 취득한 날부터 기산한다.

④ 특수관계인 간의 거래가 아닌 경우로서 취득가액인 실지거래가액을 인정 또는 확인할 수 없어 그 가액을 추계결정 또는 경정하는 경우에는 매매사례가액, 감정가액, 기준시가의 순서에 따라 적용한 가액에 의한다.

⑤ 국외부동산 양도 시 3년 이상 보유한 경우 장기보유특별공제를 적용한다.

47 **다음은 거주자가 국내 소재 비과세대상 1세대 1주택을 양도한 내용이다. 과세되는 양도차익은 얼마인가?** 상중하

• 취득 및 양도내역(등기됨)

구분	가액		거래일자
	실지거래가액	기준시가	
양도	15억원	5억원	2025.10.28.
취득	확인 불가능	3억원	2012.11.26.

• 자본적 지출 및 양도비용: 1억원(적격증빙 수취하였음)
• 보유기간 중 거주기간: 1년 6개월
• 주어진 자료 외에는 고려하지 않음

① 23,640,000원
② 82,740,000원
③ 118,200,000원
④ 413,200,000원
⑤ 500,000,000원

48 **「소득세법」상 거주자의 국내 소재 1세대 1주택인 고가주택과 그 양도소득세에 관한 설명으로 옳은 것은?** 상중하

① 거주자가 2022년 1월 취득 후 계속 거주한 법령에 따른 1세대 1주택인 고가주택을 2025년 10월에 양도하는 경우 적용되는 장기보유특별공제율은 100분의 6이다.
② 거주자가 2022년 1월 취득 후 법령에 따른 1세대 1주택인 고가주택을 2025년 10월에 양도하는 경우(보유기간 중 1년 6개월 거주) 적용되는 장기보유특별공제율은 100분의 12이다.
③ '고가주택'이란 양도 당시 실지거래가액이 9억원을 초과하는 주택을 말한다.
④ 법령에 따른 고가주택에 해당하는 자산의 양도차익은 「소득세법」 제95조 제1항에 따른 양도차익에 '양도가액에서 9억원을 차감한 금액이 양도가액에서 차지하는 비율'을 곱하여 산출한다.
⑤ 「건축법 시행령」 별표 1에 의한 다가구주택을 구획된 부분별로 양도하지 아니하고 하나의 매매단위로 양도하여 단독주택으로 보는 다가구주택의 경우에는 그 전체를 하나의 주택으로 보아 법령에 따른 고가주택 여부를 판단한다.

49 **소득세법령상 1세대 1주택자인 거주자 甲이 2025년 양도한 국내소재 A주택**(조정대상지역이 아니며 등기됨)**에 대한 양도소득과세표준은?** (단, 2025년에 A주택 외 양도한 자산은 없으며, 법령에 따른 적격증명서류를 수취·보관하고 있고 주어진 조건 이외에는 고려하지 않음)

구분	기준시가	실지거래가액
양도 시	8억원	15억원
취득 시	3억 5천만원	9억원
추가 사항	• 양도비 및 자본적 지출액: 1억원 • 보유기간 및 거주기간: 각각 5년	

① 53,500,000원
② 57,500,000원
③ 60,000,000원
④ 480,000,000원
⑤ 500,000,000원

50 **거주자 甲은 국내에 있는 양도소득세 과세대상 X토지를 2017년 시가 1억원에 매수하여 2025년 배우자 乙에게 증여하였다. X토지에는 甲의 금융기관 차입금 3억원에 대한 저당권이 설정되어 있었으며 乙이 이를 인수한 사실은 채무부담계약서에 의하여 확인되었다. X토지의 증여가액과 증여 시 「상속세 및 증여세법」에 따라 평가한 가액**(시가)**은 각각 5억원이었다. 다음 중 <u>틀린</u> 것은?** 상중하

① 乙이 인수한 채무 3억원에 해당하는 부분은 양도로 본다.
② 증여가액 중 채무인수액을 제외한 부분은 증여로 본다.
③ 양도로 보는 부분의 취득가액은 1억원이다.
④ 양도로 보는 부분의 양도가액은 3억원이다.
⑤ 甲이 양도소득세 과세표준과 세액을 신고하지 아니한 경우 적용되는 부과제척기간은 15년이다.

최신 기출응용 33회

51 거주자 甲은 2016.10.20. 취득한 토지(취득가액 2억원, 등기함)**를 동생인 거주자 乙**(특수관계인임)**에게 2023.10.1. 증여**(시가 5억원, 등기함)**하였다. 乙은 해당 토지를 2025.11.26. 특수관계가 없는 丙에게 양도**(양도가액 10억원)**하였다. 양도소득은 乙에게 실질적으로 귀속되지 아니하고, 乙의 증여세와 양도소득세를 합한 세액이 甲이 직접 양도하는 경우로 보아 계산한 양도소득세보다 적은 경우에 해당한다. 「소득세법」상 양도소득세 납세의무에 관한 설명으로 틀린 것은?** 상중하

① 乙이 납부한 증여세는 세액공제한다.

② 양도차익 계산 시 취득가액은 2억원이다.

③ 양도소득세에 대해서는 甲과 乙이 연대하여 납세의무를 진다.

④ 甲은 양도소득세 납세의무자이다.

⑤ 양도소득세 계산 시 보유기간은 甲의 취득일부터 乙의 양도일까지의 기간으로 한다.

최신 기출응용 32회

52 「소득세법」상 배우자 간 증여재산의 이월과세에 관한 설명으로 틀린 것은? 상중하

① 이월과세를 적용하는 경우 거주자가 배우자로부터 증여받은 자산에 대하여 납부한 증여세를 필요경비에 산입한다.

② 거주자가 양도일부터 소급하여 10년 이내에 그 배우자(양도 당시 사망으로 혼인관계가 소멸된 경우 제외)로부터 증여받은 토지를 양도할 경우에 이월과세를 적용한다.

③ 이월과세를 적용할 경우 1세대 1주택 양도소득세 비과세를 적용받게 된다면 이월과세를 적용하지 아니한다.

④ 사업인정고시일부터 소급하여 2년 이전에 증여받은 경우로서 「공익사업을 위한 토지 등의 취득 및 보상에 관한 법률」이나 그 밖의 법률에 따라 협의매수 또는 수용된 경우에는 이월과세를 적용하지 아니한다.

⑤ 이월과세를 적용받은 자산의 장기보유특별공제 및 세율 적용 시 보유기간은 수증자의 취득일부터 기산한다.

53 **다음 자료를 기초로 할 때 소득세법령상 국내 토지A에 대한 양도소득세에 관한 설명으로 <u>틀린</u> 것은?** (단, 甲, 乙, 丙은 모두 거주자임) 상중하

- 甲은 2015.6.30. 토지A를 2억원에 취득하였으며, 2020.5.15. 토지A에 대한 자본적 지출로 1억원을 지출하였다.
- 乙은 2024.7.1. 직계존속인 甲으로부터 토지A를 증여받아 2024.7.25. 소유권이전 등기를 마쳤다(토지A의 증여 당시 시가는 5억원임).
- 乙은 2025.10.20. 토지A를 甲 또는 乙과 특수관계가 없는 丙에게 8억원에 양도하였다.
- 토지A는 법령상 협의매수 또는 수용된 적이 없으며, 「소득세법」 제97조의2 양도소득의 필요경비 계산 특례(이월과세)를 적용하여 계산한 양도소득 결정세액이 이를 적용하지 않고 계산한 양도소득 결정세액보다 크다고 가정한다.

① 양도차익 계산 시 양도가액에서 공제할 취득가액은 2억원이다.
② 양도차익 계산 시 甲이 지출한 자본적 지출액 1억원은 양도가액에서 공제할 수 있다.
③ 양도차익 계산 시 乙이 납부하였거나 납부할 증여세 상당액이 있는 경우 부과하지 아니한다.
④ 장기보유특별공제액 계산 및 세율 적용 시 보유기간은 甲의 취득일로부터 양도일까지의 기간으로 한다.
⑤ 甲과 乙은 양도소득세에 대하여 연대납세의무는 없다.

54 **「소득세법」상 거주자의 부동산 양도에 따른 양도소득 과세표준 계산 및 세율에 관한 설명으로 옳은 것은?** 상중하

① 장기보유특별공제 적용 시 상속받은 자산의 보유기간은 가업상속 및 일반상속 모두 피상속인의 해당 자산 취득일부터 상속인의 양도일까지로 한다.

② 양도소득기본공제는 과세대상 소득별로 각각 연 250만원을 한도로 공제할 수 있다. 이 경우 해당 연도의 양도소득금액에 감면소득금액이 있는 경우 감면소득금액에서 우선 공제한다.

③ 비사업용 토지는 장기보유특별공제 및 양도소득기본공제를 적용하지 아니한다.

④ 주택이 조합원 입주권으로 전환된 경우 해당 입주권을 양도하는 경우 해당 주택 취득일로부터 해당 관리처분계획인가일까지를 세율 적용 시 보유기간으로 한다.

⑤ 양도소득금액을 계산할 때 부동산을 취득할 수 있는 권리에서 발생한 양도차손은 토지에서 발생한 양도소득금액에서 공제할 수 있다.

55 **「소득세법」상 부동산 양도소득 과세표준 계산에 있어서 그 공제순위가 제일 나중이 될 수 있는 것은?** 상중하

① 자본적 지출액

② 취득가액

③ 양도비용

④ 장기보유특별공제

⑤ 양도소득기본공제

56 「소득세법」상 거주자의 양도소득 과세표준 계산에 관한 설명으로 틀린 것은? 상중하

① 양도소득에 대한 과세표준은 종합소득 및 퇴직소득에 대한 과세표준과 구분하여 계산한다.

② 양도차익을 실지거래가액에 의하는 경우 양도가액에서 공제할 취득가액은 그 자산에 대한 감가상각비로서 각 과세기간의 사업소득금액을 계산하는 경우 필요경비에 산입한 금액이 있을 때에는 이를 공제한 금액으로 한다.

③ 토지를 취득함에 있어 법령에 의해 매입한 채권을 만기 전에 금융기관 외의 자에게 양도함으로써 발생하는 매각차손은 전액 필요경비로 인정된다.

④ 1세대 1주택 비과세요건을 충족하는 고가주택의 양도가액이 15억원이고 양도차익이 5억원인 경우 양도소득세가 과세되는 양도차익은 1억원이다.

⑤ 자본적 지출액은 그 지출에 관한 증명서류를 수취·보관하거나 실제 지출사실이 금융거래 증명서류에 의하여 확인되는 경우 양도차익 계산 시 양도가액에서 공제할 수 있다.

PART 3

57 「소득세법」상 거주자의 양도소득 과세표준 계산에 관한 설명으로 틀린 것은? 상중하

① 1세대 1주택 비과세요건을 충족하는 고가주택의 양도가액이 15억원이고 양도차익이 5억원인 경우 양도소득세가 과세되는 양도차익은 1억원이다.

② 양도일부터 소급하여 10년 이내에 그 배우자로부터 증여받은 토지의 양도차익을 계산할 때 그 증여받은 토지에 대하여 납부한 증여세는 산출세액에서 공제한다.

③ 취득원가에 현재가치할인차금이 포함된 양도자산의 보유기간 중 사업소득금액 계산 시 필요경비로 산입할 현재가치할인차금상각액은 양도차익을 계산할 때 양도가액에서 공제할 필요경비에 속하지 아니한다.

④ 양도차익을 실지거래가액에 의하는 경우 양도가액에서 공제할 취득가액은 그 자산에 대한 감가상각비로서 각 과세기간의 사업소득금액을 계산하는 경우 필요경비에 산입한 금액이 있을 때에는 이를 공제한 금액을 취득가액으로 한다.

⑤ 양도소득금액을 계산할 때 부동산을 취득할 수 있는 권리에서 발생한 양도차손은 토지에서 발생한 양도소득금액에서 공제할 수 있다.

58 **「소득세법」상 국내에 2주택을 소유하는 거주자 甲이 그중 1주택을 양도**(양도일 2025. 10.31.)**하는 경우 甲의 양도소득금액은 얼마인가?** (단, 해당 주택은 일시적 2주택에 해당하지 아니하며 조정대상지역에 소재하고 있음)

- 양도가액: 300,000,000원(실지거래가액)
- 취득가액: 170,000,000원(실지거래가액)
- 기타 필요경비: 30,000,000원
- 보유기간: 17년

① 70,000,000원　② 95,000,000원
③ 100,000,000원　④ 130,000,000원
⑤ 270,000,000원

59 **「소득세법」상 거주자의 국내자산 양도소득세 계산에 관한 설명으로 <u>틀린</u> 것은?**

① 특수관계인에게 증여한 자산에 대해 증여자인 거주자에게 양도소득세가 과세되는 경우 수증자가 증여받은 자산에 대해서는 「상속세 및 증여세법」의 규정에도 불구하고 증여세를 부과하지 아니한다.
② 양도일부터 소급하여 10년 이내에 그 배우자로부터 증여받은 토지의 양도차익을 계산할 때 그 증여받은 토지에 대하여 납부한 증여세는 양도가액에서 공제할 필요경비에 산입한다.
③ 취득원가에 현재가치할인차금이 포함된 양도자산의 보유기간 중 사업소득금액 계산 시 필요경비로 산입한 현재가치할인차금상각액은 양도차익을 계산할 때 양도가액에서 공제할 필요경비로 본다.
④ 부동산을 취득할 수 있는 권리의 양도로 발생한 양도차손은 건물의 양도에서 발생한 양도소득금액에서 공제할 수 있다.
⑤ 납세지 관할 세무서장 또는 지방국세청장은 양도소득이 있는 거주자의 행위 또는 계산이 그 거주자의 특수관계인과의 거래로 인하여 그 소득에 대한 조세 부담을 부당하게 감소시킨 것으로 인정되는 경우에는 그 거주자의 행위 또는 계산과 관계없이 해당 과세기간의 소득금액을 계산할 수 있다.

60 **다음 자료에 의한 거주자 甲의 등기된 토지의 양도소득금액은 얼마인가?** (단, 법령에 따라 증명서류가 모두 수취·보관되어 있음) 상중하

- 해당 토지의 양도 당시(양도일: 2025년 11월 26일)의 실지거래가액은 5억원이며, 양도 당시의 개별공시지가는 3억원이다.
- 해당 토지의 취득 당시(취득일: 2017년 2월 5일)의 실지거래가액은 2억원, 감정가액은 1억 8천만원, 매매사례가액은 2억 1천만원, 개별공시지가는 1억 5천만원이다.
- 기타 필요경비(자본적 지출액과 양도비용)는 1천만원을 지출하였다.

① 200,000,000원
② 240,000,000원
③ 243,600,000원
④ 250,000,000원
⑤ 290,000,000원

61 **거주자 甲은 국내 소재 등기된 토지를 다음과 같이 양도하였다. 양도소득금액은 얼마인가?** (단, 해당 연도 양도한 과세대상 자산은 당해 토지 이외에 없음) 상중하

- 양도일: 2025.7.1.
- 취득일: 2021.12.1.
- 양도가액(실지거래가액): 200,000,000원
- 필요경비(실지거래가액): 100,000,000원

① 87,500,000원
② 90,000,000원
③ 91,750,000원
④ 94,000,000원
⑤ 100,000,000원

62 **다음 자료를 기초로 할 때 소득세법령상 거주자 甲의 확정신고 시 신고할 건물과 토지B의 양도소득과세표준을 각각 계산하면?** (단, 아래 자산 외의 양도자산은 없고, 양도소득과세표준 예정신고는 모두 하지 않았으며, 감면소득금액은 없다고 가정함) 상중하

구분	건물(주택 아님)	토지A	토지B
양도차익(차손)	20,000,000원	(20,000,000원)	30,000,000원
양도일자	2025.3.10.	2025.5.20.	2025.6.25.
보유기간	1년 10개월	3년 3개월	5년 5개월

※ 위 자산은 모두 국내에 있으며 등기됨
※ 토지A, 토지B는 비사업용 토지 아님
※ 장기보유특별공제율은 10%로 가정함

	건물	토지B
①	0원	10,000,000원
②	0원	27,000,000원
③	15,000,000원	7,000,000원
④	12,500,000원	7,000,000원
⑤	12,500,000원	10,000,000원

63 **소득세법령상 거주자의 양도소득 과세표준에 적용되는 세율에 관한 내용으로 틀린 것은?** (단, 국내소재 자산을 2025년에 양도한 경우로서 주어진 자산 외에 다른 자산은 없으며, 비과세와 감면은 고려하지 아니하고 보기의 세액이 누진세율에 의한 세액보다 큼) 상중하

① 보유기간이 1년 6개월인 등기된 상가건물: 100분의 40
② 보유기간이 10개월인 「소득세법」에 따른 분양권: 100분의 70
③ 보유기간이 6개월인 등기된 상가건물: 100분의 50
④ 보유기간이 1년 10개월인 「소득세법」에 따른 조합원입주권: 100분의 50
⑤ 보유기간이 2년 6개월인 「소득세법」에 따른 분양권: 100분의 60

64 **「소득세법」상 등기된 국내 부동산 또는 조합원입주권 및 분양권에 대한 양도소득세 세율에 관한 설명으로 틀린 것은?** 상중하

① 6개월 보유한 주택: 100분의 60
② 6개월 보유한 상가건물: 100분의 50
③ 2년 1개월 보유한 사업용토지: 100분의 6~100분의 45
④ 2년 6개월 보유한 분양권: 100분의 60
⑤ 2년 3개월 보유한 조합원입주권: 100분의 6~100분의 45

65 **「소득세법」상 거주자가 국내에 있는 자산을 양도한 경우 양도소득 과세표준에 적용되는 세율로 옳은 것은?** (단, 해당 자산은 2025년 10월 중에 양도한 것이며, 주어진 자산이나 조건 또는 보유기간 등 그 밖의 사항은 고려하지 않고, 보기의 세액이 누진세율에 의한 세액보다 큼) 상중하

① 거주자가 양도한 1년 미만 보유한 주택 분양권: 100분의 60
② 보유기간이 1년 미만인 조합원입주권: 100분의 70
③ 보유기간이 1년 이상 2년 미만인 등기된 상업용 건물: 100분의 50
④ 양도소득 과세표준이 1,400만원 이하인 등기된 비사업용 토지(지정지역에 있지 않음): 100분의 25
⑤ 미등기건물(미등기양도 제외 자산 아님): 100분의 80

66 **「소득세법」상 등기된 국내 부동산에 대한 양도소득 과세표준의 세율에 관한 내용으로 <u>틀린</u> 것은?** (단, 보기의 부동산은 모두 등기되었으며, 2025년 10월 양도한 것으로 가정함)

상중하

① 1년 6개월 보유한 주택: 100분의 60
② 2년 1개월 보유한 비사업용 토지(지정지역에 해당하지 않음): 100분의 6~100분의 45
③ 10개월 보유한 상가건물: 100분의 50
④ 6개월 보유한 분양권: 100분의 70
⑤ 1년 8개월 보유한 조합원입주권: 100분의 60

최신 기출응용 34회

67 **소득세법령상 거주자의 양도소득세 비과세에 관한 설명으로 옳은 것은 몇 개인가?** (단, 국내소재 자산을 양도한 경우임)

> ㉠ 파산선고에 의한 처분으로 발생하는 소득은 비과세된다.
> ㉡ 「지적재조사에 관한 특별법」에 따른 경계의 확정으로 지적공부상의 면적이 감소되어 같은 법에 따라 지급받는 조정금은 비과세된다.
> ㉢ 건설사업자가 「도시개발법」에 따라 공사용역 대가로 취득한 체비지를 토지구획환지처분공고 전에 양도하는 토지는 양도소득세 비과세가 배제되는 미등기양도자산에 해당하지 않는다.
> ㉣ 「도시개발법」에 따른 도시개발사업이 종료되지 아니하여 토지 취득등기를 하지 아니하고 양도하는 토지는 양도소득세 비과세가 배제되는 미등기양도자산에 해당하지 않는다.
> ㉤ 국가가 소유하는 토지와 분합하는 농지로서 분합하는 쌍방 토지가액의 차액이 가액이 큰 편의 4분의 1을 초과하는 경우 분합으로 발생하는 소득은 비과세된다.

① 1개
② 2개
③ 3개
④ 4개
⑤ 5개

68 「소득세법」상 미등기양도에 관한 설명으로 <u>틀린</u> 것은?

① 장기할부조건으로 취득한 자산으로서 그 계약조건에 의하여 양도 당시 그 자산의 취득에 관한 등기가 불가능한 자산은 미등기양도로 보지 아니한다.

② 건설사업자가 「도시개발법」에 따라 공사용역 대가로 취득한 체비지를 토지구획환지처분공고 전에 양도하는 토지는 미등기양도로 보지 아니한다.

③ 미등기자산을 양도하는 경우 장기보유특별공제는 적용할 수 없지만 양도소득기본공제는 적용 가능하다.

④ 미등기자산은 양도소득에 관한 소득세의 비과세에 관한 규정을 적용할 수 없다.

⑤ 법률의 규정 또는 법원의 결정에 의하여 양도 당시 그 자산의 취득에 관한 등기가 불가능한 자산은 미등기양도로 보지 아니한다.

PART 3

69 「소득세법」상 국내 미등기양도자산에 관한 설명으로 <u>틀린</u> 것은?

① 미등기양도자산의 양도소득금액 계산 시 양도소득기본공제를 적용할 수 없다.

② 건설업자가 「도시개발법」에 따라 공사용역 대가로 취득한 체비지를 토지구획환지처분공고 전에 양도하는 토지는 미등기양도자산에 해당하지 않는다.

③ 미등기양도자산도 양도소득에 대한 소득세의 비과세에 관한 규정을 적용할 수 없다.

④ 미등기양도자산은 양도소득세액 산출 시 100분의 70의 세율을 적용한다.

⑤ 미등기양도자산의 양도소득금액 계산 시 장기보유특별공제를 적용할 수 있다.

70 **「소득세법」상 국내 미등기양도자산**(미등기양도 제외자산 아님)**인 양도에 관한 내용으로 옳은 것을 모두 고른 것은?** 상중하

> ㉠ 양도소득세율 6~45%
> ㉡ 비과세 및 감면 배제
> ㉢ 필요경비개산공제 적용 배제
> ㉣ 양도소득기본공제 적용 배제

① ㉠, ㉡
② ㉡, ㉣
③ ㉠, ㉡, ㉢
④ ㉠, ㉢, ㉣
⑤ ㉡, ㉢, ㉣

71 **「소득세법」상 미등기양도 제외자산을 모두 고른 것은?** 상중하

> ㉠ 양도소득세 비과세요건을 충족한 1세대 1주택으로서 「건축법」에 따른 건축허가를 받지 아니하여 등기가 불가능한 자산
> ㉡ 「도시개발법」에 따른 도시개발사업이 종료되지 아니하여 토지 취득등기를 하지 아니하고 양도하는 토지
> ㉢ 건설사업자가 「도시개발법」에 따라 공사용역 대가로 취득한 체비지를 토지구획환지 처분공고 전에 양도하는 토지

① ㉠
② ㉡
③ ㉠, ㉡
④ ㉡, ㉢
⑤ ㉠, ㉡, ㉢

72 **「소득세법」상 양도소득세의 분할납부에 관한 설명으로 틀린 것은?** 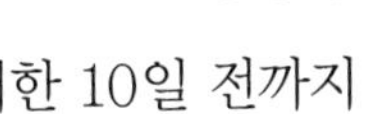

① 양도소득세를 분할납부하고자 하는 자는 양도소득세 과세표준 신고기한 10일 전까지 납세지 관할 세무서장에게 신청하여야 한다.

② 양도소득세의 분할납부는 납부세액이 1천만원 초과인 경우에 신청할 수 있다.

③ 양도소득세의 분할납부는 납부기한이 지난 후 2개월 이내에 할 수 있다.

④ 양도소득세의 분할납부는 예정신고납부 및 확정신고납부 시 적용된다.

⑤ 거주자가 양도소득세 확정신고에 따라 납부할 세액이 3천6백만원인 경우 최대 1천 8백만원까지 분할납부할 수 있다.

PART 3

73 **「소득세법」상 사업자가 아닌 거주자 甲이 2025년 11월 26일에 토지**(토지거래계약에 관한 허가구역 외의 존재)**를 양도하였고, 납부할 양도소득세액은 3천만원이다. 이 토지의 양도소득세 신고납부에 관한 설명으로 틀린 것은?** (단, 과세기간 중 당해 거래 이외에 다른 양도거래는 없고, 보기는 서로 독립적이며 주어진 조건 외에는 고려하지 않음) 상중하

① 2026년 1월 31일까지 양도소득 과세표준을 납세지 관할 세무서장에게 예정신고하여야 한다.

② 예정신고하는 경우 양도소득세의 분할납부가 가능하다.

③ 예정신고 시 양도소득세를 분할납부하고자 하는 경우, 예정신고기한까지 납세지 관할 세무서장에게 신청하여야 한다.

④ 예정신고를 한 경우에는 확정신고를 하지 아니할 수 있다.

⑤ 예정신고를 하지 않은 경우 확정신고를 하면, 예정신고에 대한 가산세는 부과되지 아니한다.

74 「소득세법」상 양도소득세에 관한 설명으로 옳은 것은? 

① 2025년 9월 10일에 주택을 양도하고 대금을 청산한 경우에는 2025년 12월 31일까지 예정신고를 해야 한다.
② 양도소득기본공제는 보유기간에 따라 공제액을 달리한다.
③ 비사업용 토지를 3년 이상 보유하고 양도하는 경우에는 장기보유특별공제 적용을 받을 수 없다.
④ 부담부증여의 채무액에 해당하는 부분으로서 양도로 보는 경우에는 그 양도일이 속하는 달의 말일부터 2개월 이내에 예정신고 및 납부를 해야 한다.
⑤ 감정가액 또는 환산취득가액 적용에 따른 가산세는 양도소득 산출세액이 없는 경우에도 적용한다.

75 「소득세법」상 거주자의 양도소득 과세표준의 신고 및 납부에 관한 설명으로 옳은 것은?

상중하

① 2025년 4월 21일에 주택을 양도하고 잔금을 청산한 경우 2025년 7월 31일에 예정신고할 수 있다.
② 확정신고납부 시 납부할 세액이 1천6백만원인 경우 8백만원을 분납할 수 있다.
③ 예정신고납부 시 납부할 세액이 3천만원인 경우 분납할 수 있다.
④ 양도차손이 발생한 경우 예정신고하지 아니한다.
⑤ 예정신고하지 않은 거주자가 해당 과세기간의 과세표준이 없는 경우 확정신고하지 아니한다.

76 **甲이 등기된 국내 소재 부동산을 양도한 경우, 양도소득 과세표준 예정신고에 관한 설명으로 틀린 것은?** ㊤㊥㊦

① 양도차손이 발생한 경우 양도소득 과세표준 예정신고의무가 없다.
② 2025년 6월 23일에 양도한 경우, 예정신고기한은 2025년 8월 31일이다.
③ 부담부증여의 채무액에 해당하는 부분으로서 양도로 보는 경우에는 그 양도일이 속하는 달의 말일부터 3개월 이내에 예정신고하여야 한다.
④ 거주자가 양도소득세 예정신고에 따라 납부할 세액이 2천만원인 경우 최대 1천만원까지 분할납부할 수 있다.
⑤ 해당 연도에 누진세율의 적용대상 자산에 대한 예정신고를 2회 이상 한 자가 법령에 따라 이미 신고한 양도소득금액과 합산하여 신고하지 아니한 경우에는 양도소득 과세표준의 확정신고를 하여야 한다.

77 **「소득세법」상 거주자의 양도소득세 신고 및 납부에 관한 설명으로 옳은 것은 모두 몇 개인가?** ㊤㊥㊦

> ㉠ 양도차익이 없거나 양도차손이 발생한 경우에도 양도소득 과세표준의 예정신고를 하여야 한다.
> ㉡ 거주자가 양도소득세 예정신고에 따라 납부할 세액이 1천6백만원인 경우 최대 8백만원까지 분할납부할 수 있다.
> ㉢ 건물을 양도한 경우에는 그 양도일로부터 2개월 이내에 납세지 관할 세무서장에게 예정신고 및 납부를 하여야 한다.
> ㉣ 당해 연도에 누진세율의 적용대상 자산에 대한 예정신고를 2회 이상 한 자가 법령에 따라 이미 신고한 양도소득금액과 합산하여 신고하지 아니한 경우에는 양도소득 과세표준의 확정신고를 하여야 한다.

① 0개
② 1개
③ 2개
④ 3개
⑤ 4개

78 **「소득세법」상 거주자의 양도소득세 신고 및 납부에 관한 설명으로 옳은 것은?** 상중하

① 양도차익이 없거나 양도차손이 발생한 경우에는 양도소득 과세표준 예정신고의무가 없다.

② 양도소득 과세표준 예정신고 시에는 납부할 세액이 1천만원을 초과하더라도 그 납부할 세액의 일부를 분할납부할 수 없다.

③ 건물을 신축하고 그 신축한 건물의 취득일부터 5년 이내에 해당 건물을 양도하는 경우로서 취득 당시의 실지거래가액을 확인할 수 없어 환산가액을 그 취득가액으로 하는 경우에는 양도소득세 산출세액의 100분의 5에 해당하는 금액을 양도소득 결정세액에 더한다.

④ 토지 또는 건물을 양도한 경우에는 그 양도일부터 2개월 이내에 양도소득 과세표준을 신고해야 한다.

⑤ 당해 연도에 누진세율의 적용대상 자산에 대한 예정신고를 2회 이상 한 자가 법령에 따라 이미 신고한 양도소득금액과 합산하여 신고한 경우 확정신고를 하지 않을 수 있다.

79 **양도소득세 신고납부에 관한 설명으로 옳은 것은?**

① 부담부증여의 채무액에 해당하는 부분으로서 양도로 보는 경우에는 그 양도일이 속하는 달의 말일부터 2개월까지 예정신고하여야 한다.

② 양도차익이 없거나 양도차손이 발생한 경우에도 예정신고를 하여야 한다.

③ 2022.1.1.에 신축한 건축물을 2025.6.30.에 양도하는 경우 양도차익 계산 시 환산취득가액을 그 취득가액으로 하는 경우에는 산출세액의 100분의 5에 해당하는 금액을 양도소득 결정세액에 더한다.

④ 예정신고를 하지 않고 확정신고를 한 경우 신고 관련 가산세는 적용되지 아니한다.

⑤ 예정신고 시에는 납부세액이 1천만원을 초과하더라도 세액의 일부를 분할납부를 할 수 없다.

80 「소득세법」상 거주자의 국내토지에 대한 양도소득 과세표준 및 세액의 신고·납부에 관한 설명으로 틀린 것은? 상중하

① 양도차익이 없거나 양도차손이 발생한 경우에도 양도소득 과세표준의 예정신고를 하여야 한다.

② 예정신고납부를 하는 경우 예정신고 산출세액에서 감면세액을 빼고 수시부과세액이 있을 때에는 이를 공제한 세액을 납부한다.

③ 예정신고납부할 세액이 2천만원 이하인 때에는 1천만원을 초과하는 금액을 납부기한이 지난 후 2개월 이내에 분할납부할 수 있다.

④ 당해 연도에 누진세율의 적용대상 자산에 대한 예정신고를 2회 이상 한 자가 법령에 따라 이미 신고한 양도소득금액과 합산하여 신고하지 아니한 경우에는 양도소득 과세표준의 확정신고를 하여야 한다.

⑤ 법령에 따른 부담부증여의 채무액에 해당하는 부분으로서 양도로 보는 경우 그 양도일이 속하는 달의 말일부터 6개월 이내에 양도소득 과세표준을 납세지 관할 세무서장에게 신고하여야 한다.

PART 3

최신 기출응용 33회

81 「소득세법」상 거주자의 양도소득세 신고납부에 관한 설명으로 틀린 것은? 상중하

① 공공사업의 시행자에게 수용되어 발생한 양도소득세액이 1천만원을 초과하는 경우 납세의무자는 분할납부를 신청할 수 있다.

② 건물을 신축하고 그 취득일부터 5년 이내에 양도하는 경우로서 감정가액을 취득가액으로 하는 경우에는 그 감정가액의 100분의 5에 해당하는 금액을 양도소득 결정세액에 가산한다.

③ 과세표준 예정신고를 하지 않았으나 확정신고를 한 경우 무신고가산세를 부과하지 아니한다.

④ 예정신고납부할 세액이 1천5백만원인 자는 최대 5백만원을 납부기한이 지난 후 2개월 이내에 분할납부할 수 있다.

⑤ 납세의무자가 법정신고기한까지 양도소득세의 과세표준신고를 하지 아니한 경우(부정행위로 인한 무신고는 제외)에는 그 무신고납부세액의 100분의 20을 곱한 금액을 가산세로 한다.

82 **「소득세법」상 거주자의 양도소득세 납세절차 및 징수와 환급에 관한 설명으로 틀린 것은?**

상중하

① 양도소득세 납세의무의 확정은 납세의무자의 신고에 의하지 않고 관할 세무서장의 결정에 의한다.

② 납세지 관할 세무서장은 거주자가 해당 과세기간의 양도소득세로 납부하여야 할 세액의 전부 또는 일부를 납부하지 아니한 경우에는 그 미납된 부분의 양도소득세액을 「국세징수법」에 따라 징수한다.

③ 양도소득세 과세대상 건물을 양도한 거주자는 부담부증여의 채무액을 양도로 보는 경우 그 양도일이 속하는 달의 말일부터 3개월 이내에 예정신고를 하여야 한다.

④ 납세지 관할 세무서장은 과세기간별로 확정신고납부세액 등이 양도소득 총결정세액을 초과할 때에는 그 초과하는 세액을 환급하거나 다른 국세 및 강제징수비에 충당하여야 한다.

⑤ 양도소득세는 물납규정을 두고 있지 않다.

83 **「소득세법」상 거주자의 국내토지에 대한 양도소득 과세표준 및 세액의 신고·납부에 관한 설명으로 틀린 것은?**

상중하

① 양도소득세는 물납규정이 적용되지 아니한다.

② 확정신고납부를 하는 경우 예정신고 산출세액, 규정에 따라 결정·경정한 세액이 있을 때에는 이를 공제하여 납부한다. 다만, 수시부과세액은 제외한다.

③ 예정신고를 한 자는 해당 소득에 대한 확정신고를 하지 아니할 수 있다.

④ 법령에 따른 부담부증여의 채무액에 해당하는 부분으로서 양도로 보는 경우 그 양도일이 속하는 달의 말일부터 3개월 이내에 양도소득 과세표준을 납세지 관할 세무서장에게 신고하여야 한다.

⑤ 거주자로서 납부할 세액이 각각 1천만원을 초과하는 자는 그 납부할 세액의 일부를 납부기한이 지난 후 2개월 이내에 분할납부할 수 있다.

84 **「소득세법」상 거주자의 양도소득세가 과세되는 부동산의 양도가액 또는 추계가액을 추계조사하여 양도소득 과세표준 및 세액을 결정 또는 경정하는 경우에 관한 설명으로 옳은 것은?** (단, 매매사례가액과 감정가액은 특수관계인과의 거래가액이 아님) 상중하

① 환산가액은 양도가액 및 취득가액을 추계할 경우에 적용된다.

② 취득가액을 추계할 경우 매매사례가액, 감정가액, 기준시가를 순차로 적용한다.

③ 매매사례가액은 양도일 또는 취득일 전후 각 6개월 이내에 해당 자산과 동일성 또는 유사성이 있는 자산의 매매사례가 있는 경우 그 가액을 말한다.

④ 필요경비개산공제는 등기된 부동산의 경우 환산취득가액의 100분의 3으로 한다.

⑤ 양도 또는 취득 당시 실지거래가액의 확인을 위하여 필요한 장부, 매매계약서, 영수증, 기타 증빙서류가 없거나 그 중요한 부분이 미비된 경우 추계결정 또는 경정의 사유에 해당된다.

PART 3

85 **「소득세법」상 거주자가 국내 소재 부동산 양도 시 양도소득세 중과제도에 관한 설명으로 옳은 것은?** (단, 주택은 2025년 10월에 양도한 것으로 가정함) 상중하

① 비사업용 토지는 법정요건 충족 시 장기보유특별공제 적용이 가능하다.

② 2주택을 소유한 자가 조정대상지역의 주택(보유기간 5년, 등기됨) 양도 시 장기보유특별공제는 적용하지 아니한다.

③ 미등기양도자산은 양도소득기본공제를 적용할 수 있다.

④ 3주택을 소유한 자가 조정대상지역 내 주택(보유기간 5년, 등기됨)을 양도 시 26~65%의 세율을 적용한다.

⑤ 농지의 교환 또는 분합으로 발생하는 소득에 대하여 비과세요건이 충족된 농지를 미등기로 양도하는 경우 양도소득세의 비과세에 관한 규정을 적용하지 아니한다.

86 **「소득세법」상 양도소득세에 관한 설명으로 <u>틀린</u> 것은?** 

① 거주자가 국외토지를 양도한 경우 양도일까지 계속해서 5년간 국내에 주소를 두었다면 양도소득 과세표준을 예정신고하여야 한다.

② 비거주자가 국외토지를 양도한 경우 양도소득세 납부의무가 없다.

③ 거주자가 국외주택을 양도한 경우 3년 이상 보유하고 보유기간 중 2년 이상 거주하였다면 최대 80%를 한도로 장기보유특별공제가 적용된다.

④ 비거주자가 국내주택을 양도한 경우 양도소득세 납세지는 국내사업장 소재지를 원칙으로 한다.

⑤ 거주자가 국내 상가건물을 양도한 경우 거주자의 주소지와 상가건물의 소재지가 다르다면 양도소득세 납세지는 주소지이다.

최신 기출응용 32회

87 **거주자인 개인 甲이 乙로부터 부동산을 취득하여 보유하고 있다가 丙에게 양도하였다. 甲의 부동산 관련 조세의 납세의무에 관한 설명으로 옳은 것은?** (단, 주어진 조건 외에는 고려하지 않음) 상중하

① 甲이 乙로부터 상속받은 것이라면 그 상속개시일에 취득세 납세의무가 성립한다.

② 甲이 乙로부터 부동산을 취득 후 재산세 과세기준일까지 등기하지 않았다면 재산세와 관련하여 乙은 부동산 소재지 관할 지방자치단체의 장에게 소유권변동사실을 신고하지 않았다면 甲이 재산세 납세의무를 진다.

③ 甲이 종합부동산세를 신고납부방식으로 납부하고자 하는 경우 과세표준과 세액을 해당 연도 12월 16일부터 12월 31일까지 관할 세무서장에게 신고하는 때에 종합부동산세 납세의무는 확정된다.

④ 甲이 乙로부터 부동산을 100만원에 유상승계취득한 경우 등록면허세 납세의무가 있다.

⑤ 양도소득세의 예정신고만으로 甲의 양도소득세 납세의무가 확정되지 아니한다.

88 「소득세법」상 거주자의 국내자산 양도소득세 계산에 관한 설명으로 옳은 것은?

① 과세표준 계산 시 양도소득기본공제는 보유기간에 관계없이 양도자산별로 연 250만원을 한도로 공제한다.

② 양도일부터 소급하여 10년 이내에 그 배우자로부터 증여받은 토지의 양도차익을 계산할 때 그 증여받은 토지에 대하여 납부한 증여세는 양도가액에서 공제할 필요경비에 산입하지 아니한다.

③ 거주자가 특수관계인과의 거래(시가는 10억원이며, 거래가액과의 차액이 3천만원임)에 있어서 토지를 시가에 미달하게 양도함으로써 조세의 부담을 부당히 감소시킨 것으로 인정되는 때에는 그 양도가액을 시가에 의하여 계산한다.

④ 과세표준은 양도차익에서 장기보유특별공제를 차감하여 계산한다.

⑤ 취득원가에 현재가치할인차금이 포함된 양도자산의 보유기간 중 사업소득금액 계산 시 필요경비로 산입한 현재가치할인차금상각액은 양도차익을 계산할 때 양도가액에서 공제할 필요경비로 보지 아니한다.

PART 3

89 **소득세법령상 거주자의 국내자산 양도에 대한 양도소득세에 관한 설명으로 틀린 것은?**

상 중 하

① 부담부증여의 채무액에 해당하는 부분으로 양도로 보는 경우에는 그 양도일이 속하는 달의 말일부터 3개월 이내에 양도소득세를 신고하여야 한다.

② 토지를 매매하는 거래당사자가 매매계약서의 거래가액을 실지거래가액과 다르게 적은 경우에는 해당 자산에 대하여 「소득세법」에 따른 양도소득세의 비과세에 관한 규정을 적용할 때, 비과세 받을 세액에서 '비과세에 관한 규정을 적용하지 아니하였을 경우와 양도소득 산출세액'과 '매매계약서의 거래가액과 실지거래가액과의 차액' 중 적은 금액을 뺀다.

③ 사업상의 형편으로 인하여 세대전원이 다른 시·군으로 주거를 이전하게 되어 6개월 거주한 주택을 양도하는 경우 보유기간 및 거주기간의 제한을 받지 아니하고 양도소득세가 비과세된다.

④ 토지의 양도로 발생한 양도차손은 동일한 과세기간에 전세권의 양도로 발생한 양도소득금액에서 공제할 수 있다.

⑤ 수도권에 1주택(종전주택)을 소유한 거주자가 수도권에 소재한 법인이 수도권 밖의 지역으로 이전하는 경우로서 법인의 임원이 구성하는 1세대가 취득하는 다른 주택(신규주택)이 법인이 이전한 시·군 또는 이와 연접한 시·군의 지역에 소재하는 경우에는 신규주택 취득일부터 5년 이내에 종전주택을 양도하는 경우 1세대 1주택으로 보아 비과세규정을 적용한다. 이 경우 해당 1세대에 대해서는 종전의 주택을 취득한 날부터 1년 이상이 지난 후 다른 주택을 취득하는 요건을 적용하지 아니한다.

90 「소득세법」상 국외자산 양도에 관한 설명으로 틀린 것은?

① 국외토지에 대한 양도소득세율은 6~45% 초과누진세율을 적용한다.
② 국외자산 양도 시 양도소득세의 납세의무자는 국외자산의 양도일까지 계속하여 5년 이상 국내에 주소를 둔 거주자이다.
③ 양도차익 계산 시 필요경비의 외화환산은 지출일 현재 「외국환거래법」에 의한 기준환율 또는 재정환율에 의한다.
④ 장기보유특별공제는 국외자산의 보유기간이 3년 이상인 경우 적용된다.
⑤ 국외자산의 양도가액은 그 자산의 양도 당시의 실지거래가액으로 하는 것이 원칙이다.

91 「소득세법」상 국외자산 양도에 관한 설명으로 옳은 것은?

① 거주자가 국외토지를 양도한 경우 양도일까지 계속해서 3년간 국내에 주소를 두었다면 양도소득 과세표준을 예정신고하여야 한다.
② 국외에서 외화를 차입하여 토지를 취득한 경우 환율변동으로 인하여 외화차입금으로부터 발생한 환차익은 양도소득의 범위에 포함한다.
③ 국외토지를 3년 이상 보유하고 양도한 경우에는 장기보유특별공제를 받을 수 있다.
④ 해당 과세기간에 다른 자산의 양도가 없을 경우 국외토지의 양도에 대한 양도소득이 있는 거주자에 대해서는 해당 과세기간의 양도소득금액에서 연 250만원을 공제한다.
⑤ 양도차익을 원화로 환산할 경우에는 양도가액 및 필요경비를 양도일 현재 「외국환거래법」에 의한 기준환율 또는 재정환율에 의한다.

92 거주자 甲이 국외에 있는 양도소득세 과세대상 X토지를 양도함으로써 소득이 발생하였다. 다음 중 옳은 것은? (단, 해당 과세기간에 다른 자산의 양도는 없음) 상중하

① 甲이 비거주자인 경우에도 해당 양도소득에 대한 납세의무가 있다.

② X토지에 대한 양도차익에서 장기보유특별공제액을 공제한다.

③ X토지의 양도가액은 양도자산이 소재하는 국가의 양도 당시 현황을 반영한 시가에 따르는 것이 원칙이다.

④ 甲이 국외에서 외화를 차입하여 X토지를 취득한 경우 환율변동으로 인하여 외화차입금으로부터 발생한 환차익은 양도소득의 범위에 포함한다.

⑤ X토지에 대한 양도소득금액에서 양도소득기본공제로 250만원을 공제할 수 있다.

최신 기출응용 35회

93 소득세법령상 거주자가 2025년에 양도한 국외자산의 양도소득세에 관한 설명으로 옳은 것은? (단, 거주자는 해당 국외자산 양도일까지 계속 5년 이상 국내에 주소를 두고 있으며, 국외 외화차입에 의한 취득은 없음) 상중하

① 국외자산의 양도에 대한 양도소득이 있는 거주자는 양도소득 기본공제 및 장기보유특별공제를 적용받을 수 없다.

② 국외 부동산을 양도하여 발생한 양도차손은 동일한 과세기간에 국내 부동산을 양도하여 발생한 양도소득금액에서 통산할 수 없다.

③ 국외 양도자산이 부동산임차권인 경우 등기된 경우에만 양도소득세가 과세된다.

④ 국외자산의 양도가액은 그 자산의 양도 당시의 실지거래가액으로 한다. 다만, 양도 당시의 실지거래가액을 확인할 수 없는 경우에는 매매사례가액, 감정가액, 기준시가의 순서대로 적용한다.

⑤ 국외 양도자산이 양도 당시 거주자가 소유한 유일한 주택으로서 보유기간이 2년 이상인 경우에 1세대 1주택 비과세 규정을 적용받을 수 있다.

94 **「소득세법」상 거주자 甲이 국외에 있는 양도소득세 과세대상 토지를 10년간 보유하고 양도함으로써 소득이 발생하였다. 다음 중 틀린 것은?** (단, 해당 과세기간에 다른 자산의 양도는 없음) 상중하

① 甲이 토지의 양도일까지 계속해서 5년 이상 국내에 주소 또는 거소를 둔 경우에만 해당 양도소득에 대한 납세의무가 있다.

② 甲이 국외토지의 양도에 대한 양도소득세를 계산하는 경우에는 장기보유특별공제액은 공제한다.

③ 甲의 국외토지의 양도에 대해서는 해당 과세기간의 양도소득금액에서 연 250만원을 공제한다.

④ 甲의 국외토지의 양도로 발생하는 소득이 환율변동으로 인하여 외화차입금으로부터 발생하는 환차익을 포함하고 있는 경우에는 해당 환차익을 양도소득의 범위에서 제외한다.

⑤ 甲의 국외토지의 양도소득에 대하여 해당 외국에서 과세를 하는 경우로서 법령이 정한 그 국외자산 양도소득세액을 납부하였거나 납부할 것이 있을 때에는 외국납부세액의 세액공제방법과 필요경비 산입방법 중 하나를 선택하여 적용할 수 있다.

95 **「소득세법」상 거주자의 국외자산의 양도소득세에 관한 설명으로 옳은 것은?** 상중하

① 국외에 있는 부동산에 관한 권리로서 미등기 양도자산의 양도로 발생하는 소득은 양도소득의 범위에서 제외한다.

② 국외토지의 양도에 대한 양도소득세를 계산하는 경우에는 장기보유특별공제액과 양도소득기본공제액을 공제하지 아니한다.

③ 국외토지의 양도소득에 대하여 해당 외국에서 과세를 하는 경우로서 법령이 정한 그 국외 자산양도소득세액을 납부하였거나 납부할 것이 있을 때에는 외국납부세액의 필요경비 산입방법만을 적용할 수 있다.

④ 미등기 국외 양도자산에 대하여는 보유기간에 관계없이 100분의 70의 세율을 적용한다.

⑤ 비거주자와 5년 미만의 주소를 둔 거주자는 국외자산의 양도에 대하여 납세의무가 없다.

96 **거주자 甲은 2017년에 일본 소재 주택을 1억엔**(취득자금 중 일부 외화 차입)**에 취득하였고, 2025년에 동 주택을 2억엔에 양도하였다. 이 경우 「소득세법」상 설명으로 옳은 것은?**
(단, 甲은 해당 자산의 양도일까지 계속해서 5년 이상 국내에 주소를 둠) 상중하

① 甲의 국외주택에 대한 양도차익은 실지거래가액으로 계산함을 원칙으로 한다.

② 甲의 국외주택 양도로 발생하는 소득이 환율변동으로 인하여 외화차입금으로부터 발생하는 환차익을 포함하고 있는 경우에는 해당 환차익을 양도소득의 범위에 포함한다.

③ 甲의 국외주택 양도에 대해서는 해당 과세기간의 양도소득금액에서 연 250만원을 공제하지 아니한다.

④ 甲은 국외주택에 적용되는 장기보유특별공제율은 100분의 16이다.

⑤ 만약 당해 국외주택이 미등기라면 100분의 70의 세율을 적용한다.

memo

빠른 정답 CHECK!

PART 1 조세총론

CHAPTER 01 | 조세의 기초이론 해설집 p.2

01	④	02	④	03	③	04	④	05	④
06	①	07	④	08	④	09	⑤	10	⑤
11	⑤	12	⑤	13	⑤				

CHAPTER 02 | 납세의무의 성립 · 확정 · 소멸 해설집 p.5

01	③	02	②	03	②	04	②	05	②
06	⑤	07	②	08	③	09	③		

CHAPTER 03 | 조세와 타 채권과의 관계 해설집 p.7

01	①	02	④	03	③	04	①	05	⑤
06	②								

CHAPTER 04 | 조세의 불복제도 해설집 p.9

01	④	02	⑤	03	⑤	04	④	05	①
06	④	07	②	08	③	09	④		

PART 2 지방세

CHAPTER 01 | 취득세 해설집 p.11

01	②	02	③	03	③	04	②	05	⑤
06	⑤	07	②	08	①	09	③	10	⑤
11	②	12	④	13	③	14	①	15	②
16	④	17	⑤	18	③	19	②	20	⑤
21	⑤	22	④	23	①	24	②	25	④
26	⑤	27	②	28	④	29	④	30	③
31	①	32	③	33	④	34	①	35	③
36	④	37	②	38	⑤	39	①	40	④
41	④	42	④	43	②	44	③	45	①
46	①	47	②	48	④	49	①	50	③
51	③	52	②						

CHAPTER 02 | 등록면허세 해설집 p.25

01	⑤	02	④	03	①	04	⑤	05	②
06	②	07	②	08	④	09	②	10	③
11	④	12	③	13	⑤	14	③	15	③
16	②	17	④	18	②	19	④	20	③
21	③	22	②	23	③	24	③		

CHAPTER 03 | 재산세

해설집 p.30

01	⑤	02	⑤	03	②	04	④	05	⑤
06	①	07	②	08	③	09	③	10	①
11	⑤	12	④	13	⑤	14	③	15	①
16	⑤	17	①	18	⑤	19	⑤	20	③
21	①	22	⑤	23	①	24	③	25	⑤
26	②	27	④	28	⑤	29	①	30	④
31	④	32	③	33	④	34	③	35	②
36	④	37	⑤	38	②	39	④	40	⑤
41	②	42	②	43	③	44	③	45	③
46	③	47	⑤	48	③	49	③		

PART 3 국세

CHAPTER 01 | 종합부동산세

해설집 p.43

01	⑤	02	①	03	④	04	②	05	①
06	④	07	⑤	08	②	09	①	10	③
11	④	12	③	13	⑤	14	④	15	③
16	③	17	②	18	③	19	⑤	20	③
21	①	22	⑤	23	①	24	⑤	25	②
26	②								

CHAPTER 02 | 종합소득세

해설집 p.50

01	②	02	③	03	④	04	⑤	05	③
06	③	07	②	08	⑤	09	③	10	③
11	②								

CHAPTER 03 | 양도소득세

해설집 p.54

01	②	02	①	03	①	04	⑤	05	④
06	①	07	②	08	①	09	④	10	③
11	③	12	④	13	③	14	⑤	15	②
16	③	17	③	18	②	19	②	20	②
21	①	22	④	23	⑤	24	⑤	25	①
26	⑤	27	④	28	⑤	29	②	30	①
31	①	32	①	33	②	34	④	35	③
36	③	37	④	38	④	39	①	40	①
41	④	42	③	43	③	44	③	45	②
46	①	47	③	48	⑤	49	②	50	③
51	①	52	⑤	53	③	54	⑤	55	⑤
56	③	57	②	58	①	59	③	60	③
61	④	62	④	63	④	64	①	65	②
66	②	67	④	68	③	69	⑤	70	②
71	⑤	72	①	73	⑤	74	⑤	75	③
76	①	77	③	78	⑤	79	②	80	⑤
81	③	82	①	83	②	84	⑤	85	①
86	③	87	①	88	⑤	89	③	90	④
91	④	92	⑤	93	②	94	②	95	⑤
96	①								

삶의 순간순간이
아름다운 마무리이며
새로운 시작이어야 한다.

– 법정 스님

2025 에듀윌 공인중개사 2차 기출응용 예상문제집 부동산세법

발 행 일 2025년 4월 18일 초판
편 저 자 한영규
펴 낸 이 양형남
펴 낸 곳 ㈜에듀윌
ISBN 979-11-360-3688-9
등록번호 제25100-2002-000052호
주 소 08378 서울특별시 구로구 디지털로34길 55
코오롱싸이언스밸리 2차 3층

www.eduwill.net
대표전화 1600-6700

여러분의 작은 소리
에듀윌은 크게 듣겠습니다.

본 교재에 대한 여러분의 목소리를 들려주세요.
공부하시면서 어려웠던 점, 궁금한 점,
칭찬하고 싶은 점, 개선할 점, 어떤 것이라도 좋습니다.

에듀윌은 여러분께서 나누어 주신 의견을
통해 끊임없이 발전하고 있습니다.

에듀윌 도서몰 book.eduwill.net

- 부가학습자료 및 정오표: 에듀윌 도서몰 → 도서자료실
- 교재 문의: 에듀윌 도서몰 → 문의하기 → 교재(내용, 출간) / 주문 및 배송

에듀윌 공인중개사 동문회 특권

1. 에듀윌 공인중개사 합격자 모임

2. 앰배서더 가입 자격 부여

3. 동문회 인맥북

4. 개업 축하 선물

5. 온라인 커뮤니티

6. 오프라인 커뮤니티

7. 공인중개사 취업박람회

8. 동문회 주최 실무 특강

9. 프리미엄 복지혜택

10. 마이오피스

11. 동문회와 함께하는 사회공헌활동

※ 본 특권은 회원별로 상이하며, 예고 없이 변경될 수 있습니다.

에듀윌 공인중개사 동문회 | dongmun.eduwill.net
문의 | 1600-6700

2025

에듀윌 공인중개사 기출응용 예상문제집

2차 부동산세법

오답 노트가 되는

정답 및 해설

eduwill

2025

에듀윌 공인중개사 기출응용 예상문제집

2차 부동산세법

2025

에듀윌 공인중개사 기출응용 예상문제집

2차 부동산세법

오답 노트가 되는

정답 및 해설

PART

1 조세총론

오답 NOTE

CHAPTER 01 조세의 기초이론

01	④	02	④	03	③	04	④	05	④
06	①	07	④	08	④	09	⑤	10	⑤
11	⑤	12	⑤	13	⑤				

01 조세의 분류

정답 ④

① 지역자원시설세: 지방세이며 목적세이다.
② 종합부동산세: 국세이며 보통세이다.
③ 양도소득세: 국세이며 보통세이다.
④ 농어촌특별세: 국세이며 목적세이다.
⑤ 지방교육세: 지방세이며 목적세이다.

02 조세의 분류

정답 ④

① 취득세: 지방세이며 신고납부방식으로 납부한다.
② 종합부동산세: 국세이며 정부부과방식이 원칙이다.
③ 양도소득세: 국세이며 신고납부방식으로 납부한다.
④ 재산세: 지방세이며 과세관청에서 세액을 결정하여 보통징수방식으로 징수한다.
⑤ 지방교육세: 지방세이며 본세의 방식을 준용한다.

03 조세의 분류

정답 ③

① 취득세: 지방세이며 신고납부방식으로 납부한다.
② 등록면허세: 지방세이며 신고납부방식으로 납부한다.
③ 양도소득세: 국세이며 신고납부방식으로 납부한다.
④ 재산세: 지방세이며 과세관청에서 세액을 결정하여 보통징수방식으로 징수한다.
⑤ 종합부동산세: 국세이며 정부부과방식이 원칙이다.

오답 NOTE

04 조세의 분류

정답 ④

㉠ 등록면허세: 취득단계
㉡ 농어촌특별세: 취득·보유·양도 모든 단계
㉢ 종합소득세: 보유·양도단계
㉣ 지방교육세: 취득·보유단계
㉤ 인지세: 취득·양도단계

05 조세의 분류

정답 ④

- 양도소득세: 양도단계
- 농어촌특별세: 취득·보유·양도 모든 단계
- 지방교육세: 취득·보유단계
- 개인지방소득세: 보유·양도단계

06 용어의 정의

정답 ①

「지방세기본법」 제2조(정의)에 관한 내용이다.

- '특별징수'란 지방세를 징수할 때 편의상 징수할 여건이 좋은 자로 하여금 징수하게 하고 그 징수한 세금을 납부하게 하는 것을 말한다(제2조 제1항 제20호).
- '제2차 납세의무자'란 납세자가 납세의무를 이행할 수 없는 경우에 납세자를 갈음하여 납세의무를 지는 자를 말한다(제2조 제1항 제13호).
- '징수'란 지방자치단체의 장이 「지방세기본법」 또는 지방세관계법에 따라 납세자로부터 지방자치단체의 징수금을 거두어들이는 것을 말한다(제2조 제1항 제18호).

07 용어의 정의

정답 ④

'납세자'란 납세의무자(연대납세의무자와 제2차 납세의무자 및 보증인을 포함)와 특별징수의무자를 말한다(지방세기본법 제2조 제1항 제12호).

08 용어의 정의

정답 ④

'지방자치단체의 징수금'이란 지방세 및 체납처분비를 말한다(지방세기본법 제2조 제1항 제22호).

오답 NOTE

09 가산세

정답 ⑤

「지방세기본법」상 가산세율은 다음과 같다.

구분	내용	가산세율	
신고불성실 가산세	무신고 가산세	일반	무신고납부세액의 100분의 20
		부정행위	무신고납부세액의 100분의 40
	과소신고 가산세	일반	과소신고납부세액의 100분의 10
		부정행위	과소신고납부세액의 100분의 40
신고에 따른 납부지연가산세		1일 경과 시마다 미납세액의 10만분의 22	

10 가산세

정답 ⑤

체납된 납세고지서별 세액이 45만원 미만일 때에는 「지방세기본법」 제55조 제1항 제4호의 가산세를 적용하지 아니한다.

11 가산세

정답 ⑤

수정신고서·기한 후 신고서의 제출과 동시에 세액을 납부하지 않고 신고서를 제출만 한 경우에도 무신고가산세 및 과소신고가산세를 감면받을 수 있다.

12 서류의 송달

정답 ⑤

① 납세의 고지와 독촉에 관한 서류는 연대납세의무자 모두에게 각각 송달하여야 한다(지방세기본법 제28조 제2항).
② 기한을 정하여 납세고지서, 납부통지서, 독촉장 또는 납부최고서를 송달하였더라도 서류가 도달한 날부터 7일 이내에 납부기한이 되는 경우 지방자치단체의 징수금의 납부기한은 해당 서류가 도달한 날부터 14일이 지난 날로 한다(지방세기본법 제31조 제1항 제2호).
③ 납세관리인이 있을 때에는 납세의 고지와 독촉에 관한 서류는 그 납세관리인의 주소 또는 영업소에 송달한다(지방세기본법 제28조 제4항).
④ 송달할 장소에서 서류를 송달받아야 할 자를 만나지 못하였을 때에는 그의 사용인, 그 밖의 종업원 또는 동거인으로서 사리를 분별할 수 있는 사람에게 서류를 송달할 수 있으며, 서류의 송달을 받아야 할 자 또는 그의 사용인, 그 밖의 종업원 또는 동거인으로서 사리를 분별할 수 있는 사람이 정당한 사유 없이 서류의 수령을 거부하면 송달할 장소에 서류를 둘 수 있다(지방세기본법 제30조 제3항).
⑤ 「지방세기본법」 제33조 제1항 제1호

13 서류의 송달

정답 ⑤

송달할 장소에서 서류를 송달받아야 할 자를 만나지 못하였을 때에는 그의 사용인, 그 밖의 종업원 또는 동거인으로서 사리를 분별할 수 있는 사람에게 서류를 송달할 수 있으며, 서류의 송달을 받아야 할 자 또는 그의 사용인, 그 밖의 종업원 또는 동거인으로서 사리를 분별할 수 있는 사람이 정당한 사유 없이 서류의 수령을 거부하면 송달할 장소에 서류를 둘 수 있다(지방세기본법 제30조 제3항).

이론 + **공시송달(지방세기본법 제33조 제1항)**

서류의 송달을 받아야 할 자가 다음의 어느 하나에 해당하는 경우에는 서류의 주요 내용을 공고한 날부터 14일이 지나면 서류의 송달이 된 것으로 본다.

1. 주소 또는 영업소가 국외에 있고 송달하기 곤란한 경우
2. 주소 또는 영업소가 분명하지 아니한 경우
3. 서류를 우편으로 송달하였으나 받을 사람(사용인, 그 밖의 종업원 또는 동거인으로서 사리를 분별할 수 있는 사람을 포함)이 없는 것으로 확인되어 반송됨으로써 납부기한 내에 송달하기 곤란하다고 인정되는 경우
4. 세무공무원이 2회 이상 납세자를 방문[처음 방문한 날과 마지막 방문한 날 사이의 기간이 3일(기간을 계산할 때 공휴일 및 토요일은 산입하지 않음) 이상이어야 한다]하여 서류를 교부하려고 하였으나 받을 사람(사용인, 그 밖의 종업원 또는 동거인으로서 사리를 분별할 수 있는 사람을 포함)이 없는 것으로 확인되어 납부기한 내에 송달하기 곤란하다고 인정되는 경우

CHAPTER 02 납세의무의 성립 · 확정 · 소멸

01	③	02	②	03	②	04	②	05	②
06	⑤	07	②	08	③	09	③		

01 납세의무의 성립

정답 ③

- 취득세: 과세물건을 취득하는 때
- 종합부동산세: 과세기준일(6월 1일)

02 납세의무의 성립

정답 ②

양도소득세: 과세기간이 끝나는 때

오답 NOTE

PART 1

오답 NOTE

03 납세의무의 확정

정답 ②

① 취득세: 과세표준과 세액을 해당 지방자치단체에 신고하는 때
③ 양도소득세: 과세표준과 세액을 정부에 신고했을 때
④ 종합부동산세: 과세표준과 세액을 정부가 결정하는 때(다만, 신고하는 경우에는 정부에 신고했을 때)
⑤ 특별징수하는 지방소득세: 납세의무가 성립하는 때에 특별한 절차 없이 세액이 확정

이론+ **세목별 납부방법**

세목	확정방식
취득세	신고납부
등록면허세	신고납부
재산세	과세관청의 결정(보통징수)
종합부동산세	• 과세관청의 결정(정부부과원칙) • 신고납부 선택 가능
종합소득세	신고납부
양도소득세	신고납부
부가세(농어촌특별세, 지방교육세)	본세의 확정방법에 따름

04 납부의무의 소멸사유

정답 ②

법인이 합병한 때(㉡)와 납세의무자의 사망으로 상속이 개시된 때(㉢), 소멸시효가 중단되었을 때(㉣)는 소멸사유에 해당하지 아니하며, 납세의무가 승계된다. 또한, 소멸시효가 완성되었을 때는 납부의무가 소멸되지만, 소멸시효의 중단은 납부의무의 소멸사유에 해당되지 아니한다.

05 납세의무의 소멸

정답 ②

부담부증여에 따른 양도소득세의 과세표준신고서를 법정신고기한까지 제출하지 아니한 경우 부과제척기간은 15년이다.

06 납세의무의 성립·확정·소멸 및 확장

정답 ⑤

사업의 양도·양수가 있는 경우 그 사업에 관련된 징수금, 즉 부가가치세, 사업소득에 관련된 종합소득세 등을 양도인의 재산으로 충당하여도 부족할 때에는 양수인은 양수받은 재산을 한도로 제2차 납세의무를 진다(국세기본법 제41조 제1항, 지방세기본법 제48조 제1항). 단, 사업의 양도에서 발생한 양도소득세는 사업 양도일 이후에 발생한 조세이므로 양수인에게 제2차 납세의무가 없는 조세이다.

07 부과제척기간

정답 ②

상속 또는 증여(부담부증여를 포함)를 원인으로 취득하는 경우로서 법정신고기한까지 취득세 과세표준 신고서를 제출하지 아니한 경우: 취득세를 부과할 수 있는 날부터 10년(지방세기본법 제38조 제1항 제2호)

08 부과제척기간

정답 ③

과세의 대상이 되는 재산의 귀속이 명의일 뿐이고 사실상 귀속되는 자가 따로 있다는 사실이 확인된 경우 당초의 부과처분을 취소하고 그 결정 또는 판결이 확정된 날부터 1년 이내에 재산의 사실상 귀속자에게 경정이나 그 밖에 필요한 처분을 할 수 있다(국세기본법 제26조의2 제7항 제2호).

09 징수권의 소멸시효

정답 ③

㉠ 과세관청의 납부고지 및 독촉, 교부청구 및 압류는 소멸시효 중단사유에 해당한다.

㉡ (가산세를 제외한) 5천만원 이상의 지방세 징수권 소멸시효는 권리를 행사할 수 있는 때부터 10년이다.

㉢ 국세징수권의 소멸시효는 이를 행사할 수 있는 때부터 5억원 이상의 국세(가산세 제외)는 10년, 그 외의 국세(가산세 제외)는 5년이다.

CHAPTER 03 조세와 타 채권과의 관계

01	①	02	④	03	③	04	①	05	⑤
06	②								

01 당해세

정답 ①

부동산임대에 따른 종합소득세는 당해세에 해당하지 아니하므로, 저당권설정일보다 법정기일이 늦은 경우에는 저당권에 따라 담보된 채권보다 우선하여 징수할 수 없다.

02 당해세

정답 ④

취득세는 당해세에 해당하지 아니한다.

오답 NOTE

PART 1

오답 NOTE

03 당해세

정답 ③

㉡ 재산세, ㉣ 소방분 지역자원시설세, ㉤ 종합부동산세는 당해세에 해당된다.

04 조세채권과 일반채권과의 관계

정답 ①

② 종합부동산세는 당해세에 해당하므로 당해 재산에 설정된 저당권에 따라 담보된 채권보다 우선한다.
③ 종합소득세는 당해세에 해당하지 않으므로 종합소득세 신고서를 납세지 관할 세무서장에게 제출한 날 전에 전세권설정등기를 하였다면 전세권은 종합소득세에 우선한다.
④ 소방분 지역자원시설세는 당해세에 해당하므로 당해 재산에 설정된 저당권에 따라 담보된 채권보다 우선한다.
⑤ 「주택임대차보호법」이 적용되는 임대차관계에 있는 주택을 매각하여 그 매각금액에서 지방세를 징수하는 경우에는 임대차에 관한 보증금 중 일정액으로서 임차인이 우선하여 변제받을 수 있는 금액에 관한 채권은 당해세인 재산세보다 우선한다.

05 지방세와 다른 채권과의 관계

정답 ⑤

과세표준과 세액을 지방자치단체가 결정·경정 또는 수시부과결정하는 경우에 고지한 해당 세액에 대해서는 납세고지서의 발송일이 법정기일이다.

06 조세채권과 일반채권과의 관계

정답 ②

지방자치단체의 징수금의 징수순위는 체납처분비, 지방세(가산세 제외), 가산세 순이다.

CHAPTER 04 조세의 불복제도

01	④	02	⑤	03	⑤	04	④	05	①
06	④	07	②	08	③	09	④		

오답 NOTE

PART 1

01 조세의 불복제도

정답 ④

위법한 처분에 대한 행정소송은 「행정소송법」 제18조 제1항 본문, 같은 조 제2항 및 제3항에도 불구하고 「지방세기본법」에 따른 심판청구와 그에 대한 결정을 거치지 아니하면 제기할 수 없다. 다만, 심판청구에 대한 재조사결정(지방세기본법 제100조에 따라 심판청구에 관하여 준용하는 국세기본법 제65조 제1항 제3호 단서에 따른 재조사 결정을 말함)에 따른 처분청의 처분에 대한 행정소송은 그러하지 아니하다(지방세기본법 제98조 제3항).

02 지방세 불복절차

정답 ⑤

이의신청인과 처분청은 변호사, 세무사 또는 「세무사법」에 따른 세무사등록부 또는 공인회계사 세무대리업무등록부에 등록한 공인회계사를 대리인으로 선임할 수 있다(지방세기본법 제93조 제1항).

03 지방세 불복절차

정답 ⑤

① 이의신청인 또는 심판청구인이 천재지변 등의 사유(신고·신청·청구 및 그 밖의 서류의 제출·통지에 관한 기한연장사유로 한정)로 인하여 이의신청 또는 심판청구기간에 이의신청 또는 심판청구를 할 수 없을 때에는 그 사유가 소멸한 날부터 14일 이내에 이의신청 또는 심판청구를 할 수 있다(지방세기본법 제94조 제1항).

② 보정기간은 결정기간에 포함하지 아니한다(지방세기본법 제95조 제3항).

③ 「지방세기본법」 제121조 제1항에 따른 통고처분은 이의신청 또는 심판청구 대상에 해당되지 아니한다(지방세기본법 제89조 제2항 제1호).

④ 심판청구와 그에 대한 결정을 거치지 아니하면 행정소송을 제기할 수 없다. 다만, 심판청구에 대한 재조사결정에 따른 처분청의 처분에 대한 행정소송은 그러하지 아니하다(지방세기본법 제98조 제3항).

04 지방세 이의신청과 심판청구

정답 ④

ⓛ 이의신청인은 신청 또는 청구금액이 2천만원 미만인 경우에는 그의 배우자, 4촌 이내의 혈족 또는 그의 배우자의 4촌 이내의 혈족을 대리인으로 선임할 수 있다(지방세기본법 제93조 제2항).

오답 NOTE

05 조세채권과 일반채권과의 관계 및 조세의 불복제도 정답 ①

이의신청은 임의절차이므로 직접 심판청구를 할 수 있다.

06 국세의 불복 정답 ④

이의신청에 대한 결정은 이의신청을 받은 날부터 30일 이내에 하여야 한다. 다만, 이의신청인이 송부받은 의견서에 대하여 결정기간 내에 항변하는 경우에는 이의신청을 받은 날부터 60일 이내에 하여야 한다(국세기본법 제66조 제7항).

07 조세의 불복제도 정답 ②

이의신청인, 심사청구인 또는 심판청구인은 신청 또는 청구의 대상이 5천만원 미만인 경우에는 그 배우자, 4촌 이내의 혈족 또는 그 배우자의 4촌 이내의 혈족을 대리인으로 선임할 수 있다(국세기본법 제59조 제2항).

08 조세총론 종합문제 정답 ③

- 지방자치단체 징수금의 징수순위는 체납처분비, 지방세(가산세 제외), 가산세의 순서로 한다.
- 5천만원 이상의 지방세 징수권은 이를 행사할 수 있는 때로부터 10년간 행사하지 않으면 소멸시효가 완성된다.

09 조세총론 종합문제 정답 ④

상속으로 인하여 단독주택을 상속인이 공동으로 취득하는 경우에는 상속인 각자가 상속받는 취득물건을 취득한 것으로 보고, 공동상속인이 그 취득세를 연대하여 납부할 의무를 진다(지방세법 제7조 제7항).

PART

2 지방세

CHAPTER 01 취득세

오답 NOTE

PART 2

01	②	02	③	03	③	04	②	05	⑤
06	⑤	07	②	08	①	09	③	10	⑤
11	②	12	④	13	③	14	①	15	②
16	④	17	⑤	18	③	19	②	20	⑤
21	⑤	22	④	23	①	24	②	25	④
26	⑤	27	②	28	④	29	④	30	③
31	①	32	③	33	④	34	①	35	③
36	④	37	②	38	⑤	39	①	40	④
41	④	42	④	43	②	44	③	45	①
46	①	47	②	48	④	49	①	50	③
51	③	52	②						

01 취득세 용어의 정의

정답 ②

① '취득'이란 매매, 교환, 상속, 증여, 기부, 법인에 대한 현물출자, 건축, 개수(改修), 공유수면의 매립, 간척에 의한 토지의 조성 등과 그 밖에 이와 유사한 취득으로서 원시취득(수용재결로 취득한 경우 등 과세대상이 이미 존재하는 상태에서 취득하는 경우를 제외), 승계취득 또는 유상·무상의 모든 취득을 말한다.

③ '토지'란 「공간정보의 구축 및 관리 등에 관한 법률」에 따라 지적공부(地籍公簿)의 등록대상이 되는 토지와 그 밖에 사용되고 있는 사실상의 토지를 말한다.

④ '기계장비'란 건설공사용, 화물하역용 및 광업용으로 사용되는 기계장비로서 「건설기계관리법」에서 규정한 건설기계 및 이와 유사한 기계장비 중 행정안전부령으로 정하는 것을 말한다.

⑤ '중과기준세율'이란 표준세율에 가감하거나 세율의 특례 적용기준이 되는 세율로서 1천분의 20을 말한다.

오답 NOTE

02 취득세 과세대상

정답 ③

차량의 제조 및 제조기계의 취득은 취득세 과세대상이 아니다.

03 취득세 납세의무

정답 ③

① 건축물 중 조작설비에 속하는 부분으로서 그 주체구조부와 하나가 되어 건축물로서의 효용가치를 이루고 있는 것에 대하여는 주체구조부 취득자 외의 자가 가설한 경우에도 주체구조부의 취득자가 함께 취득한 것으로 본다.
② 「도시개발법」에 따른 환지방식에 의한 도시개발사업의 시행으로 토지의 지목이 사실상 변경됨으로써 그 가액이 증가한 경우에는 취득으로 본다. 이 경우 그 환지계획에 따라 공급되는 환지는 조합원이, 체비지 또는 보류지는 사업시행자가 각각 취득한 것으로 본다.
④ 형제자매인 증여자의 채무를 인수하는 부동산의 부담부증여의 경우에는 그 채무액에 상당하는 부분은 부동산을 유상으로 취득하는 것으로 본다.
⑤ 부동산의 승계취득은 「민법」 등 관계 법령에 따른 등기를 하지 아니한 경우라도 사실상 취득하면 취득한 것으로 보고 그 부동산의 양수인을 취득자로 한다.

04 취득세 납세의무

정답 ②

상속으로 인하여 취득하는 경우에는 상속인 각자가 취득물건을 취득한 것으로 본다(지방세법 제7조 제7항).

05 취득의 구분

정답 ⑤

토지의 지목을 사실상 변경함으로써 그 가액이 증가한 경우는 취득으로 보아(간주취득) 중과기준세율을 적용한다.

06 취득세 납세의무

정답 ⑤

①④ 배우자 또는 직계존비속의 부동산 등을 취득하는 경우에는 증여로 취득한 것으로 본다. 다만, 다음의 어느 하나에 해당하는 경우에는 유상으로 취득한 것으로 본다(지방세법 제7조 제11항).

1. 공매(경매를 포함)를 통하여 부동산 등을 취득한 경우
2. 파산선고로 인하여 처분되는 부동산 등을 취득한 경우
3. 권리의 이전이나 행사에 등기 또는 등록이 필요한 부동산 등을 서로 교환한 경우
4. 해당 부동산 등의 취득을 위하여 그 대가를 지급한 사실이 증명되는 경우

② 「주택법」에 따른 주택조합이 해당 조합원용으로 취득하는 조합주택용 부동산(조합원에게 귀속되지 아니하는 부동산은 제외)은 그 조합원이 취득한 것으로 본다(지방세법 제7조 제8항).

③ 「도시개발법」에 따른 도시개발사업과 「도시 및 주거환경정비법」에 따른 정비사업의 시행으로 해당 사업의 대상이 되는 부동산의 소유자(상속인을 포함)가 환지계획 또는 관리처분계획에 따라 공급받거나 토지상환채권으로 상환받는 건축물은 그 소유자가 원시취득한 것으로 보며, 토지의 경우에는 그 소유자가 승계취득한 것으로 본다. 이 경우 토지는 당초 소유한 토지 면적을 초과하는 경우로서 그 초과한 면적에 해당하는 부분에 한정하여 취득한 것으로 본다(지방세법 제7조 제16항).

오답 NOTE

PART 2

07 취득세 납세의무 정답 ②

상속회복청구의 소에 의한 법원의 확정판결에 의하여 상속인 및 상속재산에 변동이 있는 경우 상속분이 감소한 상속인으로부터 증여받아 취득한 것으로 보지 아니한다(지방세법 제7조 제13항 제2호).

08 취득세 납세의무 정답 ①

①②③④ 상속개시 후 상속재산에 대하여 등기·등록·명의개서(名義改書) 등(이하 '등기 등')에 의하여 각 상속인의 상속분이 확정되어 등기 등이 된 후, 그 상속재산에 대하여 공동상속인이 협의하여 재분할한 결과 특정 상속인이 당초 상속분을 초과하여 취득하게 되는 재산가액은 그 재분할에 의하여 상속분이 감소한 상속인으로부터 증여받아 취득한 것으로 본다. 다만, 다음의 어느 하나에 해당하는 경우에는 그러하지 아니하다(지방세법 제7조 제13항).

1. 취득세 신고·납부기한 내에 재분할에 의한 취득과 등기 등을 모두 마친 경우
2. 상속회복청구의 소에 의한 법원의 확정판결에 의하여 상속인 및 상속재산에 변동이 있는 경우
3. 「민법」에 따른 채권자대위권의 행사에 의하여 공동상속인들의 법정상속분대로 등기등이 된 상속재산을 상속인 사이의 협의분할에 의하여 재분할하는 경우

⑤ 「주택법」에 따른 주택조합과 「도시 및 주거환경정비법」 및 「빈집 및 소규모주택 정비에 관한 특례법」에 따른 재건축조합 및 소규모재건축조합(주택조합 등)이 해당 조합원용으로 취득하는 조합주택용 부동산(공동주택과 부대시설·복리시설 및 그 부속토지를 말함)은 그 조합원이 취득한 것으로 본다. 다만, 조합원에게 귀속되지 아니하는 부동산(비조합원용 부동산)은 제외한다(지방세법 제7조 제8항).

오답 NOTE

09 과점주주의 주식취득에 대한 간주취득세

정답 ③

법인설립 시에 발행하는 주식을 취득함으로써 과점주주가 된 경우(㉠) 및 과점주주 집단 내부에서 주식이 이전되었으나 과점주주 집단이 소유한 총주식의 비율에 변동이 없는 경우(㉣)는 납세의무가 없다(지방세법 제7조 제5항, 지방세법 시행령 제11조).

10 과점주주의 주식취득에 대한 간주취득세

정답 ⑤

법인의 주식 또는 지분을 취득함으로써 「지방세기본법」에 따른 과점주주가 되었을 때에는 그 과점주주가 해당 법인의 부동산 등(법인이 신탁법에 따라 신탁한 재산으로서 수탁자 명의로 등기·등록이 되어 있는 부동산 등을 포함)을 취득(법인설립 시에 발행하는 주식 또는 지분을 취득함으로써 과점주주가 된 경우에는 취득으로 보지 아니함)한 것으로 본다(지방세법 제7조 제5항). 과점주주가 취득한 것으로 보는 해당 법인의 부동산 등의 취득당시가액은 해당 법인의 결산서와 그 밖의 장부 등에 따른 그 부동산 등의 총가액을 그 법인의 주식 또는 출자의 총수로 나눈 가액에 과점주주가 취득한 주식 또는 출자의 수를 곱한 금액으로 한다(지방세법 제10조의6 제4항).

11 과점주주의 주식취득에 대한 간주취득세

정답 ②

과점주주였으나 주식 등의 양도 등으로 과점주주에 해당되지 아니하는 주주가 해당 법인의 주식 등을 취득하여 다시 과점주주가 된 경우에는 다시 과점주주가 된 당시의 주식 등의 비율이 그 이전에 과점주주가 된 당시의 주식 등의 비율보다 증가된 경우에만 그 증가분만을 취득으로 보아 취득세를 부과한다. 따라서 10%(60% ⇨ 70%)에 대해서만 취득세를 부과한다.

12 과점주주의 주식취득에 대한 간주취득세

정답 ④

㈜OO 보유 취득세 과세대상 자산: 22억원(토지, 건축물, 선박) × 60%(최초로 과점주주) = 13억 2천만원이 과세표준이 된다.

13 취득시기

정답 ③

① 연부로 취득하는 것(취득가액의 총액이 50만원 이하인 것은 제외)은 그 사실상의 연부금 지급일을 취득일로 본다. 단, 취득일 전에 등기 또는 등록한 경우에는 그 등기일 또는 등록일에 취득한 것으로 본다(지방세법 시행령 제20조 제5항).

② 토지의 지목변경에 따른 취득은 토지의 지목이 사실상 변경된 날과 공부상 변경된 날 중 빠른 날을 취득일로 본다. 다만, 토지의 지목변경일 이전에 사용하는 부분에 대해서는 그 사실상의 사용일을 취득일로 본다(지방세법 시행령 제20조 제10항).

④ 「도시 및 주거환경정비법」 제35조 제3항에 따른 재건축조합이 재건축사업을 하면서 조합원으로부터 취득하는 토지 중 조합원에게 귀속되지 아니하는 토지를 취득하는 경우에는 「도시 및 주거환경정비법」 제86조 제2항에 따른 소유권이전고시일의 다음 날에 그 토지를 취득한 것으로 본다(지방세법 시행령 제20조 제7항).
⑤ 관계 법령에 따라 매립·간척 등으로 토지를 원시취득하는 경우에는 공사준공인가일을 취득일로 본다. 다만, 공사준공인가일 전에 사용승낙·허가를 받거나 사실상 사용하는 경우에는 사용승낙일·허가일 또는 사실상 사용일 중 빠른 날을 취득일로 본다(지방세법 시행령 제20조 제8항).

오답 NOTE

PART 2

14 취득세 납세의무 정답 ①

② 부동산의 증여계약으로 인한 취득에 있어서 소유권이전등기를 하지 않고 취득일부터 취득일이 속하는 달의 말일부터 3개월 이내에 공증받은 공정증서로 계약이 해제된 사실이 입증되는 경우에는 취득한 것으로 보지 않는다(지방세법 시행령 제20조 제1항 제2호).
③ 유상승계취득의 경우 사실상의 잔금지급일을 확인할 수 없을 때에는 계약상(지방세법 시행령 제20조 제2항)의 잔금지급일과 등기일 또는 등록일 중 빠른 날이 납세의무의 성립시기이다.
④ 「민법」에 따른 이혼 시 재산분할로 인한 부동산 취득의 경우에는 취득물건의 등기일이 납세의무의 성립시기이다(지방세법 시행령 제20조 제13항).
⑤ 「도시 및 주거환경정비법」에 따른 재건축조합이 재건축사업을 하면서 조합원으로부터 취득하는 토지 중 조합원에게 귀속되지 아니하는 토지를 취득하는 경우에는 같은 법에 따른 소유권이전고시일의 다음 날이 납세의무의 성립시기이다(지방세법 시행령 제20조 제7항).

15 취득시기 정답 ②

「민법」 제245조 및 제247조에 따른 점유로 인한 취득의 경우에는 취득물건의 등기일 또는 등록일을 취득일로 본다(지방세법 시행령 제20조 제12항).

16 취득세 과세표준 정답 ④

정원 또는 부속시설물 등을 조성·설치하는 비용은 과세표준에 포함한다(지방세법 시행령 제18조 제1항 제9호).

17 취득세 과세표준 정답 ⑤

취득가액 3억원 + 채무인수액 2천만원 + 국민주택채권 매각차손 2백만원 = 322,000,000원이 과세표준이 된다.

오답 NOTE

18 취득세 과세표준

정답 ③

취득가액 5억원 + 건설자금이자 5백만원 + 미술작품 설치금액 1천만원 = 515,000,000원이 과세표준이 된다. 부가가치세 및 취득물건과는 별개의 권리에 관한 보상 성격으로 지급되는 비용은 포함되지 아니한다. 또한, 건설자금이자는 법인의 경우는 포함하지만 법인이 아닌 자가 취득하는 경우에는 사실상 취득가격에 포함되지 아니한다.

19 취득세 과세표준

정답 ②

- 법인이 아닌 자가 취득하는 경우 다음의 금액은 사실상 취득가격에 포함하지 않는다(지방세법 시행령 제18조 제1항).

> 1. 건설자금에 충당한 차입금의 이자 또는 이와 유사한 금융비용
> 2. 할부 또는 연부(年賦) 계약에 따른 이자 상당액 및 연체료
> 3. 「공인중개사법」에 따른 공인중개사에게 지급한 중개보수

- 다음의 어느 하나에 해당하는 비용은 사실상 취득가격에 포함하지 않는다(지방세법 시행령 제18조 제2항).

> 1. 취득하는 물건의 판매를 위한 광고선전비 등의 판매비용과 그와 관련한 부대비용
> 2. 「전기사업법」, 「도시가스사업법」, 「집단에너지사업법」, 그 밖의 법률에 따라 전기·가스·열 등을 이용하는 자가 분담하는 비용
> 3. 이주비, 지장물 보상금 등 취득물건과는 별개의 권리에 관한 보상 성격으로 지급되는 비용
> 4. 부가가치세
> 5. 위 1.~4.의 비용에 준하는 비용

20 취득세 과세표준

정답 ⑤

증여자의 채무를 인수하는 부담부증여의 경우 유상으로 취득한 것으로 보는 채무액에 상당하는 부분(채무부담액)에 대해서는 유상승계취득에서의 과세표준을 적용하고, 취득물건의 시가인정액에서 채무부담액을 뺀 잔액에 대해서는 무상취득에서의 과세표준을 적용한다.

21 취득세 과세표준

정답 ⑤

취득대금 외에 당사자의 약정에 따른 취득자 조건 부담액과 채무인수액은 사실상 취득가격에 포함된다.

22 취득세 과세표준, 세율

정답 ④

① 건축(신축·재축 제외)으로 인하여 건축물 면적이 증가할 때에는 그 증가된 부분에 대하여 원시취득으로 보아 해당 세율을 적용한다(지방세법 제11조 제3항).

② 취득세의 과세표준은 취득 당시의 가액으로 한다. 다만, 연부로 취득하는 경우의 과세표준은 매회 사실상 지급되는 금액을 말하며, 취득금액에 포함되는 계약보증금을 포함한다(지방세법 제10조).

③ 환매등기를 병행하는 부동산의 매매로서 환매기간 내에 매도자가 환매한 경우의 그 매도자와 매수자의 취득에 대한 취득세는 표준세율에서 중과기준세율을 뺀 세율을 적용한다(지방세법 제15조 제1항 제1호).

⑤ 토지를 취득한 자가 그 취득한 날부터 1년 이내에 그에 인접한 토지를 취득한 경우에는 각각 그 전후의 취득에 관한 토지의 취득을 1건의 토지취득으로 보아 면세점을 적용한다(지방세법 제17조 제2항).

23 취득세 표준세율

정답 ①

ⓒ 공유물의 분할 또는 「부동산 실권리자명의 등기에 관한 법률」에서 규정하고 있는 부동산의 공유권 해소를 위한 지분이전으로 인한 취득(등기부등본상 본인 지분을 초과하는 부분의 경우에는 제외): 1천분의 23

ⓔ 법령으로 정한 비영리사업자의 상속 외의 무상취득: 1천분의 28

24 취득세 표준세율

정답 ②

ⓐ 상속으로 인한 농지의 취득: 1천분의 23

ⓔ 매매로 인한 농지 외의 토지 취득: 1천분의 40

25 취득세 표준세율

정답 ④

① 공유수면을 매립하여 농지를 취득한 경우: 1천분의 28

② 상속으로 농지를 취득한 경우: 1천분의 23

③ 「사회복지사업법」에 따라 설립된 사회복지법인이 독지가의 기부에 의하여 건물을 취득한 경우: 1천분의 28

④ 개인이 유상거래를 원인으로 「지방세법」 제10조에 따른 취득 당시의 가액이 3억원인 주택(주택법에 의한 주택으로서 등기부에 주택으로 기재된 주거용 건축물과 그 부속토지)을 취득한 경우(단, 1세대 1주택에 속함): 1천분의 10

⑤ 유상거래를 원인으로 농지를 취득한 경우: 1천분의 30

오답 NOTE

PART 2

오답 NOTE

이론+ 주택의 유상승계취득 시 취득세율

<table>
<tr><th colspan="2" rowspan="2">구분</th><th colspan="2">어느 지역의 주택을 취득하였는가?</th></tr>
<tr><th>조정대상지역</th><th>비조정대상지역</th></tr>
<tr><td colspan="2">법인이 주택을 취득하는 경우</td><td colspan="2">1천분의 120(12%)</td></tr>
<tr><td rowspan="4">개인이 주택을 취득하는 경우</td><td>1주택
(무주택자가 첫 번째 주택을 취득)</td><td colspan="2">1천분의 10~1천분의 30(1~3%)</td></tr>
<tr><td>2주택
(1주택자가 두 번째 주택을 취득)</td><td>1천분의 80
(일시적 2주택은 1천분의 10~1천분의 30)</td><td>1천분의 10~1천분의 30
(1~3%)</td></tr>
<tr><td>3주택
(2주택자가 세 번째 주택을 취득)</td><td>1천분의 120(12%)</td><td>1천분의 80(8%)</td></tr>
<tr><td>4주택 이상
(3주택자가 네 번째 주택을 취득 등)</td><td colspan="2">1천분의 120(12%)</td></tr>
</table>

26 주택의 유상승계취득 시 세율

정답 ⑤

조정대상지역에 있는 주택으로서 취득 당시 시가표준액 3억원 이상의 주택을 상속 이외의 무상취득하는 경우에는 1천분의 40을 표준세율로 하여 해당 세율에 중과기준세율의 100분의 400을 합한 세율을 적용한다. 단, 다음의 경우에는 그러하지 아니한다(지방세법 제13조의2 제2항).

1. 1세대 1주택을 소유한 사람으로부터 해당 주택을 배우자 또는 직계존비속이 상속 이외의 무상취득을 원인으로 취득하는 경우
2. 이혼 시 재산분할로 취득하는 경우로 특례세율이 적용되는 경우

27 주택 유상승계취득 시 세율

정답 ②

주택으로 재산세가 과세되는 오피스텔은 해당 오피스텔을 소유한 자의 주택 수에 가산한다(지방세법 제13조의3 제4호).

28 중과기준세율 적용대상

정답 ④

㉢ 법인설립 시 주식을 취득하여 과점주주가 된 경우는 취득세가 과세되지 아니한다.

29 중과기준세율 적용대상 정답 ④

환매등기를 병행하는 부동산의 매매로서 환매기간 내에 매도자가 환매한 경우의 그 매도자와 매수자의 취득은 표준세율에서 중과기준세율을 뺀 세율로 산출한 금액을 그 세액으로 하되, 1천분의 10~1천분의 30의 세율이 적용되는 주택의 취득에 대한 취득세는 해당 세율에 100분의 50을 곱한 세율을 적용하여 산출한 금액을 그 세액으로 한다(지방세법 제15조 제1항 제1호).

30 특례세율 정답 ③

㉠ 존속기간이 1년을 초과하는 임시건축물의 취득은 중과기준세율 적용대상이다.

㉡ 등기부등본상 본인 지분을 초과하는 공유물의 분할로 인한 취득은 승계취득으로 보아 표준세율 적용대상이다.

31 특례세율 정답 ①

건축물의 이전으로 인한 취득 중 이전한 건축물의 가액이 종전 건축물의 가액을 초과하는 경우에 그 초과하는 가액에 대하여는 표준세율을 적용한다.

32 취득세 중과 정답 ③

㉠ 은행은 중과 제외 업종에 해당된다(지방세법 시행령 제26조 제1항 제2호).

㉤ 중과되는 공장은 연면적 500m^2를 초과하는 경우이다(지방세법 시행규칙 제7조 제1항).

33 중과기준세율 적용대상 정답 ④

과밀억제권역 안에서 공장의 신설은 표준세율에 중과기준세율 1천분의 20의 100분의 200을 가산한 세율이 적용되는 대상이다.

오답 NOTE

PART 2

오답 NOTE

34 중과기준세율 적용대상

정답 ①

① 과밀억제권역에서 본점이나 주사무소의 사업용으로 신축하거나 증축하는 건축물은 표준세율에 중과기준세율 1천분의 20의 100분의 200을 가산한 세율이 적용되는 대상이다(지방세법 제13조 제1항).

② 「의료법」 제3조에 따른 의료업은 대도시 중과 제외 업종에 속한다(지방세법 시행령 제26조 제1항 제9호).

③ 공장을 신설하거나 증설함에 따라 부동산을 취득하는 경우 중과되는 대도시에는 「산업집적활성화 및 공장설립에 관한 법률」을 적용받는 유치지역 및 「국토의 계획 및 이용에 관한 법률」을 적용받는 공업지역은 제외한다(지방세법 제13조 제1항).

④⑤ 중과세대상에서 제외한다(지방세법 시행규칙 제7조 제2항 제2호).

35 세율의 적용

정답 ③

① 토지나 건축물을 취득한 후 5년 이내에 해당 토지나 건축물이 사치성 재산이 되었을때는 해당 중과세율을 적용한 세액에서 기납부세액(가산세 제외)을 차감하여 추징한다(지방세법 제16조 제1항).

② 같은 취득물건에 대하여 둘 이상의 세율이 해당되는 경우에는 그중 높은 세율을 적용한다(지방세법 제16조 제5항).

④ 과밀억제권역 내 공장 신설 또는 증설의 경우에 사업용 과세물건의 소유자와 공장을 신설하거나 증설한 자가 다를 때에는 그 사업용 과세물건의 소유자가 공장을 신설하거나 증설한 것으로 보아 중과세율을 적용한다. 다만, 취득일부터 공장 신설 또는 증설을 시작한 날까지의 기간이 5년이 지난 사업용 과세물건은 제외한다(지방세법 제16조 제3항).

⑤ 법인이 고급주택을 유상승계취득한 경우 적용되는 세율은 1천분의 40을 표준세율로 하여 중과기준세율의 100분의 400을 합한 세율에 다시 중과기준세율의 100분의 400을 합한 세율을 적용한다(지방세법 제13조의2 제3항).

36 취득세 비과세

정답 ④

신탁(신탁법에 따른 신탁으로서 신탁등기가 병행되는 것만 해당)으로 인한 신탁재산의 취득으로서 다음의 어느 하나에 해당하는 경우에는 취득세를 부과하지 아니한다. 다만, 신탁재산의 취득 중 주택조합 등과 조합원 간의 부동산 취득 및 주택조합 등의 비조합원용 부동산 취득은 제외한다(지방세법 제9조 제3항).

1. 위탁자로부터 수탁자에게 신탁재산을 이전하는 경우
2. 신탁의 종료로 인하여 수탁자로부터 위탁자에게 신탁재산을 이전하는 경우
3. 수탁자가 변경되어 신수탁자에게 신탁재산을 이전하는 경우

37 취득세 비과세 정답 ②

① 대한민국 정부기관의 취득에 대하여 과세하는 외국정부의 취득에 대해서는 취득세를 부과한다(지방세법 제9조 제1항).
③ 국가에 귀속의 반대급부로 영리법인이 국가소유의 부동산을 무상으로 양여받는 경우에는 취득세를 부과한다(지방세법 제9조 제2항 제2호).
④ 영리법인이 취득한 임시흥행장의 존속기간이 1년을 초과하는 경우에는 취득세를 부과한다(지방세법 제9조 제5항).
⑤ 신탁(신탁법에 따른 신탁으로서 신탁등기가 병행되는 것만 해당)으로 인한 신탁재산의 취득 중 주택조합 등과 조합원 간의 부동산 취득에 대해서는 취득세를 부과한다(지방세법 제9조 제3항).

38 취득세 비과세 정답 ⑤

기부채납조건의 취득, 법정요건을 충족한 공동주택의 개수, 임시건축물의 취득(단, 존속기간이 1년을 초과하지 않는 경우에 한함)에 대해서는 취득세를 과세하지 아니한다.

39 취득세 비과세 정답 ①

국가등에 귀속등의 반대급부로 기부채납대상물의 무상사용권을 제공받는 경우에는 취득세가 과세된다(지방세법 제9조 제2항 제2호).

40 취득세 신고납부기한 정답 ④

취득세 과세물건을 취득한 자는 그 취득한 날(부동산 거래신고 등에 관한 법률 제10조 제1항에 따른 토지거래계약에 관한 허가구역에 있는 토지를 취득하는 경우로서 같은 법 제11조에 따른 토지거래계약에 관한 허가를 받기 전에 거래대금을 완납한 경우에는 그 허가일이나 허가구역의 지정 해제일 또는 축소일을 말함)부터 60일[무상취득(상속 제외)으로 인한 경우는 취득일이 속하는 달의 말일부터 3개월, 상속으로 인한 경우는 상속개시일이 속하는 달의 말일부터, 실종으로 인한 경우는 실종선고일이 속하는 달의 말일부터 각각 6개월(외국에 주소를 둔 상속인이 있는 경우에는 각각 9개월)] 이내에 그 과세표준에 세율을 적용하여 산출한 세액을 대통령령으로 정하는 바에 따라 신고하고 납부하여야 한다(지방세법 제20조 제1항).

41 취득세 납세지 정답 ④

납세지가 분명하지 아니한 경우에는 해당 취득물건의 소재지를 그 납세지로 한다(지방세법 제8조 제2항).

오답 NOTE

PART 2

오답 NOTE

42 취득세 납세절차

정답 ④

취득세 과세물건을 취득한 후에 그 과세물건이 중과세율의 적용대상이 되었을 때에는 중과세율을 적용하여 산출한 세액에서 이미 납부한 세액(가산세 제외)을 공제한 금액을 세액으로 하여 신고·납부하여야 한다(지방세법 제20조 제2항).

43 취득세 납세절차

정답 ②

① 납세의무자가 취득세 과세물건을 사실상 취득한 후 신고를 하지 아니하고 매각하는 경우에는 산출세액에 100분의 80을 가산한 금액을 세액으로 하여 보통징수의 방법으로 징수한다. 다만, 등기·등록이 필요하지 아니한 과세물건 등 다음의 과세물건에 대하여는 그러하지 아니하다(지방세법 제21조 제2항).

> 1. 취득세 과세물건 중 등기 또는 등록이 필요하지 아니하는 과세물건(골프회원권, 승마회원권, 콘도미니엄 회원권, 종합체육시설 이용회원권 및 요트회원권은 제외)
> 2. 지목변경, 차량·기계장비 또는 선박의 종류 변경, 주식 등의 취득 등 취득으로 보는 과세물건

③ 등기·등록관서의 장은 취득세가 납부되지 아니하였거나 납부부족액을 발견하였을 때에는 다음 달 10일까지 납세지를 관할하는 시장·군수에게 통보하여야 한다(지방세법 시행령 제38조).

④ 국가등이 취득세 과세물건을 매각하면 매각일부터 30일 이내에 대통령령으로 정하는 바에 따라 그 물건 소재지를 관할하는 지방자치단체의 장에게 통보하거나 신고하여야 한다(지방세법 제19조).

⑤ 지방자치단체의 장은 취득세 납세의무가 있는 법인이 장부 등의 작성과 보존의무를 이행하지 아니한 경우에는 산출된 세액 또는 부족세액의 100분의 10에 상당하는 금액을 징수하여야 할 세액에 가산한다(지방세법 제22조의2 제2항).

44 취득세 납세절차

정답 ③

취득세는 분할납부를 할 수 없다.

45 취득세 납세절차

정답 ①

취득세가 경감된 과세물건이 추징대상이 된 때에는 그 사유 발생일부터 60일 이내에 그 산출세액에서 이미 납부한 세액(가산세 제외)을 공제한 세액을 신고·납부하여야 한다(지방세법 제20조 제3항).

46 취득세 종합문제

정답 ①

② 상속(피상속인이 상속인에게 한 유증 및 포괄유증과 신탁재산의 상속을 포함)으로 인하여 취득하는 경우에는 상속인 각자가 상속받는 취득물건(지분을 취득하는 경우에는 그 지분에 해당하는 취득물건을 말함)을 취득한 것으로 본다(지방세법 제7조 제7항).
③ 유상승계취득의 경우 사실상 취득가격을 과세표준으로 한다(지방세법 제10조의3 제1항).
④ 무상승계취득의 경우에는 그 계약일(상속 또는 유증으로 인한 취득의 경우에는 상속 또는 유증 개시일을 말함)에 취득한 것으로 본다. 다만, 해당 취득물건을 등기·등록하지 아니하고 다음의 어느 하나에 해당하는 서류에 의하여 계약이 해제된 사실이 입증되는 경우에는 취득한 것으로 보지 아니한다(지방세법 시행령 제20조 제1항).

> 1. 화해조서·인낙조서(해당 조서에서 취득일부터 취득일이 속하는 달의 말일부터 3개월 이내에 계약이 해제된 사실이 입증되는 경우만 해당)
> 2. 공정증서(공증인이 인증한 사서증서를 포함하되, 취득일부터 취득일이 속하는 달의 말일부터 3개월 이내에 공증받은 것만 해당)
> 3. 행정안전부령으로 정하는 계약해제신고서(취득일부터 취득일이 속하는 달의 말일부터 3개월 이내에 제출된 것만 해당)

⑤ 「주택법」 제2조 제3호에 따른 공동주택의 개수(건축법 제2조 제1항 제9호에 따른 대수선 제외)로 인한 취득 중 개수로 인한 취득 당시 「지방세법」 제4조에 따른 주택의 시가표준액이 9억원 이하인 주택과 관련된 개수로 인한 취득에 대해서는 취득세를 부과하지 아니한다(지방세법 제9조 제6항, 지방세법 시행령 제12조의2).

47 취득세 종합문제

정답 ②

토지의 지목변경에 따른 취득은 토지의 지목이 사실상 변경된 날과 공부상 변경된 날 중 빠른 날을 취득일로 본다. 다만, 토지의 지목변경일 이전에 사용하는 부분에 대해서는 그 사실상의 사용일을 취득일로 본다(지방세법 시행령 제20조 제10항).

48 취득세 종합문제

정답 ④

① 「도시 및 주거환경정비법」에 따른 재건축조합이 재건축사업을 하면서 조합원으로부터 취득하는 토지 중 조합원에게 귀속되지 아니하는 토지를 취득하는 경우에는 같은 법에 따른 소유권이전고시일의 다음 날에 그 토지를 취득한 것으로 본다(지방세법 시행령 제20조 제7항).
② 취득세 과세물건을 취득한 후에 그 과세물건이 중과세율의 적용대상이 되었을 때에는 취득한 날부터 60일 이내에 중과세율을 적용하여 산출한 세액에서 이미 납부한 세액(가산세 제외)을 공제한 금액을 신고하고 납부하여야 한다(지방세법 제20조 제2항).

오답 NOTE

PART 2

오답 NOTE

③ 대한민국 정부기관의 취득에 대하여 과세하는 외국정부의 취득에 대해서는 취득세를 부과한다(지방세법 제9조 제1항 제1호).
⑤ 부동산의 취득은 관계 법령에 따라 등기·등록 등을 하지 아니한 경우라도 사실상 취득하면 각각 취득한 것으로 보고 해당 취득물건의 소유자 또는 양수인을 각각 취득자로 한다(지방세법 제7조 제2항).

49 취득세 종합문제

정답 ①

건축물 중 부대설비에 속하는 부분으로서 그 주체구조부와 하나가 되어 건축물로서의 효용가치를 이루고 있는 것에 대하여는 주체구조부 취득자 외의 자가 가설한 경우에도 주체구조부의 취득자가 함께 취득한 것으로 본다(지방세법 제7조 제3항).

50 취득세 종합문제

정답 ③

토지의 지목을 사실상 변경한 경우 과세표준은 그 변경으로 증가한 가액에 해당하는 사실상 취득가격으로 한다(지방세법 제10조의6 제1항 제1호).

51 취득세 종합문제

정답 ③

이혼 시 위자료로 취득세 과세물건을 취득한 경우 유상으로 취득한 것으로 본다.

52 취득세 종합문제

정답 ②

① 토지의 지목변경에 따른 취득은 토지의 지목이 사실상 변경된 날과 공부상 변경된 날 중 빠른 날을 취득일로 본다. 다만, 토지의 지목변경일 이전에 사용하는 부분에 대해서는 그 사실상의 사용일을 취득일로 본다(지방세법 시행령 제20조 제10항).
③ 지방자치단체의 장은 취득세 납세의무가 있는 법인이 취득당시가액을 증명할 수 있는 장부와 관련 증거서류를 작성하여 갖춰 두어야 하는 의무를 이행하지 아니하는 경우에는 산출된 세액 또는 부족세액의 100분의 10에 상당하는 금액을 징수하여야 할 세액에 가산한다(지방세법 제22조의2 제2항).
④ 토지를 취득한 자가 그 취득한 날부터 1년 이내에 그에 인접한 토지를 취득한 경우 그 전후의 취득에 관한 토지의 취득을 1건의 취득으로 보아 취득세에 대한 면세점을 적용한다(지방세법 제17조 제2항).
⑤ 국가, 지방자치단체 또는 지방자치단체조합이 취득세 과세물건을 매각(연부로 매각한 것을 포함)하면 매각일부터 30일 이내에 그 물건 소재지를 관할하는 지방자치단체의 장에게 통보하거나 신고하여야 한다(지방세법 제19조).

CHAPTER 02 등록면허세

01	⑤	02	④	03	①	04	⑤	05	②
06	②	07	②	08	④	09	②	10	③
11	④	12	③	13	⑤	14	③	15	③
16	②	17	④	18	②	19	④	20	③
21	③	22	②	23	③	24	③		

오답 NOTE

PART 2

01 등록면허세 과세대상 정답 ⑤

2011년 이후에 취득한 부동산은 소유권취득에 대해 예전 취득세와 등록세가 통합되어 취득세로만 과세된다(취득세 면세점 이하 또는 취득세 부과제척기간이 경과한 물건의 등기 또는 등록 제외).

02 등록면허세 납세의무자 정답 ④

저당권말소등기 시 납세의무자는 저당권설정자 또는 말소대상 부동산의 소유자이다.

03 등록면허세 과세표준 정답 ①

② 등록자의 신고가 없거나 신고가액이 시가표준액보다 적은 경우에는 시가표준액을 과세표준으로 한다(지방세법 제27조 제2항).

③ 취득세 부과제척기간이 지난 토지의 소유권이전등기의 경우에는 등록 당시의 가액과 「지방세법」 제10조의2부터 제10조의6까지에서 정하는 취득당시가액 중 높은 가액으로 한다(지방세법 제27조 제3항 제2호).

④ 채권금액으로 과세액을 정하는 경우에 일정한 채권금액이 없을 때에는 채권의 목적이 된 것의 가액 또는 처분의 제한의 목적이 된 금액을 그 채권금액으로 본다(지방세법 제27조 제4항).

⑤ 등록 당시에 자산재평가 또는 감가상각 등의 사유로 그 가액이 달라진 경우에는 변경된 가액을 과세표준으로 한다(지방세법 제27조 제3항).

04 등록면허세 과세표준과 세율 정답 ⑤

저당권말소등기: 건당 6천원(종량세)

오답 NOTE

05 등록면허세 과세표준과 세율

정답 ②

경매신청: 채권금액의 1천분의 2

06 등록면허세 과세표준과 세율

정답 ②

① 지방자치단체의 장은 조례로 정하는 바에 따라 등록면허세의 세율을 표준세율의 100분의 50 범위에서 가감할 수 있다.
③ 증여로 인한 소유권이전등기는 부동산가액의 1천분의 15이다.
④ 지역권말소등기 시 등록면허세는 건당 6천원이다.
⑤ 임차권설정등기에 대한 등록면허세는 월임대차금액의 1천분의 2이다.

07 등록면허세 비과세

정답 ②

㉠ 대한민국 정부기관의 등록 또는 면허에 대하여 과세하는 외국정부의 등록 또는 면허의 경우에는 등록면허세를 부과한다(지방세법 제26조 제1항).
㉡ 「채무자 회생 및 파산에 관한 법률」에 따른 법인채무자의 회생절차개시의 결정에 대한 법원의 촉탁등기에 대해서는 등기·등록에 대한 등록면허세를 부과하지 아니한다(지방세법 제26조 제2항 제1호).
㉣ 무덤과 이에 접속된 부속시설물의 부지로 사용되는 토지로 지적공부상 지목이 묘지인 토지에 관한 등기에는 등기·등록에 대한 등록면허세를 부과하지 아니한다(지방세법 제26조 제2항 제3호, 지방세법 시행령 제40조 제1항).

08 등록면허세 비과세

정답 ④

㉢ 대한민국 정부기관의 등록에 대하여 과세하는 외국정부의 등록에 대하여는 등록면허세를 부과한다(지방세법 제26조 제1항).

09 등록면허세 납세절차

정답 ②

같은 등록에 관계되는 재산이 둘 이상의 지방자치단체에 걸쳐 있어 등록면허세를 지방자치단체별로 부과할 수 없을 때에는 등록관청 소재지를 납세지로 한다(지방세법 제25조 제1항 제16호).

10 취득세와 등록면허세 납세절차

정답 ③

등록을 하려는 자가 등록면허세 신고의무를 다하지 않고 산출세액을 등록하기 전까지 납부한 경우 신고를 하고 납부한 것으로 본다. 이 경우 가산세를 부과하지 아니한다(지방세법 제30조 제4항).

11 등록면허세 종합문제

정답 ④

① 무덤과 이에 접속된 부속시설물의 부지로 사용되는 토지로 지적공부상 지목이 묘지인 토지에 관한 등기에는 등기·등록에 대한 등록면허세를 부과하지 아니한다(지방세법 제26조 제2항 제3호, 지방세법 시행령 제40조 제1항).
② 취득당시가액을 과세표준으로 하는 경우 등록 당시에 자산재평가 또는 감가상각 등의 사유로 그 가액이 달라진 경우에는 변경된 가액을 과세표준으로 한다(지방세법 제27조 제3항).
③ 과세표준신고가 없거나 신고가액이 시가표준액보다 적은 경우에는 시가표준액을 과세표준으로 한다(지방세법 제27조 제2항).
⑤ 지방세의 체납으로 인하여 압류의 등기를 한 재산에 대하여 압류해제의 등기를 할 경우 등기·등록에 대한 등록면허세가 과세되지 아니한다.

12 등록면허세 종합문제

정답 ③

지방자치단체의 장은 채권자대위자의 신고납부가 있는 경우 납세의무자에게 그 사실을 즉시 통보하여야 한다(지방세법 제30조 제6항).

13 등록면허세 종합문제

정답 ⑤

대도시 밖에 있는 법인의 본점이나 주사무소를 대도시로 전입함에 따른 등기는 법인등기에 대한 세율의 100분의 300을 적용한다(지방세법 제28조 제2항 제2호).

14 등록면허세 종합문제

정답 ③

재산권 기타 권리의 설정·변경 또는 소멸에 관한 사항을 공부에 등기 또는 등록을 받는 실질권리자와 외형상 권리자가 다른 경우 등록면허세 납세의무자는 외형상 권리자이다. 즉, 등기 또는 등록을 받는 명의자이다.

15 등록면허세 종합문제

정답 ③

① 등록면허세의 납세의무자는 전세권자인 乙이다.
② 부동산 소재지와 乙의 주소지가 다른 경우 등록면허세의 납세지는 부동산 소재지로 한다.
④ 전세권설정등기에 대한 등록면허세의 산출세액이 건당 6천원보다 적을 때에는 6천원으로 한다.
⑤ 납세의무자가 등록면허세 신고는 하였으나 납부의무를 다하지 아니한 경우에는 산출세액에 납부지연가산세를 합하여 보통징수의 방법으로 징수한다(지방세법 제32조).

오답 NOTE

오답 NOTE

16 등록면허세 종합문제

정답 ②

저당권설정등기 시 과세표준은 채권금액인 5억원이다.

17 등록면허세 종합문제

정답 ④

① 부동산등기에 대한 등록면허세의 납세지는 부동산 소재지이다(지방세법 제25조 제1항 제1호).

② 등록을 하려는 자가 법정신고기한까지 등록면허세 산출세액을 신고하지 않은 경우로서 등록 전까지 그 산출세액을 납부한 때에는 신고를 하고 납부한 것으로 본다. 따라서 가산세를 부과하지 아니한다(지방세법 제30조 제4항).

③ 등기 또는 등록 담당 공무원의 착오로 인한 등기 또는 등록으로서 주소, 성명, 주민등록번호, 지번, 계량단위 등의 단순한 표시변경·회복 또는 경정등기 또는 등록은 등록면허세 비과세대상이다(지방세법 제26조 제2항 제2호).

⑤ 대도시 중과 제외 업종을 영위하기 위하여 대도시에서 법인을 설립함에 따른 등기를 한 법인이 그 등기일부터 2년 이내에 업종변경이나 업종 추가가 없는 때에는 등록면허세의 세율을 중과하지 아니한다(지방세법 제28조 제3항).

18 등록면허세 종합문제

정답 ②

등록 당시에 자산재평가 또는 감가상각 등의 사유로 그 가액이 달라진 경우에는 변경된 가액을 과세표준으로 한다(지방세법 제27조 제3항 단서).

19 등록면허세 종합문제

정답 ④

납세의무자는 전세권자인 乙이다.

20 등록면허세 종합문제

정답 ③

취득가액 1억원의 토지를 유상승계취득하는 경우 취득세만 과세되고 등록면허세 납세의무는 없다.

21 등록면허세 종합문제

정답 ③

① 채권금액으로 과세액을 정하는 경우에 일정한 채권금액이 없을 때에는 채권의 목적이 된 것의 가액 또는 처분의 제한의 목적이 된 금액을 그 채권금액으로 본다(지방세법 제27조 제4항).

② 같은 채권의 담보를 위하여 설정하는 둘 이상의 저당권을 등록하는 경우에는 이를 하나의 등록으로 보아 그 등록에 관계되는 재산을 처음 등록하는 등록관청 소재지를 납세지로 한다(지방세법 제25조 제1항 제17호).
④ 특별징수의무자가 징수하였거나 징수할 세액을 기한까지 납부하지 아니하거나 부족하게 납부하더라도 특별징수의무자에게 가산세는 부과하지 아니한다(지방세법 제31조 제4항).
⑤ 지방자치단체의 장은 채권자대위자의 부동산의 등기에 대한 등록면허세 신고납부가 있는 경우 납세의무자에게 그 사실을 즉시 통보하여야 한다(지방세법 제30조 제6항).

22 취득세 및 등록면허세 종합문제 정답 ②

① 같은 등록에 관계되는 재산이 둘 이상의 지방자치단체에 걸쳐 있어 등록면허세를 지방자치단체별로 부과할 수 없을 때에는 등록관청 소재지를 납세지로 한다(지방세법 제25조 제1항 제16호).
③ 주택의 토지와 건축물을 한꺼번에 평가하여 토지나 건축물에 대한 과세표준이 구분되지 아니하는 경우에는 한꺼번에 평가한 개별주택가격을 토지나 건축물의 가액비율로 나눈 금액을 각각 토지와 건축물의 과세표준으로 한다(지방세법 시행령 제42조).
④ 부동산의 등록에 대한 등록면허세의 과세표준은 등록자가 신고한 당시의 가액으로 하고, 신고가 없거나 신고가액이 시가표준액보다 적은 경우에는 시가표준액으로 한다(지방세법 제27조 제2항).
⑤ 채권자대위자는 납세의무자를 대위하여 부동산의 등기에 대한 등록면허세를 신고납부할 수 있다(지방세법 제30조 제5항).

23 취득세 및 등록면허세 종합문제 정답 ③

① 등기 담당 공무원의 착오로 인한 지번의 오기에 대한 경정등기에 대해서는 등록면허세를 부과하지 아니한다(지방세법 제26조 제2항 제2호).
② 등록을 하려는 자가 법정신고기한까지 등록면허세 산출세액을 신고하지 않은 경우로서 등록 전까지 그 산출세액을 납부한 때에는 「지방세기본법」에 따른 무신고가산세를 부과하지 아니한다(지방세법 제30조 제4항).
④ 국가 및 외국정부의 취득에 대해서는 취득세를 부과하지 않는 것을 원칙으로 한다(지방세법 제26조 제1항).
⑤ 무상취득의 경우에는 그 계약일(상속 또는 유증으로 인한 취득의 경우에는 상속 또는 유증 개시일을 말함)에 취득한 것으로 본다. 다만, 해당 취득물건을 등기·등록하지 않고 다음의 어느 하나에 해당하는 서류로 계약이 해제된 사실이 입증되는 경우에는 취득한 것으로 보지 않는다(지방세법 시행령 제20조 제1항).

오답 NOTE

PART 2

오답 NOTE

1. 화해조서·인낙조서(해당 조서에서 취득일부터 취득일이 속하는 달의 말일부터 3개월 이내에 계약이 해제된 사실이 입증되는 경우만 해당)
2. 공정증서(공증인이 인증한 사서증서를 포함하되, 취득일부터 취득일이 속하는 달의 말일부터 3개월 이내에 공증받은 것만 해당)
3. 행정안전부령으로 정하는 계약해제신고서(취득일부터 취득일이 속하는 달의 말일부터 3개월 이내에 제출된 것만 해당)

24 취득세 및 등록면허세 종합문제

정답 ③

지방자치단체의 장은 특수관계인 간의 거래로 그 취득에 대한 조세부담을 부당하게 감소시키는 행위 또는 계산을 한 것으로 인정되는 경우 시가인정액을 취득당시가액으로 결정할 수 있다(지방세법 제10조의3 제2항).

CHAPTER 03 재산세

01	⑤	02	⑤	03	②	04	④	05	⑤
06	①	07	②	08	③	09	③	10	①
11	⑤	12	④	13	⑤	14	③	15	①
16	⑤	17	①	18	⑤	19	⑤	20	③
21	①	22	⑤	23	①	24	③	25	⑤
26	②	27	④	28	⑤	29	①	30	④
31	④	32	③	33	④	34	③	35	②
36	④	37	⑤	38	②	39	④	40	⑤
41	②	42	②	43	③	44	③	45	③
46	③	47	⑤	48	③	49	③		

01 재산세 과세대상

정답 ⑤

㉠ 1동(棟)의 건물이 주거와 주거 외의 용도로 사용되고 있는 경우에는 주거용으로 사용되는 부분만을 주택으로 본다(지방세법 제106조 제2항 제1호).
㉡ 1구(構)의 건물이 주거와 주거 외의 용도로 사용되고 있는 경우 주거용으로 사용되는 면적이 전체의 100분의 50 이상인 경우에는 주택으로 본다(지방세법 제106조 제2항 제2호).

ⓒ 건축물에서 허가 등이나 사용승인을 받지 아니하고 주거용으로 사용하는 면적이 전체 건축물 면적의 100분의 50 이상인 경우에는 그 건축물 전체를 주택으로 보지 아니하고, 그 부속토지는 종합합산과세대상 토지로 본다(지방세법 제106조 제2항 제2의2호).

02 재산세 과세대상 정답 ⑤

재산세 과세기준일 현재의 사용이 일시적으로 공부상 등재현황과 달리 사용함으로써 재산세 부담이 낮아지는 경우 공부상 현황에 따라 재산세를 부과한다(지방세법 시행령 제105조의2).

03 재산세 납세의무자 정답 ②

① 상속이 개시된 재산으로서 상속등기가 이행되지 아니하고 사실상의 소유자를 신고하지 아니하였을 경우: 주된 상속자

③ 국가가 선수금을 받아 조성하는 매매용 토지로서 사실상 조성이 완료된 토지의 사용권을 무상으로 받은 경우: 그 사용권을 무상으로 받은 매수계약자

④ 「도시개발법」에 따라 시행하는 환지방식에 의한 도시개발사업 및 「도시 및 주거환경정비법」에 따른 주택재개발사업의 시행에 따른 환지계획에서 일정한 토지를 환지로 정하지 아니하고 체비지로 정한 경우: 사업시행자

⑤ 공부상의 소유자가 매매 등의 사유로 소유권이 변동되었는데도 신고하지 아니하여 사실상의 소유자를 알 수 없을 때: 공부상 소유자

04 재산세 납세의무자 정답 ④

재산세 과세기준일 현재 소유권의 귀속이 분명하지 아니하여 사실상의 소유자를 확인할 수 없는 경우에는 사용자가 재산세를 납부할 의무가 있다(지방세법 제107조 제3항).

05 재산세 납세의무자 정답 ⑤

㉠ 5월 31일에 잔금을 수령하고 소유권이전등기를 한 경우 과세기준일인 6월 1일 현재 소유자는 매수인이다. 따라서 납세의무는 매수인에게 있다(지방세법 제107조 제1항).

㉡ 공유재산인 경우 그 지분에 해당하는 부분(지분의 표시가 없는 경우에는 지분이 균등한 것으로 봄)에 대해서는 그 지분권자에게 납세의무가 있다(지방세법 제107조 제1항 제1호).

㉢ 「신탁법」에 따라 위탁자별로 구분되어 수탁자 명의로 등기·등록된 신탁재산의 경우는 위탁자에게 납세의무가 있다(지방세법 제107조 제2항 제5호).

㉣ 도시환경정비사업 시행에 따른 환지계획에서 일정한 토지를 환지로 정하지 아니하고 체비지로 정한 경우 사업시행자에게 납세의무가 있다(지방세법 제107조 제2항 제6호).

오답 NOTE

PART 2

오답 NOTE

06 재산세 납세의무자

정답 ①

㉢ 주택의 소유자는 甲, 부속토지의 소유자는 乙인 경우 건축물과 그 부속토지의 시가표준액 비율로 안분계산(按分計算)한 부분에 대해서는 그 소유자가 납세의무를 지므로, 甲과 乙 모두 납세의무가 있다.

㉣ 「신탁법」에 따른 수탁자의 명의로 등기 또는 등록된 신탁재산의 경우에는 위탁자(주택법 제2조 제11호 가목에 따른 지역주택조합 및 같은 호 나목에 따른 직장주택조합이 조합원이 납부한 금전으로 매수하여 소유하고 있는 신탁재산의 경우에는 해당 지역주택조합 및 직장주택조합을 말함)가 납세의무를 진다. 따라서 조합이 납세의무를 진다.

07 재산세 납세의무자

정답 ②

① 공유재산인 경우 그 지분에 해당하는 부분(지분의 표시가 없는 경우에는 균등한 것으로 봄)에 대해서는 그 지분권자를 납세의무자로 본다.

③ 지방자치단체와 재산세 과세대상 재산을 연부로 매매계약을 체결하고 그 재산의 사용권을 무상으로 받은 경우에는 매수계약자가 납세의무를 진다.

④ 공부상에 개인 등의 명의로 등재되어 있는 사실상의 종중재산으로서 종중소유임을 신고한 경우에는 종중이 납세의무를 지며 사실상 종중재산임을 신고하지 아니한 경우에는 공부상 소유자가 납세의무를 진다.

⑤ 상속이 개시된 재산으로서 상속등기가 이행되지 아니하고 사실상의 소유자를 신고하지 아니하였을 때에는 주된 상속자가 납세의무를 진다.

08 재산세 납세의무자

정답 ③

국가, 지방자치단체 및 지방자치단체조합이 선수금을 받아 조성하는 매매용 토지로서 사실상 조성이 완료된 토지의 사용권을 무상으로 받은 자는 재산세 납세의무가 있다(지방세법 시행령 제106조 제2항).

09 재산세 과세대상 및 납세의무자

정답 ③

「신탁법」에 따른 신탁재산에 속하는 종합합산과세대상 토지는 위탁자의 토지와 합산한다.

10 재산세 과세대상 및 납세의무자

정답 ①

재산세 과세대상인 건축물의 범위에는 주택을 포함하지 아니하며, 주택은 주택분 재산세로 과세된다.

11 재산세 과세표준과 세율

정답 ⑤

① 주택에 대한 과세표준은 주택 시가표준액에 100분의 60의 공정시장가액비율을 곱하여 산정한다(단, 1세대 1주택자에 해당하지 아니함)(지방세법 시행령 제109조 제1항 제2호).
② 주택이 아닌 건축물에 대한 과세표준은 건축물 시가표준액에 100분의 70의 공정시장가액비율을 곱하여 산정한다(지방세법 시행령 제109조 제1항 제1호).
③ 토지에 대한 과세표준은 토지 시가표준액에 100분의 70의 공정시장가액비율을 곱하여 산정한다(지방세법 시행령 제109조 제1항 제1호).
④ 주택의 과세표준이 법정산식에 따른 과세표준상한액보다 큰 경우에는 해당 주택의 과세표준은 과세표준상한액으로 한다(지방세법 제110조 제3항).

12 재산세 과세표준과 세율

정답 ④

취득세 중과대상인 회원제 골프장과 고급오락장용 건축물은 1천분의 40의 세율을 표준세율로 한다.

13 재산세 세율

정답 ⑤

주택을 2명 이상이 공동으로 소유하거나 토지와 건물의 소유자가 다를 경우 해당 주택에 대한 세율을 적용할 때 해당 주택의 토지와 건물의 가액을 합산한 과세표준에 주택의 세율을 적용한다(지방세법 제113조 제3항).

14 재산세 세율

정답 ③

1천분의 0.5~1천분의 3.5의 세율을 적용하는 1세대 1주택이란 법정요건을 충족한 과세기준일 현재 시가표준액이 9억원 이하인 주택을 말한다.

15 재산세 세율

정답 ①

① 고급오락장용 토지: 1천분의 40
② 시지역의 주거지역 소재 공장용 건축물: 1천분의 5
③ 고급주택(1세대 1주택에 해당하지 아니함): 1천분의 1~1천분의 4
④ 별도합산과세대상 자동차운전학원용 토지: 1천분의 2~1천분의 4
⑤ 종합합산과세대상 나대지: 1천분의 2~1천분의 5

오답 NOTE

오답 NOTE

16 재산세 세율

정답 ⑤

① 종합합산과세대상인 무허가건축물의 부속토지: 1천분의 2~1천분의 5
② 분리과세대상인 전·답: 1천분의 0.7
③ 주택(1세대 1주택에 해당하지 아니함): 1천분의 1~1천분의 4
④ 항공기: 1천분의 3
⑤ 고급선박: 1천분의 50

17 재산세 세율

정답 ①

① 과세표준 5천만원인 분리과세대상 임야: 1천분의 0.7
② 과세표준 2억원인 별도합산과세대상 토지: 1천분의 2
③ 과세표준 5천만원인 종합합산과세대상 토지: 1천분의 2
④ 과세표준 6천만원인 주택(단, 1세대 1주택에 해당하지 아니함): 1천분의 1
⑤ 과세표준 10억원인 분리과세대상 염전: 1천분의 2

18 재산세 세율

정답 ⑤

① 과세표준이 5천만원인 종합합산과세대상 토지: 1천분의 2
② 과세표준이 2억원인 별도합산과세대상 토지: 1천분의 2
③ 과세표준이 1억원인 관계 법령에 따른 사회복지사업자가 복지시설이 소비목적으로 사용할 수 있도록 하기 위하여 소유하는 농지: 1천분의 0.7
④ 과세표준이 5억원인 「수도권정비계획법」에 따른 과밀억제권역 외의 읍·면지역의 공장용 건축물: 1천분의 2.5
⑤ 과세표준이 6천만원인 주택(법령이 정한 1세대 1주택에 해당됨): 1천분의 0.5

19 재산세 세율

정답 ⑤

㉠ 종합합산과세대상 토지: 1천분의 2~1천분의 5(초과누진세율)
㉡ 별도합산과세대상 토지: 1천분의 2~1천분의 4(초과누진세율)
㉢ 광역시(군지역 제외) 지역에서 「국토의 계획 및 이용에 관한 법률」과 그 밖의 관계 법령에 따라 지정된 주거지역의 대통령령으로 정하는 공장용 건축물: 1천분의 5(비례세율)
㉣ 주택(1세대 1주택에 해당하지 아니함): 1천분의 1~1천분의 4(초과누진세율)

이론+ **1세대 1주택에 대한 특례세율**

대통령령으로 정하는 1세대 1주택으로 시가표준액이 9억원 이하인 주택에 대해서는 다음의 세율을 적용한다(지방세법 제111조의2 제1항).

과세표준	세율
6천만원 이하	1,000분의 0.5
6천만원 초과 1억 5천만원 이하	30,000원+6천만원 초과금액의 1,000분의 1
1억 5천만원 초과 3억원 이하	120,000원+1억 5천만원 초과금액의 1,000분의 2
3억원 초과	420,000원+3억원 초과금액의 1,000분의 3.5

20 재산세 세율

정답 ③

① 고급선박: 1천분의 50
고급오락장용 건축물: 1천분의 40

② 특별시 지역에서 「국토의 계획 및 이용에 관한 법률」과 그 밖의 관계 법령에 따라 지정된 주거지역 및 해당 지방자치단체의 조례로 정하는 지역의 대통령령으로 정하는 공장용 건축물의 표준세율은 과세표준의 1천분의 5이다.

④ 항공기 및 선박(고급선박 제외): 1천분의 3

⑤ 지방자치단체의 장은 특별한 재정수요나 재해 등의 발생으로 재산세의 세율 조정이 불가피하다고 인정되는 경우 조례로 정하는 바에 따라 표준세율의 100분의 50의 범위에서 가감할 수 있다. 다만, 가감한 세율은 해당 연도에만 적용한다(지방세법 제111조 제3항).

21 재산세 과세표준과 세율

정답 ①

㉠ 지방자치단체의 장은 조례로 정하는 바에 따라 표준세율의 100분의 50의 범위에서 가감할 수 있으며, 가감한 세율은 해당 연도만 적용한다(지방세법 제111조 제3항).

오답 NOTE

PART 2

오답 NOTE

22 재산세 비과세대상

정답 ⑤

① 임시로 사용하기 위하여 건축된 건축물로서 재산세 과세기준일 현재 1년 미만의 것(지방세법 제109조 제3항 제3호)
② 「공간정보의 구축 및 관리 등에 관한 법률」에 따른 제방. 다만, 특정인이 전용하는 제방은 제외한다(지방세법 시행령 제108조 제1항 제3호).
③ 재산세를 부과하는 해당 연도에 철거하기로 계획이 확정되어 재산세 과세기준일 현재 행정관청으로부터 철거명령을 받았거나 철거보상계약이 체결된 건축물 또는 주택(지방세법 시행령 제108조 제3항)
④ 「군사기지 및 군사시설 보호법」에 따른 군사기지 및 군사시설 보호구역 중 통제보호구역에 있는 토지. 다만, 전·답·과수원 및 대지는 제외한다(지방세법 시행령 제108조 제2항 제1호).

23 재산세 비과세대상

정답 ①

지방자치단체가 1년 이상 공용으로 사용하는 재산으로서 유료로 사용하는 재산은 재산세를 부과한다(지방세법 제109조 제2항 제1호).

24 재산세 비과세대상

정답 ③

- 대한민국 정부기관의 재산에 대하여 과세하는 외국정부의 재산은 재산세를 과세한다(지방세법 제109조 제1항 제1호).
- 「자연공원법」에 따라 지정된 공원자연환경지구의 임야는 분리과세대상이다(지방세법 제106조 제1항 제3호 나목, 지방세법 시행령 제102조 제2항 제3호).

25 재산세 비과세대상

정답 ⑤

① 국가, 지방자치단체 또는 지방자치단체조합이 1년 이상 공용 또는 공공용으로 사용(1년 이상 사용할 것이 계약서 등에 의하여 입증되는 경우를 포함)하는 재산에 대하여는 재산세를 부과하지 아니한다. 다만, 다음의 어느 하나에 해당하는 경우에는 재산세를 부과한다(지방세법 제109조 제2항).

> 1. 유료로 사용하는 경우
> 2. 소유권의 유상이전을 약정한 경우로서 그 재산을 취득하기 전에 미리 사용하는 경우

② 국가, 지방자치단체, 지방자치단체조합과 재산세 과세대상 재산을 연부(年賦)로 매매계약을 체결하고 그 재산의 사용권을 무상으로 받은 경우 매수계약자에게 납세의무가 있다(지방세법 제107조 제2항 제4호).
③ 사치성 재산에 대해서는 비과세를 적용하지 아니한다.
④ 종중(宗中)이 소유하는 임야는 분리과세대상이다(지방세법 제106조 제1항 제3호 나목, 지방세법 시행령 제102조 제2항 제4호).

26 재산세 납세절차 정답 ②

① 토지에 대한 재산세 납기는 매년 9월 16일부터 9월 30일까지이다(지방세법 제115조 제1항 제1호).

③ 지방자치단체의 장은 재산세의 납부세액이 1천만원을 초과하는 경우 납세의무자의 신청을 받아 관할구역 내 소재하는 해당 납세자의 부동산에 대하여 법령으로 정하는 바에 따라 물납을 허가할 수 있다(지방세법 제117조).

④ 지방자치단체의 장은 과세대상 누락, 위법 또는 착오 등으로 인하여 이미 부과한 세액을 변경하거나 수시부과하여야 할 사유가 발생하면 수시로 부과·징수할 수 있다(지방세법 제115조 제2항).

⑤ 재산세 납부세액이 250만원을 초과하여 재산세를 분할납부하려는 자는 재산세 납부기한까지 법령으로 정하는 신청서를 시장·군수에게 제출하여야 한다(지방세법 제118조, 지방세법 시행령 제116조 제2항).

27 재산세 납세절차 정답 ④

① 재산세는 관할 지방자치단체의 장이 세액을 산정하여 보통징수의 방법으로 부과·징수한다(지방세법 제116조 제1항).

② 고지서 1장당 재산세로 징수할 세액이 2천원 미만인 경우에는 해당 재산세를 징수하지 아니한다(지방세법 제119조).

③ 지방자치단체의 장은 재산세의 납부세액이 250만원을 초과하는 경우에는 대통령령으로 정하는 바에 따라 납부할 세액의 일부를 납부기한이 지난 날부터 3개월 이내에 분할납부하게 할 수 있다(지방세법 제118조).

⑤ 위탁자의 다른 재산에 대하여 체납처분을 하여도 징수할 금액에 미치지 못할 때에는 해당 신탁재산의 수탁자는 그 신탁재산으로써 위탁자의 재산세등을 납부할 의무가 있다(지방세법 제119조의2 제1항).

28 재산세 부과·징수 정답 ⑤

① 주택에 대한 재산세의 경우 해당 연도에 부과·징수할 세액의 2분의 1은 매년 7월 16일부터 7월 31일까지, 나머지 2분의 1은 9월 16일부터 9월 30일까지를 납기로 한다. 다만, 해당 연도에 부과할 세액이 20만원 이하인 경우에는 조례로 정하는 바에 따라 납기를 7월 16일부터 7월 31일까지로 하여 한꺼번에 부과·징수할 수 있다(지방세법 제115조 제1항 제3호).

② 재산세는 관할 지방자치단체의 장이 세액을 산정하여 보통징수의 방법으로 부과·징수한다(지방세법 제116조 제1항).

③ 재산세를 징수하려면 토지, 건축물, 주택, 선박 및 항공기로 구분한 납세고지서에 과세표준과 세액을 적어 늦어도 납기개시일 5일 전까지 발급하여야 한다(지방세법 제116조 제2항).

④ 재산세의 과세기준일은 매년 6월 1일로 한다(지방세법 제114조).

오답 NOTE

PART 2

오답 NOTE

29 재산세 납부절차

정답 ①

건축물분 재산세 납기는 매년 7월 16일부터 7월 31일까지이다(지방세법 제115조 제1항 제2호).

30 재산세 부과·징수

정답 ④

- 재산세 과세기준일은 매년 6월 1일이다(지방세법 제114조).
- 토지의 재산세 납기는 매년 9월 16일부터 9월 30일까지이다(지방세법 제115조 제1항 제1호).
- 재산세는 관할 지방자치단체의 장이 세액을 산정하여 보통징수의 방법으로 부과·징수한다(지방세법 제116조 제1항).

31 재산세 부과·징수

정답 ④

ⓛ 주택은 세부담 상한규정을 적용하지 아니한다.

32 재산세 신고의무

정답 ③

수탁자 명의로 등기·등록된 신탁재산은 위탁자가 아닌 수탁자가 신고를 해야 한다(지방세법 제120조 제1항 제4호).

33 재산세 분할납부

정답 ④

주택에 대한 해당 연도 납부할 세액이 400만원인 경우 7월과 9월에 200만원씩 부과되기에 분할납부할 수 없다. 분할납부는 납기별로 납부할 세액이 250만원 초과 시 가능하다.

34 재산세 물납

정답 ③

① 「지방세법」상 물납의 신청 및 허가요건을 충족하고 재산세의 납부세액이 1천만원을 초과하는 경우 물납이 가능하다(지방세법 제117조).
② 서울특별시 은평구와 경기도 고양시에 부동산을 소유하고 있는 자의 고양시 소재 부동산에 대하여 부과된 재산세의 물납은 고양시 내에 소재하는 부동산만 가능하다.
④ 물납하려는 자는 행정안전부령으로 정하는 서류를 갖추어 그 납부기한 10일 전까지 납세지를 관할하는 시장·군수·구청장에게 신청하여야 한다(지방세법 시행령 제113조 제1항).
⑤ 물납신청 후 불허가 통지를 받은 경우에 해당 시·군·구의 다른 부동산으로의 변경신청이 가능하다(지방세법 시행령 제114조 제2항).

35 재산세 물납 정답 ②

물납허가를 받은 부동산을 행정안전부령으로 정하는 바에 따라 물납하였을 때에는 납부기한 내에 납부한 것으로 본다(지방세법 시행령 제113조 제3항).

36 재산세 물납 정답 ④

㉠ 지방자치단체의 장은 재산세의 납부세액이 1천만원을 초과하는 경우에는 납세의무자의 신청을 받아 해당 지방자치단체의 관할구역에 있는 부동산에 대하여만 대통령령으로 정하는 바에 따라 물납을 허가할 수 있다(지방세법 제117조).

37 재산세 과세대상 토지의 분류 정답 ⑤

㉠㉢㉣ 분리과세대상 토지이다.
㉡ 별도합산과세대상 토지이다.

38 재산세 과세대상 토지의 분류 정답 ②

관계 법령에 따른 사회복지사업자가 복지시설이 소비목적으로 사용할 수 있도록 하기 위하여 소유하는 농지는 분리과세대상이다.

39 재산세 과세대상 토지의 분류 정답 ④

「자연공원법」에 따른 공원자연보존지구의 임야는 비과세대상이다(지방세법 시행령 제108조 제2항 제3호).

40 재산세 과세대상 토지의 분류 정답 ⑤

과세기준일 현재 건축물 또는 주택이 사실상 철거·멸실된 날(사실상 철거·멸실된 날을 알 수 없는 경우에는 공부상 철거·멸실된 날을 말함)부터 6개월이 지나지 아니한 건축물 또는 주택의 부속토지는 별도합산과세대상이지만 6개월이 지난 경우 종합합산과세대상이다(지방세법 시행령 제103조의2 제1호).

오답 NOTE

PART 2

오답 NOTE

41 재산세 과세대상 토지의 분류

정답 ②

「국토의 계획 및 이용에 관한 법률」의 규정에 의한 도시지역의 공업지역 안에 위치한 공장용 건축물의 부속토지로서 공장입지 기준면적 범위 안의 토지는 분리과세대상이 된다.

42 공장용 건축물과 부속토지의 재산세 세율

정답 ②

건축물	• 특별시·광역시(군지역 제외)·특별자치시(읍·면지역 제외)·특별자치도(읍·면지역 제외) 또는 시(읍·면지역 제외) 지역에서 「국토의 계획 및 이용에 관한 법률」과 그 밖의 관계 법령에 따라 지정된 주거지역 및 해당 지방자치단체의 조례로 정하는 지역의 대통령령으로 정하는 공장용 건축물: 과세표준의 1천분의 5 • 그 밖의 건축물: 과세표준의 1천분의 2.5
공장용 건축물의 부속토지	• 특별시·광역시(군지역 제외)·특별자치시·특별자치도 및 시지역(다음의 어느 하나에 해당하는 지역은 제외)의 공장용 건축물의 부속토지로서 공장용 건축물의 바닥면적(건축물 외의 시설의 경우에는 그 수평투영면적을 말함)에 용도지역별 적용배율을 곱하여 산정한 범위의 토지는 별도합산과세대상이다. ⓐ 읍·면지역 ⓑ 「산업입지 및 개발에 관한 법률」에 따라 지정된 산업단지 ⓒ 「국토의 계획 및 이용에 관한 법률」에 따라 지정된 공업지역 • 위 ⓐ~ⓒ 지역에 있는 공장용 건축물의 부속토지로서 행정안전부령으로 정하는 공장입지기준면적 범위의 토지는 분리과세대상(1천분의 2)이다.

43 재산세 납세절차

정답 ③

주택에 대해 해당 연도에 부과할 세액이 20만원 이하인 경우에는 조례로 정하는 바에 따라 납기를 7월 16일부터 7월 31일까지로 하여 한꺼번에 부과·징수할 수 있다(지방세법 제115조 제1항 제3호 단서).

44 재산세 종합문제

정답 ③

주택에 대한 재산세는 주택별로 세율을 적용한다(지방세법 제113조 제2항).

오답 NOTE

45 재산세 종합문제

정답 ③

건축물에서 허가 등이나 사용승인을 받지 아니하고 주거용으로 사용하는 면적이 전체 건축물 면적의 100분의 50 이상인 경우에는 그 건축물 전체를 주택으로 보지 아니하고, 그 부속토지는 종합합산과세대상 토지로 본다(지방세법 제106조 제2항 제2의2호).

46 재산세 종합문제

정답 ③

① 토지에 대한 재산세의 과세표준은 시가표준액에 공정시장가액비율(100분의 70)을 곱하여 산정한 가액으로 한다(지방세법 제110조 제1항 제1호, 지방세법 시행령 제109조 제1항 제1호).
② 지방자치단체가 1년 이상 공용으로 사용하는 재산으로서 유료로 사용하는 경우에는 재산세를 부과한다(지방세법 제109조 제2항 제1호).
④ 주택의 토지와 건물 소유자가 다를 경우 해당 주택에 대한 세율을 적용할 때 해당 주택의 토지와 건물의 가액을 합산한 과세표준에 주택의 세율을 적용한다(지방세법 제113조 제3항).
⑤ 주택에 대하여는 세부담 상한규정을 적용하지 아니한다.

47 재산세 종합문제

정답 ⑤

① 재산세 과세기준일 현재 공부상에 개인 등의 명의로 등재되어 있는 사실상의 종중재산으로서 종중소유임을 신고하지 아니하였을 때에는 공부상 소유자는 재산세를 납부할 의무가 있다(지방세법 제107조 제2항 제3호).
② 국가, 지방자치단체 또는 지방자치단체조합이 1년 이상 공용 또는 공공용으로 사용(1년 이상 사용할 것이 계약서 등에 의하여 입증되는 경우를 포함)하는 재산에 대하여는 재산세를 부과하지 아니한다. 다만, 다음의 어느 하나에 해당하는 경우에는 재산세를 부과한다(지방세법 제109조 제2항).

> 1. 유료로 사용하는 경우
> 2. 소유권의 유상이전을 약정한 경우로서 그 재산을 취득하기 전에 미리 사용하는 경우

③ 재산세 과세기준일 현재 소유권의 귀속이 분명하지 아니하여 사실상의 소유자를 확인할 수 없는 경우에는 그 사용자가 재산세를 납부할 의무가 있다(지방세법 제107조 제3항).
④ 재산세의 납기는 토지의 경우 매년 9월 16일부터 9월 30일까지이며, 건축물의 경우 매년 7월 16일부터 7월 31일까지이다(지방세법 제115조 제1항).

오답 NOTE

48 재산세 종합문제

정답 ③

① 「군사기지 및 군사시설 보호법」에 따른 군사기지 및 군사시설 보호구역 중 통제보호구역에 있는 토지는 재산세를 부과하지 아니한다. 다만, 전·답·과수원 및 대지는 제외한다(지방세법 시행령 제108조 제2항 제1호).

② 주택분 재산세는 주택 소재지를 관할하는 지방자치단체에서 부과한다.

④ 주택에 대한 세율 적용 시 1세대 1주택의 해당 여부를 판단할 때 「신탁법」에 따라 신탁된 주택은 위탁자의 주택 수에 가산한다(지방세법 제111조의2 제2항).

⑤ 「지방세특례제한법」에도 불구하고 동일한 주택이 1세대 1주택에 대한 특례세율과 「지방세특례제한법」에 따른 재산세 경감 규정(같은 법 제92조의2에 따른 자동이체 등 납부에 대한 세액공제는 제외)의 적용대상이 되는 경우에는 중복하여 적용하지 아니하고 둘 중 경감 효과가 큰 것 하나만을 적용한다(지방세법 제111조의2 제4항).

49 재산세 종합문제

정답 ③

주택의 토지와 건물소유자가 다를 경우 해당 주택에 대한 세율을 적용할 때 해당 주택의 토지와 건물의 가액을 합산한 과세표준에 세율을 적용한다(지방세법 제113조 제3항).

PART 3 국세

CHAPTER 01 종합부동산세

오답 NOTE

01	⑤	02	①	03	④	04	②	05	①
06	④	07	⑤	08	②	09	①	10	③
11	④	12	③	13	⑤	14	④	15	③
16	③	17	②	18	③	19	⑤	20	③
21	①	22	⑤	23	①	24	⑤	25	②
26	②								

01 종합부동산세 과세대상 정답 ⑤

재산세 분리과세대상 토지, 건축물은 종합부동산세 과세대상이 아니다.

㉠ 「문화유산의 보존 및 활용에 관한 법률」에 따른 보호구역 안의 임야는 재산세 분리과세대상이다.

㉡ 「도로교통법」에 따라 등록된 자동차운전학원의 자동차운전학원용 토지로서 같은 법에서 정하는 시설을 갖춘 구역 안의 토지로 공시가격의 합계가 100억원인 경우는 재산세 별도합산과세대상 토지로 과세대상이다.

㉢ 「지방세법」에 따라 재산세가 비과세되는 토지는 과세대상이 아니다.

㉣ 건축물은 과세대상이 아니다.

이론+ 종합부동산세 과세대상

구분		재산세	종합부동산세
토지	종합합산 과세대상	0.2~0.5% 초과누진세율	과세대상
	별도합산 과세대상	0.2~0.4% 초과누진세율	과세대상
	분리과세대상	0.07%, 0.2%, 4%	과세대상 제외
건축물		0.25%, 0.5%, 4%	과세대상 제외
주택		0.1~0.4% 등 초과누진세율	과세대상

오답 NOTE

02 종합부동산세 과세대상

정답 ①

㉠ 재산세 별도합산과세대상으로 공시가격이 80억원을 초과하여 과세대상에 해당된다.
㉡ 부부가 각각 소유한 주택이 공시가격이 9억원으로 과세표준이 0원으로 과세되지 아니한다.
㉢㉣ 재산세 분리과세대상으로 과세되지 아니한다.

03 종합부동산세 과세대상

정답 ④

① 재산세가 과세되는 법인소유주택은 무조건 과세대상이다.
② 전·답·과수원으로서 과세기준일 현재 실제 영농에 사용되고 있지 않는 개인이 소유하는 도시지역 밖에 소재하는 농지는 재산세 종합합산과세대상으로 종합부동산세가 과세될 수 있다.
③ 「건축법」 등 관계 법령에 따라 허가 등을 받은 상업용 건축물의 부속토지는 재산세 별도합산과세대상이며, 일정 면적을 초과하는 토지는 종합합산과세대상으로 종합부동산세가 과세될 수 있다.
④ 무덤과 이에 접속된 부속시설물의 부지로 사용되는 토지로서 지적공부상 지목이 묘지인 토지는 재산세 비과세대상이다. 종합부동산세는 재산세 비과세 규정을 준용한다.
⑤ 허가를 받지 않은 공장용 건축물의 부속토지는 재산세 종합합산과세대상으로 종합부동산세가 과세될 수 있다.

04 종합부동산세 과세대상

정답 ②

㉡ 건축물은 과세대상이 아니다.
㉢ 「지방세법」에 따라 재산세가 비과세되는 토지는 과세대상이 아니다.
㉣ 재산세 분리과세대상으로 과세대상이 아니다.

05 종합부동산세 과세대상

정답 ①

① 1989년 1월부터 종중(宗中)이 소유하는 농지는 재산세 분리과세대상으로 종합부동산세 과세대상이 아니다.
② 「도로교통법」에 따라 등록된 자동차운전학원의 자동차운전학원용 토지로서 같은 법에서 정하는 시설을 갖춘 구역 안의 토지는 재산세 별도합산과세대상으로 종합부동산세 과세대상이 될 수 있다.
③ 법인소유주택은 원칙적으로 종합부동산세 과세대상이다.
④ 축산용으로 사용하는 도시지역 안의 개발제한구역·녹지지역과 도시지역 밖의 목장용지로서 법정기준면적의 범위를 초과하는 토지는 재산세 종합합산과세대상으로 종합부동산세 과세대상이 될 수 있다.

⑤ 건축물의 시가표준액이 해당 부속토지의 시가표준액의 100분의 2에 미달하는 건축물의 부속토지 중 그 건축물의 바닥면적을 제외한 부속토지는 재산세 종합합산과세대상으로 종합부동산세 과세대상이 될 수 있다.

오답 NOTE

06 주택분 종합부동산세

정답 ④

법인이 소유하는 주택의 경우 과세표준 계산 시 공제하는 금액이 없는 것이고, 공정시장가액비율은 곱한다.

07 주택분 종합부동산세

정답 ⑤

과세기준일 현재 상속개시일부터 5년이 경과하지 않은 주택은 과세표준 합산대상 주택이다.

08 주택분 종합부동산세

정답 ②

① 대통령령으로 정하는 1세대 1주택자(공동명의 1주택자 제외)의 경우 주택에 대한 종합부동산세의 과세표준은 납세의무자별로 주택의 공시가격을 합산한 금액에서 12억원을 공제한 금액에 100분의 60을 곱한 금액으로 한다. 다만, 그 금액이 영보다 작은 경우에는 영으로 본다(종합부동산세법 제8조 제1항 제1호).

③ 1주택(주택의 부속토지만을 소유한 경우는 제외)과 다른 주택의 부속토지(주택의 건물과 부속토지의 소유자가 다른 경우의 그 부속토지)를 함께 소유하고 있는 경우는 1세대 1주택자로 본다(종합부동산세법 제8조 제4항 제1호).

④ 혼인함으로써 1세대를 구성하는 경우에는 혼인한 날부터 10년 동안은 주택 또는 토지를 소유하는 자와 그 혼인한 자별로 각각 1세대로 본다(종합부동산세법 시행령 제1조의2 제4항).

⑤ 2주택을 소유하여 1천분의 27의 세율이 적용되는 법인의 경우 주택에 대한 종합부동산세의 과세표준은 납세의무자별로 주택의 공시가격을 합산한 금액에서 0원을 공제한 금액에 100분의 60을 곱한 금액으로 한다. 다만, 그 금액이 영보다 작은 경우에는 영으로 본다(종합부동산세법 제8조 제1항 제2호).

09 주택에 대한 종합부동산세

정답 ①

과세기준일 현재 세대원 중 1인과 그 배우자만이 공동으로 1주택을 소유하고 해당 세대원 및 다른 세대원이 다른 주택을 소유하지 아니한 경우로서 9월 16일부터 9월 30일까지 신청한 경우 공동명의 1주택자를 해당 1주택에 대한 납세의무자로 할 수 있다(종합부동산세법 제10조의2 제1항).

오답 NOTE

10 주택에 대한 종합부동산세

정답 ③

보유기간별 세액공제 적용 시 배우자로부터 상속받은 주택에 대하여는 피상속인이 해당 주택을 취득한 날부터 보유기간을 계산한다(종합부동산세법 시행령 제4조의5 제2항).

11 주택에 대한 종합부동산세

정답 ④

종합부동산세 과세대상 1세대 1주택자로서 과세기준일 현재 해당 주택을 12년 보유한 자의 보유기간별 세액공제에 적용되는 공제율은 100분의 40이다(종합부동산세법 제9조 제8항).

12 주택에 대한 종합부동산세

정답 ③

주택분 과세표준금액에 대하여 해당 과세대상 주택의 주택분 재산세로 부과된 세액(지방세법 제111조 제3항에 따라 가감조정된 세율이 적용된 경우에는 그 세율이 적용된 세액, 같은 법 제122조에 따라 세부담 상한을 적용받은 경우에는 그 상한을 적용받은 세액을 말함)은 주택분 종합부동산세액에서 이를 공제한다(종합부동산세법 제9조 제3항).

13 토지에 대한 종합부동산세

정답 ⑤

별도합산과세대상인 토지의 과세표준금액에 대하여 해당 과세대상 토지의 토지분 재산세로 부과된 세액(지방세법 제111조 제3항에 따라 가감조정된 세율이 적용된 경우에는 그 세율이 적용된 세액, 같은 법 제122조에 따라 세부담 상한을 적용받은 경우에는 그 상한을 적용받은 세액을 말함)은 토지분 별도합산세액에서 이를 공제한다(종합부동산세법 제14조 제6항).

14 토지에 대한 종합부동산세

정답 ④

종합합산과세대상인 토지에 대한 종합부동산세의 과세 표준은 해당 토지의 공시가격을 합산한 금액에서 5억원을 공제한 금액에 100분의 100을 한도로 공정시장가액비율을 곱한 금액으로 한다(종합부동산세법 제13조 제1항).

15 종합부동산세 종합문제

정답 ③

1주택 소유자(개인) 주택에 대한 과세표준이 3억원인 경우 적용될 세율은 1천분의 5이다(종합부동산세법 제9조 제1항 제1호).

16 종합부동산세 종합문제

정답 ③

① 토지는 공동명의인 경우 1인을 납세의무자로 신청할 수 없다.
② 염전은 재산세 분리과세대상으로 종합부동산세 과세대상이 아니다.
④ 관할 세무서장은 종합부동산세로 납부하여야 할 세액이 250만원을 초과하는 경우에는 그 세액의 일부를 납부기한이 지난 날부터 6개월 이내에 분납하게 할 수 있다(종합부동산세법 제20조).
⑤ 법인이 소유한 토지는 100분의 150의 세부담 상한 규정을 적용한다(종합부동산세법 제15조).

17 종합부동산세 종합문제

정답 ②

취득세가 중과되는 고급오락장의 부속토지는 종합부동산세 과세대상이 아니다.

18 종합부동산세 종합문제

정답 ③

① 종합부동산세는 부과·징수가 원칙이며 납세의무자의 선택에 의하여 신고납부도 가능하다.
② 종합부동산세의 납부기간은 해당 연도 12월 1일부터 12월 15일까지이다(종합부동산세법 제16조 제1항).
④ 주택분 종합부동산세액의 납부유예를 신청하려는 납세의무자는 납부유예 신청서를 납부기한 3일 전까지 관할 세무서장에게 제출해야 한다(종합부동산세법 제20조의2 제1항).
⑤ 과세기준일 현재 토지분 재산세의 납세의무자로서 국내에 소재하는 별도합산과세대상 토지의 공시가격을 합한 금액이 80억원을 초과하는 자는 토지에 대한 종합부동산세의 납세의무자이다(종합부동산세법 제12조 제1항 제2호).

19 종합부동산세 종합문제

정답 ⑤

① 과세대상 토지가 매매로 유상이전되는 경우로서 매매계약서 작성일이 2025년 5월 31일이고, 잔금지급 및 소유권이전등기일이 2025년 6월 2일인 경우, 종합부동산세의 납세의무자는 매도인이다.
② 주택분 종합부동산세의 납세의무자가 거주자인 개인의 경우 납세지는 주소지 또는 거소지이다.
③ 종합부동산세는 물납이 허용되지 않는다.
④ 납세의무자는 선택에 따라 신고·납부할 수 있으나, 신고를 함에 있어 납부세액을 과소하게 신고한 경우 과소신고가산세가 적용된다.

오답 NOTE

PART 3

오답 NOTE

20 재산세와 종합부동산세

정답 ③

종합부동산세 납부세액이 300만원인 경우, 50만원은 납부기한이 지난 날부터 6개월 이내에 분납할 수 있다(종합부동산세법 제20조).

21 종합부동산세 종합문제

정답 ①

② 세액공제는 1세대 1주택자에 대해서만 적용되며, 토지는 세액공제제도를 두고 있지 않다.
③ 관할 세무서장은 종합부동산세를 징수하려면 납부고지서에 주택 및 토지로 구분한 과세표준과 세액을 기재하여 납부기간 개시 5일 전까지 발급하여야 한다(종합부동산세법 제16조 제2항).
④ 관할 세무서장은 종합부동산세로 납부하여야 할 세액이 400만원인 경우 최대 150만원의 세액을 납부기한이 지난 날부터 6개월 이내에 분납하게 할 수 있다(종합부동산세법 제20조).
⑤ 주택분 종합부동산세액을 계산할 때 1주택을 여러 사람이 공동으로 매수하여 소유한 경우 각자가 소유한 것으로 본다(종합부동산세법 시행령 제4조의3 제3항 제1호).

22 종합부동산세 종합문제

정답 ⑤

신탁주택의 위탁자가 법령이 정한 종합부동산세 등을 체납한 경우로서 그 위탁자의 다른 재산에 대하여 강제징수를 하여도 징수할 금액에 미치지 못할 때에는 해당 신탁주택의 수탁자는 그 신탁주택으로써 위탁자의 종합부동산세 등을 납부할 의무가 있다(종합부동산세법 제7조의2).

23 재산세와 종합부동산세

정답 ①

② 甲의 주택에 대한 종합부동산세는 주택의 공시가격을 합산하여 9억원을 공제한 금액에 공정시장가액비율을 곱하여 산정한 가액을 과세표준으로 하여 초과누진세율을 적용한다.
③ 甲의 토지에 대한 재산세는 시가표준액에 법령이 정하는 공정시장가액비율을 곱하여 산정한 가액을 과세표준으로 하여 초과누진세율(1천분의 2~1천분의 5)로 과세한다.
④ 甲의 토지(종합합산과세대상)에 대해서는 공시가격 합계가 5억원을 초과하는 경우 종합부동산세가 과세된다.
⑤ 재산세의 납기별 납부할 세액이 250만원을 초과하는 경우 그 세액의 일부를 납부기한이 지난 날부터 3개월 이내에 분납하게 할 수 있으며(지방세법 제118조), 종합부동산세의 납부할 세액이 250만원을 초과하는 경우 그 세액의 일부를 납부기한이 지난 날부터 6개월 이내에 분납하게 할 수 있다(종합부동산세법 제20조).

24 종합부동산세 종합문제

정답 ⑤

별도합산과세대상인 토지에 대한 종합부동산세의 세액은 과세표준에 0.5%~0.7%의 세율을 적용하여 계산한 금액으로 한다(종합부동산세법 제14조 제4항).

25 종합부동산세 종합문제

정답 ②

㉠ 관할 세무서장은 납부하여야 할 종합부동산세의 세액을 결정하여 해당 연도 12월 1일부터 12월 15일까지 부과·징수한다(종합부동산세법 제16조 제1항).
㉡ 종합부동산세를 신고납부방식으로 납부하고자 하는 납세의무자는 종합부동산세의 과세표준과 세액을 해당 연도 12월 1일부터 12월 15일까지 관할 세무서장에게 신고하여야 한다(종합부동산세법 제16조 제3항).
㉢ 종합부동산세는 물납규정을 적용하지 아니한다.

이론+ **납부유예(종합부동산세법 제20조의2)**

1. 관할 세무서장은 다음의 요건을 모두 충족하는 납세의무자가 주택분 종합부동산세액의 납부유예를 그 납부기한 만료 3일 전까지 신청하는 경우 이를 허가할 수 있다. 이 경우 납부유예를 신청한 납세의무자는 그 유예할 주택분 종합부동산세액에 상당하는 담보를 제공하여야 한다.
   ① 과세기준일 현재 1세대 1주택자(법 제10조의2에 따른 공동명의 1주택자를 포함)일 것
   ② 과세기준일 현재 만 60세 이상이거나 해당 주택을 5년 이상 보유하고 있을 것
   ③ 다음의 어느 하나에 해당하는 소득기준을 충족할 것
      ⓐ 직전 과세기간의 총급여액이 7천만원 이하일 것(직전 과세기간에 근로소득만 있거나 근로소득 및 종합소득과세표준에 합산되지 아니하는 종합소득이 있는 자로 한정)
      ⓑ 직전 과세기간의 종합소득과세표준에 합산되는 종합소득금액이 6천만원 이하일 것(직전 과세기간의 총급여액이 7천만원을 초과하지 아니하는 자로 한정)
   ④ 해당 연도의 주택분 종합부동산세액이 100만원을 초과할 것
2. 관할 세무서장은 위 1.에 따른 신청을 받은 경우 납부기한 만료일까지 대통령령으로 정하는 바에 따라 납세의무자에게 납부유예 허가 여부를 통지하여야 한다.
3. 관할 세무서장은 위 1.에 따라 주택분 종합부동산세액의 납부가 유예된 납세의무자가 다음의 어느 하나에 해당하는 경우에는 그 납부유예 허가를 취소하여야 한다.
   ① 해당 주택을 타인에게 양도하거나 증여하는 경우
   ② 사망하여 상속이 개시되는 경우
   ③ 위 1.의 ①의 요건을 충족하지 아니하게 된 경우
   ④ 담보의 변경 또는 그 밖에 담보 보전에 필요한 관할 세무서장의 명령에 따르지 아니한 경우
   ⑤ 「국세징수법」 제9조 제1항 각 호의 어느 하나에 해당되어 그 납부유예와 관계되는 세액의 전액을 징수할 수 없다고 인정되는 경우

오답 NOTE

PART 3

오답 NOTE

⑥ 납부유예된 세액을 납부하려는 경우

4. 관할 세무서장은 위 3.에 따라 납부유예의 허가를 취소하는 경우 납세의무자(납세의무자가 사망한 경우에는 그 상속인 또는 상속재산관리인을 말함)에게 그 사실을 즉시 통지하여야 한다.
5. 관할 세무서장은 위 3.에 따라 주택분 종합부동산세액의 납부유예 허가를 취소한 경우에는 대통령령으로 정하는 바에 따라 해당 납세의무자에게 납부를 유예받은 세액과 이자상당가산액을 징수하여야 한다. 다만, 상속인 또는 상속재산관리인은 상속으로 받은 재산의 한도에서 납부를 유예받은 세액과 이자상당가산액을 납부할 의무를 진다.
6. 관할 세무서장은 위 1.에 따라 납부유예를 허가한 연도의 납부기한이 지난 날부터 위 5.에 따라 징수할 세액의 고지일까지의 기간 동안에는 「국세기본법」 제47조의4에 따른 납부지연가산세를 부과하지 아니한다.
7. 위 1.부터 6.까지에서 규정한 사항 외에 납부유예에 필요한 절차 등에 관한 사항은 대통령령으로 정한다.

26 재산세와 종합부동산세 비교

정답 ②

재산세는 주택의 과세표준에 대해 상한제도(지방세법 제10조 제3항)를 두고 있으나 종합부동산세는 그러하지 아니하다.

CHAPTER 02 종합소득세

01	②	02	③	03	④	04	⑤	05	③
06	③	07	②	08	⑤	09	③	10	③
11	②								

01 과세소득의 구분

정답 ②

「공익사업을 위한 토지 등의 취득 및 보상에 관한 법률」에 따른 공익사업과 관련하여 지역권을 대여함으로써 발생하는 소득은 기타소득이다(소득세법 제21조 제1항 제9호).

02 부동산임대소득

정답 ③

'부동산임대업'에서 발생한 결손금은 종합소득 과세표준을 계산할 때 공제하지 아니한다. 다만, 주거용 건물임대업의 경우에는 그러하지 아니하다(소득세법 제45조 제2항).

03 부동산임대소득

정답 ④

① 국외에 소재하는 주택의 임대소득은 주택 수와 관계없이 과세한다.
② 부동산임대업에서 발생하는 사업소득의 납세지는 주소지 또는 거소지이다.
③ 관리비 중 전기료 등 공공요금 명목으로 징수한 금액이 포함되어 있는 경우에는 공공요금 납입액을 초과하는 금액은 총수입금액에 산입한다.
⑤ 부동산임대업에 대한 소득의 수입시기는 계약 또는 관습에 따라 지급일이 정해진 것은 그 정해진 날, 정해지지 않은 것은 그 지급을 받은 날이다.

04 부동산임대소득

정답 ⑤

① 부동산임대업에서 발생한 결손금은 종합소득 과세표준을 계산할 때 공제하지 아니한다. 다만, 주거용 건물임대업의 경우에는 그러하지 아니하다(소득세법 제45조 제2항).
② 1개의 주택을 소유하는 자의 주택임대소득(기준시가가 12억원을 초과하는 주택 및 국외에 소재하는 주택의 임대소득을 제외)은 소득세를 과세하지 아니한다(소득세법 제12조 제2호 나목).
③④ 거주자가 부동산 또는 그 부동산상의 권리 등을 대여하고 보증금·전세금 또는 이와 유사한 성질의 금액(보증금 등)을 받은 경우에는 대통령령으로 정하는 바에 따라 계산한 금액을 사업소득금액을 계산할 때에 총수입금액에 산입(算入)한다. 다만, 주택을 대여하고 보증금 등을 받은 경우에는 3주택[주거의 용도로만 쓰이는 면적이 1호(戶) 또는 1세대당 $40m^2$ 이하인 주택으로서 해당 과세기간의 기준시가가 2억원 이하인 주택은 2026년 12월 31일까지는 주택 수에 포함하지 아니함] 이상을 소유하고 해당 주택의 보증금 등의 합계액이 3억원을 초과하는 경우를 말한다(소득세법 제25조 제1항).
⑤ 「소득세법」 제70조 제2항

05 주택임대소득

정답 ③

① 주택 1채만을 소유한 거주자가 과세기간 종료일 현재 기준시가 13억원인 해당 주택을 전세금을 받고 임대하여 얻은 소득에 대해서는 소득세가 과세되지 아니한다.
② 주택 2채를 소유한 거주자가 1채는 월세계약으로, 나머지 1채는 전세계약의 형태로 임대한 경우, 월세부분에 대해서만 소득세가 과세되며, 3주택 이상을 소유하지 아니하기 때문에 간주임대료는 계산하지 아니한다.
④ 주택의 임대로 인하여 얻은 연 1,800만원의 수입금액은 종합과세 또는 분리과세를 선택할 수 있다.
⑤ 주택을 임대하여 얻은 소득은 사업자등록 여부와 관계없이 소득세 납세의무가 있다.

오답 NOTE

오답 NOTE

06 비과세 주택임대소득

정답 ③

다음의 어느 하나에 해당하는 사람은 공동소유의 주택을 소유하는 것으로 계산되지 않는 경우라도 그의 소유로 계산한다(소득세법 시행령 제8조의2 제3항 제2호).

> 가. 해당 공동소유하는 주택을 임대해 얻은 수입금액을 기획재정부령으로 정하는 방법에 따라 계산한 금액이 연간 6백만원 이상인 사람
> 나. 해당 공동소유하는 주택의 기준시가가 12억원을 초과하는 경우로서 그 주택의 지분을 100분의 30 초과 보유하는 사람

07 비과세 주택임대소득

정답 ②

비과세되는 주택의 부수토지는 건물의 연면적과 건물이 정착된 면적에 5배(국토의 계획 및 이용에 관한 법률 제6조 제1호에 따른 도시지역 밖의 토지의 경우에는 10배)를 곱하여 산정한 면적 중 넓은 면적 이내의 토지를 말한다(소득세법 시행령 제8조의2 제2항 제2호).

08 주택임대소득에 대한 분리과세

정답 ⑤

분리과세 주택임대소득을 제외한 해당 과세기간의 종합소득금액이 2천만원을 초과하는 경우에는 필요경비 차감 시 추가공제(400만원 또는 200만원)를 받을 수는 없지만, 분리과세를 선택하지 못하는 것은 아니다.

09 주택임대소득에 대한 분리과세

정답 ③

ⓛ 분리과세 선택 시 필요경비는 등록임대사업자의 경우 총수입금액의 100분의 60, 등록임대사업자가 아닌 경우 총수입금액의 100분의 50으로 한다.
ⓡ 주택임대소득을 제외한 해당 과세기간의 종합소득금액이 3천만원이라면 분리과세를 선택할 수 있으나 추가공제(400만원 또는 200만원)는 없다.

10 주택임대소득에 대한 총수입금액 계산

정답 ③

소형주택은 주택 수에서 제외하므로 2주택자이다. 따라서 임대료부분에 대해서만 총수입금액에 산입한다. 그러므로 총수입금액 = 250만원 × 12개월 = 30,000,000원이 된다.

11 부동산임대소득에 대한 총수입금액 계산

정답 ②

- 임대료수입: 1,000,000원 × 12개월(2025.1.1.~12.31.) = 12,000,000원(소득세법 제24조 제1항)
- 간주임대료수입: [(5억원 × 365) − (2억원 × 365)] × 1/365 × 2% − (수입이자 1,000,000원 + 배당금수익 2,000,000원) = 3,000,000원(소득세법 시행령 제53조 제3항 제2호)
- 합계 15,000,000원(임대료수입 12,000,000원 + 간주임대료 3,000,000원)
  * 간주임대료 계산 시 임대용 부동산의 건설비 상당액의 적수를 차감하는데 이는 임대용 부동산의 매입, 건설비(토지가액 제외)를 말한다(소득세법 시행령 제53조 제5항 제2호).
  * 유가증권처분이익은 해당 임대사업부분에서 발생한 수입이자와 할인료 및 배당금에 해당하지 아니하므로 보증금 등에 세율을 곱한 금액에서 차감하지 아니한다.

오답 NOTE

이론+ 총수입금액의 계산

다음 금액의 합계액으로 한다.

1. 해당 과세기간에 수입하였거나 수입할 금액의 합계액으로 한다.
2. 관리비
   관리비 중 전기료, 수도료 등의 공공요금의 명목으로 징수한 금액이 포함되어 있는 경우에는 공공요금 납입액을 초과하는 금액만 총수입금액에 포함한다.
3. 간주임대료
   일반적인 간주임대료(주택임대 외) 계산식은 다음과 같다.

   > (해당 과세기간의 보증금 등의 적수 − 임대용 부동산의 건설비 상당액의 적수) × 1/365(윤년의 경우에는 366) × 정기예금이자율 − 해당 과세기간의 해당 임대사업부분에서 발생한 수입이자와 할인료 및 배당금의 합계액

   단, 주택을 대여하고 보증금 등을 받은 경우에는 3주택[주거의 용도로만 쓰이는 면적이 1호(戶) 또는 1세대당 40m^2 이하인 주택으로서 해당 과세기간의 기준시가가 2억원 이하인 주택은 2026년 12월 31일까지는 주택 수에 포함하지 아니함] 이상을 소유하고 해당 주택의 보증금 등의 합계액이 3억원을 초과하는 경우를 말하며, 주택 수의 계산 그 밖에 필요한 사항은 대통령령으로 정한다.
4. 보험차익 사업과 관련하여 해당 사업용 자산의 손실로 취득하는 보험차익은 총수입금액에 포함한다.

PART 3

오답 NOTE

CHAPTER 03 양도소득세

01	②	02	①	03	①	04	⑤	05	④
06	①	07	②	08	①	09	④	10	③
11	③	12	④	13	③	14	⑤	15	②
16	③	17	③	18	②	19	②	20	②
21	①	22	④	23	⑤	24	⑤	25	①
26	⑤	27	④	28	⑤	29	②	30	①
31	①	32	①	33	②	34	④	35	③
36	③	37	④	38	④	39	①	40	①
41	④	42	③	43	③	44	③	45	②
46	①	47	③	48	⑤	49	②	50	③
51	①	52	⑤	53	③	54	⑤	55	⑤
56	③	57	②	58	①	59	③	60	③
61	④	62	④	63	④	64	①	65	②
66	②	67	④	68	③	69	⑤	70	②
71	⑤	72	①	73	⑤	74	⑤	75	③
76	①	77	③	78	⑤	79	②	80	⑤
81	③	82	①	83	②	84	⑤	85	①
86	③	87	①	88	⑤	89	③	90	④
91	④	92	⑤	93	②	94	②	95	⑤
96	①								

01 양도소득세 과세대상 정답 ②

보기 중 조합원입주권만 과세대상이다. 등기된 임차권, 사업에 사용하는 토지 및 건물과 함께 양도하는 영업권이 과세대상이며 국내자산의 경우 등기되지 않은 부동산 임차권과 이축권의 가액을 별도로 평가하여 신고한 경우는 과세대상에 해당하지 아니한다(소득세법 제94조).

02 양도소득세 과세대상

정답 ①

ⓛ 지역권은 과세대상에 해당하지 아니한다.
ⓔ 영업권은 사업용 자산과 함께 양도하는 경우 양도소득세로 과세한다(분리되어 별도로 양도하는 경우 기타소득으로 과세).
ⓜ 토지, 건물과 함께 양도하는 「개발제한구역의 지정 및 관리에 관한 특별조치법」 제12조 제1항 제2호 및 제3호의2에 따른 이축을 할 수 있는 권리(이축권)는 양도소득세 과세대상이다. 다만, 해당 이축권 가액을 대통령령으로 정하는 방법에 따라 별도로 평가하여 신고하는 경우는 제외한다.

03 양도소득세 과세대상

정답 ①

① 직계존비속 간 등기·등록이 필요한 자산의 교환은 양도소득세 과세대상이다.
⑤ 양도담보는 과세대상에 속하지 않지만, 변제에 충당하는 경우는 과세대상이다.

04 양도소득세 과세대상

정답 ⑤

국내자산의 경우 부동산임차권은 등기된 경우에만 양도소득세로 과세한다.

05 양도소득세 과세대상

정답 ④

국내자산의 경우 등기된 부동산임차권이 과세대상이다.

06 양도소득세 과세대상

정답 ①

① 등기 여부와 관계없이 과세대상이다.
② 등기된 부동산임차권이 과세대상이다.
③ 토지, 건물과 함께 양도하는 이축권은 양도소득세 과세대상이나, 이축권의 가액을 별도로 평가하여 신고하는 경우에는 기타소득으로 과세한다.
④ 사업소득에 해당하여 종합소득세로 과세한다.
⑤ 양도소득세 비과세대상이다.

07 양도의 정의

정답 ②

'양도'란 자산에 대한 등기 또는 등록과 관계없이 매도, 교환, 법인에 대한 현물출자 등을 통하여 그 자산을 유상으로 사실상 이전하는 것을 말한다(소득세법 제88조 제1호). 따라서 대물변제에 해당하는 이혼 시의 위자료로 배우자에게 토지의 소유권을 이전하는 경우(ⓛ)를 제외한 나머지는 양도의 정의에 부합하지 아니한다.

오답 NOTE

오답 NOTE

08 양도의 정의 정답 ①

「도시개발법」이나 그 밖의 법률에 따른 환지처분으로 지목이 변경되는 경우는 양도에 해당하지 아니한다. 다만, 청산금 수령 시 양도로 본다.

09 양도의 정의 정답 ④

「소득세법 시행령」 제151조 제1항에 따른 양도담보계약을 체결한 후 채무불이행으로 인하여 당해 자산을 변제에 충당한 경우는 양도에 해당한다.

10 양도의 정의 정답 ③

ⓛ 지적경계선 변경을 위한 토지의 교환을 하는 경우로 분할된 토지의 전체 면적이 분할 전 토지의 전체 면적의 100분의 20을 초과하지 아니하는 경우에는 양도로 보지 아니한다.

ⓡ 주거용 건물 건설업자가 당초부터 판매할 목적으로 신축한 다가구주택을 양도하는 경우에는 종합소득세로 과세된다.

11 양도의 정의 정답 ③

사업용 자산과 별도로 양도하는 영업권의 양도소득은 기타소득으로 과세된다.

12 양도의 정의 정답 ④

ⓜ 소유자산을 경매·공매로 인하여 자기가 재취득하는 경우는 양도에 해당하지 아니한다.

13 양도 또는 취득의 시기 정답 ③

① 대금을 청산한 날이 분명하지 아니한 경우에는 등기부·등록부 또는 명부 등에 기재된 등기·등록접수일 또는 명의개서일

② 상속에 의하여 취득한 자산에 대하여는 그 상속이 개시된 날

④ 자기가 건설한 건축물로서 건축허가를 받지 아니하고 건축하는 건축물에 있어서는 그 사실상의 사용일

⑤ 완성 또는 확정되지 아니한 자산을 양도 또는 취득한 경우로서 해당 자산의 대금을 청산한 날까지 그 목적물이 완성 또는 확정되지 아니한 경우에는 그 목적물이 완성 또는 확정된 날

14 양도 또는 취득의 시기

정답 ⑤

「민법」 제245조 제1항의 규정에 의하여 부동산의 소유권을 취득하는 경우에는 당해 부동산의 점유를 개시한 날을 취득시기로 본다.

15 양도 또는 취득의 시기

정답 ②

「공익사업을 위한 토지 등의 취득 및 보상에 관한 법률」이나 그 밖의 법률에 따라 공익사업을 위하여 수용되는 경우에는 대금을 청산한 날, 수용의 개시일 또는 소유권이전등기접수일 중 빠른 날로 한다. 다만, 소유권에 관한 소송으로 보상금이 공탁된 경우에는 소유권 관련 소송 판결확정일로 한다.

16 양도 또는 취득의 시기

정답 ③

「공익사업을 위한 토지 등의 취득 및 보상에 관한 법률」이나 그 밖의 법률에 따라 공익사업을 위하여 수용되는 경우에는 대금을 청산한 날, 수용의 개시일 또는 소유권이전등기접수일 중 빠른 날로 한다. 다만, 소유권에 관한 소송으로 보상금이 공탁된 경우에는 소유권 관련 소송 판결 확정일로 한다.

17 양도 또는 취득의 시기

정답 ③

1984.12.31. 이전에 취득한 부동산 등은 1985.1.1.에 취득한 것으로 본다.

18 양도 또는 취득의 시기

정답 ②

① 공익사업을 위하여 수용되는 경우에는 대금을 청산한 날, 수용의 개시일 또는 소유권이전등기접수일 중 빠른 날로 한다.
③ 「민법」 제245조의 점유로 인해 부동산을 취득한 때에는 해당 부동산의 점유개시일을 취득일로 한다.
④ 취득 또는 양도시기는 해당 자산의 대금을 청산한 날을 원칙으로 한다. 이 경우 자산의 대금에는 해당 자산의 양도에 대한 양도소득세 및 양도소득세의 부가세액을 양수자가 부담하기로 약정한 경우에는 해당 양도소득세 및 양도소득세의 부가세액을 제외한다.
⑤ 1984년 12월 31일 이전에 취득한 부동산은 1985년 1월 1일에 취득한 것으로 본다.

19 양도 또는 취득의 시기

정답 ②

점유시효완성에 의한 취득의 경우에는 점유개시일을 취득시기로 본다.

오답 NOTE

PART 3

오답 NOTE

20 복합주택의 경우 비과세 판정

정답 ②

- 하나의 건물이 주택과 주택 외의 부분으로 복합되어 있는 경우와 주택에 딸린 토지에 주택 외의 건물이 있는 경우에는 그 전부를 주택으로 본다. 다만, 주택의 연면적이 주택 외의 부분의 연면적보다 적거나 같을 때에는 주택 외의 부분은 주택으로 보지 아니한다(소득세법 시행령 제154조 제3항).
- 주택에 딸린 토지는 전체 토지면적에 주택의 연면적이 건물의 연면적에서 차지하는 비율을 곱하여 계산한다(소득세법 시행령 제154조 제4항).
- 주택과 상가의 연면적이 같으므로, 주택 $100m^2$는 비과세, 상가 $100m^2$는 과세된다. 주택의 부수토지는 $800m^2 \times 100 / 200 = 400m^2$(비과세, 정착면적의 5배 이내)이고, 상가의 부수토지는 $800m^2 \times 100 / 200 = 400m^2$(과세)이다.

이론+ 주택 부수토지 비과세 면적(소득세법 시행령 제154조 제7항)

비과세 판정 시 적용되는 주택의 부수토지(건물의 정착면적에 다음의 배율을 곱한 면적 이내)

1. 「국토의 계획 및 이용에 관한 법률」에 따른 도시지역 내의 토지: 다음에 따른 배율
   ㉠ 「수도권정비계획법」에 따른 수도권 내의 토지 중 주거지역·상업지역 및 공업지역 내의 토지: 3배
   ㉡ 수도권 내의 토지 중 녹지지역 내의 토지: 5배
   ㉢ 수도권 밖의 토지: 5배
2. 그 밖의 토지: 10배

21 1세대 1주택 양도소득세 비과세

정답 ①

- 건물은 주택의 연면적이 주택 외의 부분의 연면적보다 크면 전체를 주택으로 본다. 따라서 건물 $200m^2$는 전체가 비과세된다.
- 부수토지 또한 주택의 부수토지가 되며 도시지역 내 녹지지역의 경우 정착면적의 5배까지인 $1,000m^2$가 비과세된다.

따라서 과세되는 건물면적은 없으며, 토지는 $1,000m^2$가 과세된다.

22 양도소득세 비과세

정답 ④

1세대 1주택 양도소득세 비과세요건을 충족하였으나 양도 당시 실지거래가액이 13억원인 주택의 양도로 발생하는 양도차익은 그중 고가주택 12억원을 초과하는 부분에 대해서는 양도소득세가 과세된다(소득세법 제89조 제1항 제3호).

23 양도소득세 비과세

정답 ⑤

종전주택의 보유기간이 2년이 되지 않았으므로 비과세되지 아니한다.

24 양도소득세 비과세

정답 ⑤

취학, 질병, 근무상 형편, 학교폭력 등으로 다른 시·군으로 이전한 경우에는 보유기간에 관계없이 1년 이상 거주한 주택(고가주택 제외)이어야 비과세된다.

25 1세대 1주택 양도소득세 비과세

정답 ①

종전주택을 취득한 날부터 1년 이상이 지난 후에 분양권을 취득하고 그 분양권을 취득한 날부터 3년 이내에 종전주택을 양도하는 경우에 비과세를 적용받을 수 있다. 또한 종전주택의 보유기간은 2년 이상이어야 한다.

26 1세대 1주택 양도소득세 비과세

정답 ⑤

종전의 주택 취득일부터 1년 이상 경과 후에 신규주택을 취득하고, 신규주택의 취득일부터 3년 이내에 종전의 주택을 양도하여야 한다.

27 1세대 1주택 양도소득세 비과세 특례

정답 ④

- 1주택을 보유하는 자가 1주택을 보유하는 자와 혼인함으로써 1세대가 2주택을 보유하게 되는 경우 또는 1주택을 보유하고 있는 60세 이상의 직계존속을 동거봉양하는 무주택자가 1주택을 보유하는 자와 혼인함으로써 1세대가 2주택을 보유하게 되는 경우 각각 혼인한 날부터 '10년' 이내에 먼저 양도하는 주택은 이를 1세대 1주택으로 보아 제154조 제1항을 적용한다(소득세법 시행령 제155조 제5항).
- 다음의 어느 하나에 해당하는 주택으로서 수도권 밖의 지역 중 읍지역(도시지역 안의 지역을 제외) 또는 면지역에 소재하는 주택(농어촌주택)과 그 밖의 주택(일반주택)을 국내에 각각 1개씩 소유하고 있는 1세대가 일반주택을 양도하는 경우에는 국내에 1개의 주택을 소유하고 있는 것으로 보아 제154조 제1항을 적용한다. 다만, 다음 3.의 주택에 대해서는 그 주택을 취득한 날부터 '5년' 이내에 일반주택을 양도하는 경우에 한정하여 적용한다(소득세법 시행령 제155조 제7항).

> 1. 상속받은 주택(피상속인이 취득 후 5년 이상 거주한 사실이 있는 경우에 한함)
> 2. 이농인(어업에서 떠난 자를 포함)이 취득일 후 5년 이상 거주한 사실이 있는 이농주택
> 3. 영농 또는 영어의 목적으로 취득한 귀농주택

오답 NOTE

PART 3

오답 NOTE

28 1세대 1주택 양도소득세 비과세 특례 정답 ⑤

- 영농의 목적으로 취득한 귀농주택으로서 수도권 밖의 지역 중 면지역에 소재하는 주택과 일반주택을 국내에 각각 1개씩 소유하고 있는 1세대가 귀농주택을 취득한 날부터 '5년' 이내에 일반주택을 양도하는 경우에는 국내에 1개의 주택을 소유하고 있는 것으로 보아 제154조 제1항을 적용한다(소득세법 시행령 제155조 제7항 제3호).
- 취학 등 부득이한 사유로 취득한 수도권 밖에 소재하는 주택과 일반주택을 국내에 각각 1개씩 소유하고 있는 1세대가 부득이한 사유가 해소된 날부터 '3년' 이내에 일반주택을 양도하는 경우에는 국내에 1개의 주택을 소유하고 있는 것으로 보아 제154조 제1항을 적용한다(소득세법 시행령 제155조 제8항).
- 1주택을 보유하고 1세대를 구성하는 자가 1주택을 보유하고 있는 60세 이상의 직계존속을 동거봉양하기 위하여 세대를 합침으로써 1세대가 2주택을 보유하게 되는 경우 합친 날부터 '10년' 이내에 먼저 양도하는 주택은 이를 1세대 1주택으로 보아 제154조 제1항을 적용한다(소득세법 시행령 제155조 제4항).

29 1세대 1주택 양도소득세 비과세 특례 정답 ②

- 국내에 1주택을 소유한 1세대가 그 주택(종전의 주택)을 양도하기 전에 다른 주택(신규주택)을 취득(자기가 건설하여 취득한 경우를 포함)함으로써 일시적으로 2주택이 된 경우 종전의 주택을 취득한 날부터 '1년' 이상이 지난 후 신규주택을 취득하고 신규주택을 취득한 날부터 '3년' 이내에 종전의 주택을 양도하는 경우에는 이를 1세대 1주택으로 보아 제154조 제1항을 적용한다(소득세법 시행령 제155조 제1항).
- 1주택을 보유하고 1세대를 구성하는 자가 1주택을 보유하고 있는 '60세' 이상의 직계존속을 동거봉양하기 위하여 세대를 합침으로써 1세대가 2주택을 보유하게 되는 경우 합친 날부터 10년 이내에 먼저 양도하는 주택은 이를 1세대 1주택으로 보아 제154조 제1항을 적용한다(소득세법 시행령 제155조 제4항).

30 1세대 1주택 양도소득세 비과세 정답 ①

'1세대'란 거주자 및 그 배우자(법률상 이혼을 하였으나 생계를 같이 하는 등 사실상 이혼한 것으로 보기 어려운 관계에 있는 사람을 포함)가 그들과 같은 주소 또는 거소에서 생계를 같이 하는 자[거주자 및 그 배우자의 직계존비속(그 배우자를 포함) 및 형제자매를 말하며, 취학, 질병의 요양, 근무상 또는 사업상의 형편으로 본래의 주소 또는 거소에서 일시 퇴거한 사람을 포함]와 함께 구성하는 가족단위를 말한다(소득세법 제88조 제6호).

31 양도차익의 계산

정답 ①

지출한 연도의 각 소득금액의 계산에 있어 필요경비에 산입된 금액은 양도차익 계산 시 필요경비로 공제할 수 없다.

32 양도차익의 계산

정답 ①

② 취득가액을 환산취득가액에 의하여 산정하는 경우, 환산취득가액과 개산공제액의 합계액과 보유기간 중의 자본적 지출 및 양도직접비용 중 선택하여 공제할 수 있다.
③ 당사자 약정에 의한 대금지급방법에 따라 취득원가에 이자상당액을 가산하여 거래가액을 확정한 경우의 당해 이자상당액은 취득가액에 포함하나, 은행 대출이자는 취득가액에 포함하지 아니한다.
④ 취득에 관한 쟁송이 있는 재산에 내하여 그 소유권확보를 위하여 직접 소요된 소송비용으로 지출한 연도의 각 소득금액 계산상 필요경비에 산입된 것은 취득가액에 포함하지 아니한다.
⑤ 현재가치할인차금을 취득원가에 포함하는 경우에 있어서 양도자산의 보유기간 중에 동 현재가치할인차금의 상각액을 각 연도의 사업소득금액의 계산 시 필요경비로 산입하였거나 산입할 금액이 있는 때에는 이를 취득가액에서 공제한다.

33 양도차익의 계산

정답 ②

양도한 자산의 보유기간 동안 부담한 재산세 및 종합부동산세액은 필요경비로 공제할 수 없다.

34 양도차익의 계산

정답 ④

양도차익을 실지거래가액에 따라 필요경비를 계산할 때 양도자산 보유기간에 그 자산에 대한 감가상각비로서 각 과세기간의 사업소득금액을 계산하는 경우 필요경비에 산입하였거나 산입할 금액이 있을 때에는 이를 취득가액에서 공제한 금액을 그 취득가액으로 한다(소득세법 제97조 제3항).

35 양도차익의 계산

정답 ③

「소득세법」 제97조 제3항에 따른 취득가액을 계산할 때 감가상각비를 공제하는 것은 취득가액을 실지거래가액으로 하는 경우가 아니더라도 공제한다(취득가액을 기준시가로 하는 경우 제외)(소득세법 제97조 제3항).

오답 NOTE

PART 3

오답 NOTE

36 양도차익의 계산

정답 ③

소유권확보를 위하여 직접 소요된 소송비용, 화해비용으로 지출한 연도의 사업소득금액 계산 시 필요경비로 산입된 금액은 양도차익 계산 시 공제되는 필요경비에 포함되지 않는다.

37 자본적 지출액 및 양도비용

정답 ④

양도자산을 취득한 후 쟁송이 있는 경우에 그 소유권을 확보하기 위하여 직접 소요된 소송비용·화해비용 등의 금액으로서 그 지출한 연도의 각 소득금액의 계산에 있어서 필요경비에 산입된 것을 제외한 금액을 자본적 지출액으로 한다(소득세법 시행령 제163조 제3항 제2호).

이론+ **자본적 지출액 및 양도비용(소득세법 시행령 제163조 제3항·제5항)**

자본적 지출액
1. 내용연수를 연장시키거나 해당 자산의 가치를 현실적으로 증가시키기 위해 지출한 다음의 수선비 ㉠ 본래의 용도를 변경하기 위한 개조 ㉡ 엘리베이터 또는 냉난방장치의 설치 ㉢ 빌딩 등의 피난시설 등의 설치 ㉣ 재해 등으로 인하여 건물·기계·설비 등이 멸실 또는 훼손되어 당해 자산의 본래 용도로의 이용가치가 없는 것의 복구 ㉤ 기타 개량·확장·증설 등 위 ㉠~㉣과 유사한 성질의 것 2. 양도자산을 취득한 후 쟁송이 있는 경우에 그 소유권을 확보하기 위하여 직접 소요된 소송비용·화해비용 등의 금액으로서 그 지출한 연도의 각 소득금액의 계산에 있어서 필요경비에 산입된 것을 제외한 금액 3. 「공익사업을 위한 토지 등의 취득 및 보상에 관한 법률」이나 그 밖의 법률에 따라 토지 등이 협의 매수 또는 수용되는 경우로서 그 보상금의 증액과 관련하여 직접 소요된 소송비용·화해비용 등의 금액으로서 그 지출한 연도의 각 소득금액의 계산에 있어서 필요경비에 산입된 것을 제외한 금액. 이 경우 증액보상금을 한도로 한다. 4. 양도자산의 용도변경·개량 또는 이용편의를 위하여 지출한 비용(재해·노후화 등 부득이한 사유로 인하여 건물을 재건축한 경우 그 철거비용을 포함) 5. 「개발이익환수에 관한 법률」에 따른 개발부담금(개발부담금의 납부의무자와 양도자가 서로 다른 경우에는 양도자에게 사실상 배분될 개발부담금상당액을 말한다) 6. 「재건축초과이익 환수에 관한 법률」에 따른 재건축부담금(재건축부담금의 납부의무자와 양도자가 서로 다른 경우에는 양도자에게 사실상 배분될 재건축부담금상당액을 말한다) 7. 위 1.~6.에 준하는 비용으로서 기획재정부령이 정하는 것

양도비용
1. 자산을 양도하기 위하여 직접 지출한 비용으로서 다음의 비용 ㉠ 「증권거래세법」에 따라 납부한 증권거래세 ㉡ 양도소득세 과세표준 신고서 작성비용 및 계약서 작성비용 ㉢ 공증비용, 인지대 및 소개비 ㉣ 매매계약에 따른 인도의무를 이행하기 위하여 양도자가 지출하는 명도비용 ㉤ 위 ㉠~㉣의 비용과 유사한 비용으로서 기획재정부령으로 정하는 비용 2. 자산을 취득함에 있어서 법령 등의 규정에 따라 매입한 국민주택채권 및 토지개발채권을 만기 전에 양도함으로써 발생하는 매각차손. 이 경우 금융기관 외의 자에게 양도한 경우에는 동일한 날에 금융기관에 양도하였을 경우 발생하는 매각차손을 한도로 한다.

오답 NOTE

PART 3

38 양도차익의 계산

정답 ④

법령에 따른 고가주택에 해당하는 자산의 양도차익은 양도차익에 양도가액에서 12억원을 차감한 금액이 양도가액에서 차지하는 비율을 곱한 금액으로 한다.

39 양도차익의 계산

정답 ①

1. 양도가액 − 필요경비 = 200,000,000원 − 101,200,000원
   = 98,800,000원
2. 필요경비 = max(㉠, ㉡) = 101,200,000원
   ㉠ 자본적 지출액과 양도직접비용 = 100,000,000원
   ㉡ 필요경비개산공제액
   = 200,000,000원 × [40,000,000원 ÷ 80,000,000원]
   + 40,000,000원 × 3%
   = 101,200,000원

40 양도차익의 계산

정답 ①

1.

	양도가액		5억원
−	취득가액	−	2억 5천만원(환산취득가액)*
−	기타 필요경비	−	3백만원(1억원 × 3%)
=	양도차익	=	2억 4천7백만원

2.

	양도가액		5억원
−	취득가액	−	0원
−	기타 필요경비	−	3억원
=	양도차익	=	2억원

1.과 2.의 방법 중 선택 가능하며 양도차익을 최소화하는 방향은 2.이다(소득세법 제97조 제2항 제2호).

* 환산취득가액: 5억원 × 1억원(취득 당시 기준시가) / 2억원(양도 당시 기준시가) = 2억 5천만원

오답 NOTE

41 장기보유특별공제

정답 ④

① 국외부동산은 장기보유특별공제가 적용되지 아니한다.
② 미등기 부동산 양도 시 장기보유특별공제가 적용되지 아니한다.
③ 보유기간이 3년 미만인 경우 장기보유특별공제가 적용되지 아니한다.
⑤ 장기보유특별공제 공제율은 100분의 30을 한도로 하는 것이 원칙이다.

42 장기보유특별공제와 양도소득기본공제

정답 ③

양도소득세가 과세되는 고가주택과 부속토지를 8년 5개월 보유였으나 거주한 기간이 없이 양도한 경우 장기보유특별공제율은 양도차익의 16%이다.

43 장기보유특별공제

정답 ③

• 과세되는 양도차익 5억원 × (15억원 − 12억원) / 15억원 = 1억원
• 장기보유특별공제율: 80%(보유기간 및 거주기간에 대한 공제율 각 40%)
따라서 1억원 × 80% = 8천만원이다.

44 양도차익의 계산

정답 ③

	양도가액		60,000,000원
−	취득가액	−	40,000,000원
−	자본적 지출액 및 양도비용	−	5,000,000원
=	양도차익*	=	15,000,000원
−	장기보유특별공제**	−	0원
=	양도소득금액	=	15,000,000원
−	양도소득기본공제	−	2,500,000원
=	과세표준	=	12,500,000원

* 실지거래가액을 기준으로 양도차익을 산정하는 것이 원칙이다.
** 보유기간 3년 이상의 경우에만 장기보유특별공제를 적용한다.

45 양도소득세액 계산

정답 ②

10년 6개월 동안 보유만 하고 거주하지 아니한 경우에는 100분의 20에 해당하는 장기보유특별공제를 적용한다.

오답 NOTE

46 양도소득세 종합문제

정답 ①

② 「소득세법」에 따른 미등기양도자산에 대하여 양도소득기본공제를 적용하지 아니한다.

③ 「소득세법」 제97조의2 제1항에 따라 이월과세를 적용받는 경우 장기보유특별공제의 보유기간은 증여자가 해당 자산을 취득한 날부터 기산한다.

④ 특수관계인 간의 거래가 아닌 경우로서 취득가액인 실지거래가액을 인정 또는 확인할 수 없어 그 취득가액을 추계결정 또는 경정하는 경우에는 매매사례가액, 감정가액, 환산취득가액, 기준시가의 순서에 따라 적용한 가액에 의한다.

⑤ 국외부동산 양도 시 장기보유특별공제를 적용하지 아니한다.

PART 3

47 고가주택의 양도차익

정답 ③

	양도가액		15억원
−	취득가액	−	9억원(환산취득가액 15억원 × 3억원 / 5억원)
−	기타 필요경비	−	9백만원(개산공제 3억원 × 3%)
=	양도차익	=	591,000,000원

따라서 고가주택의 양도차익은

591,000,000원 × (15억원 − 12억원) / 15억원 = 118,200,000원이 된다.

48 고가주택의 양도차익

정답 ⑤

① 거주자가 2022년 1월 취득 후 계속 거주한 법령에 따른 1세대 1주택인 고가주택을 2025년 10월에 양도하는 경우 적용되는 장기보유특별공제율은 100분의 24(보유기간공제율 100분의 12 + 거주기간공제율 100분의 12)이다.

② 거주자가 2022년 1월 취득 후 법령에 따른 1세대 1주택인 고가주택을 2025년 10월에 양도하는 경우(보유기간 중 1년 6개월 거주) 적용되는 장기보유특별공제율은 100분의 6이다(3년 이상 보유하였으나 거주요건을 충족하지 못하였기에 일반공제율을 적용).

③ '고가주택'이란 양도 당시 실지거래가액이 12억원을 초과하는 주택을 말한다.

④ 법령에 따른 고가주택에 해당하는 자산의 양도차익은 「소득세법」 제95조 제1항에 따른 양도차익에 '양도가액에서 12억원을 차감한 금액이 양도가액에서 차지하는 비율'을 곱하여 산출한다.

49 부담부증여 시 양도소득세 계산

정답 ②

- 실지거래가액이 주어졌으므로 실지거래가액에 의해 계산한다.
- 1세대 1주택인 고가주택에 해당되어 양도가액 중 12억원을 초과하는 부분에 대해서만 과세한다.

오답 NOTE

• 3년 이상 보유하고 보유기간 중 2년 이상 거주하였으므로 보유기간에 따른 공제율과 거주기간에 대한 공제율을 합산한 장기보유특별공제율을 적용한다.
• 본건 외 2025년에 양도한 자산은 없으므로 양도소득기본공제는 250만원을 적용한다.

	양도가액		15억원
−	취득가액	−	(9억원)
−	기타 필요경비	−	1억원
=	양도차익	=	5억원 × (15억원 − 12억원) / 15억원 = 1억원
−	장기보유특별공제	−	1억원 × 40% = (40,000,000원)
=	양도소득금액	=	60,000,000원
−	양도소득기본공제	−	(2,500,000원)
=	양도소득 과세표준	=	57,500,000원

50 부담부증여 시 양도소득세 계산

정답 ③

1. 양도로 보는 부분의 취득가액은 6천만원이다(1억원 × 3억원 / 5억원).
2. 부담부증여에 대한 양도차익 계산 시 양도가액과 취득가액은 다음과 같다(소득세법 시행령 제159조 제1항).

$$양도가액 = A \times \frac{B}{C}$$

A: 「상속세 및 증여세법」 제60조부터 제66조까지의 규정에 따라 평가한 가액
B: 채무액
C: 증여가액

$$취득가액 = A \times \frac{B}{C}$$

A: 「소득세법」 제97조 제1항 제1호에 따른 가액(제2호에 따른 양도가액을 상속세 및 증여세법 제61조 제1항·제2항·제5항 및 제66조에 따라 기준시가로 산정한 경우에는 취득가액도 기준시가로 산정함)
B: 채무액
C: 증여가액

51 양도소득의 부당행위계산부인

정답 ①

증여자에게 양도소득세가 과세되는 경우에는 당초 증여받은 자산에 대해서는 「상속세 및 증여세법」의 규정에도 불구하고 증여세를 부과하지 아니한다(소득세법 제101조 제3항).

52 이월과세 정답 ⑤

장기보유특별공제 및 세율 적용 시 보유기간은 증여자의 취득일부터 기산한다.

53 이월과세 정답 ③

양도차익 계산 시 乙이 납부하였거나 납부할 증여세 상당액이 있는 경우 양도차익을 한도로 필요경비에 산입한다.

이론+ 「소득세법」 제97조의2(양도소득의 필요경비 계산 특례)

① 거주자가 양도일부터 소급하여 10년 이내에 그 배우자(양도 당시 혼인관계가 소멸된 경우를 포함하되, 사망으로 혼인관계가 소멸된 경우는 제외한다. 이하 이 항에서 같다) 또는 직계존비속으로부터 증여받은 제94조 제1항 제1호에 따른 자산이나 그 밖에 대통령령으로 정하는 자산의 양도차익을 계산할 때 양도가액에서 공제할 필요경비는 제97조 제2항에 따르되, 다음 각 호의 기준을 적용한다.

1. 취득가액은 거주자의 배우자 또는 직계존비속이 해당 자산을 취득할 당시의 제97조 제1항 제1호에 따른 금액으로 한다.
2. 제97조 제1항 제2호에 따른 필요경비에는 거주자의 배우자 또는 직계존비속이 해당 자산에 대하여 지출한 같은 호에 따른 금액을 포함한다.
3. 거주자가 해당 자산에 대하여 납부하였거나 납부할 증여세 상당액이 있는 경우 필요경비에 산입한다.

54 양도소득 과세표준의 계산 정답 ⑤

① 장기보유특별공제 적용 시 상속받은 자산의 보유기간은 가업상속은 피상속인의 해당 자산 취득일부터 상속인의 양도일까지로, 일반상속은 상속개시일부터 상속인의 양도일까지로 한다.

② 양도소득기본공제는 과세대상 소득별로 각각 연 250만원을 한도로 공제할 수 있다. 양도소득금액에 감면소득금액이 있는 경우에는 그 감면소득금액 외의 양도소득금액에서 먼저 공제하고, 감면소득금액 외의 양도소득금액 중에서는 해당 과세기간에 먼저 양도한 자산의 양도소득금액에서부터 순서대로 공제한다(소득세법 제103조 제1항·제2항).

③ 비사업용 토지는 장기보유특별공제 및 양도소득기본공제를 적용한다.

④ 주택이 조합원 입주권으로 전환된 경우 해당 입주권을 양도하는 경우 해당 주택 취득일로부터 해당 입주권 양도일까지를 세율 적용 시 보유기간으로 한다(소득세법 제104조 제2항).

55 양도소득 과세표준의 계산 정답 ⑤

양도소득금액에서 양도소득기본공제를 차감하여 과세표준을 구한다.

오답 NOTE

PART 3

오답 NOTE

56 양도소득 과세표준의 계산

정답 ③

자산을 취득함에 있어서 법령 등의 규정에 따라 매입한 국민주택채권 및 토지개발채권을 만기 전에 양도함으로써 발생하는 매각차손은 필요경비로 인정된다. 이 경우 기획재정부령으로 정하는 금융기관 외의 자에게 양도한 경우에는 동일한 날에 금융기관에 양도하였을 경우 발생하는 매각차손을 한도로 한다.

57 양도소득 과세표준의 계산

정답 ②

양도일부터 소급하여 10년 이내에 그 배우자로부터 증여받은 토지의 양도차익을 계산할 때 그 증여받은 토지에 대하여 납부한 증여세는 필요경비에 산입한다.

58 양도소득금액의 계산

정답 ①

• 양도차익 = 300,000,000원 − 170,000,000원 − 30,000,000원
= 100,000,000원

• 양도소득금액 = 100,000,000원 − 100,000,000원 × 30%(한도)
= 70,000,000원

59 양도소득금액의 계산

정답 ③

취득원가에 현재가치할인차금이 포함된 양도자산의 보유기간 중 사업소득금액 계산 시 필요경비로 산입한 현재가치할인차금상각액은 양도차익을 계산할 때 양도가액에서 공제할 필요경비에 산입할 수 없다(소득세법 시행령 제163조 제2항).

60 양도소득금액의 계산

정답 ③

양도가액 및 취득가액은 실지거래가액에 의하며, 기타의 필요경비는 실지비용으로 하여 양도차익을 구한다. 또한, 등기된 토지를 8년 이상 9년 미만 보유 시에는 양도차익에 100분의 16에 해당하는 장기보유특별공제를 적용하여 공제하면 양도소득금액이 된다.

• 양도 당시 실지거래가액(5억원) − 취득 당시 실지거래가액(2억원) − 기타필요경비(1천만원) = 양도차익(2억 9천만원)
• 양도차익(2억 9천만원) − 장기보유특별공제(46,400,0000원)* = 양도소득금액(243,600,000원)
* 장기보유특별공제: 양도차익(290,000,000) × 16% = 46,400,0000원

61 양도소득금액의 계산

정답 ④

	양도가액		200,000,000원
−	취득가액	−	100,000,000원
−	기타 필요경비	−	0원
=	양도차익	=	100,000,000원
−	장기보유특별공제	−	6,000,000원*
=	양도소득금액	=	94,000,000원

* 장기보유특별공제: 100,000,000 × 6%(3년 이상 4년 미만) = 6,000,000원

62 양도소득금액의 계산

정답 ④

1. 양도소득금액을 계산할 때 양도차손이 발생한 자산이 있는 경우에는 「소득세법」 제102조 제1항 각 호별로 해당 자산 외의 다른 자산에서 발생한 양도소득금액에서 그 양도차손을 공제한다(소득세법 제102조 제2항).
2. 양도차손은 다음의 자산의 양도소득금액에서 순차로 공제한다(소득세법 시행령 제167조의2 제1항).
   ㉠ 양도차손이 발생한 자산과 같은 세율을 적용받는 자산의 양도소득금액
   ㉡ 양도차손이 발생한 자산과 다른 세율을 적용받는 자산의 양도소득금액. 이 경우 다른 세율을 적용받는 자산의 양도소득금액이 2 이상인 경우에는 각 세율별 양도소득금액의 합계액에서 당해 양도소득금액이 차지하는 비율로 안분하여 공제한다(토지·건물의 경우 2년 미만 보유와 2년 이상 보유 시 적용되는 세율이 다르다).
3. 건물은 보유기간이 1년 10개월이므로 장기보유특별공제를 적용할 수 없다.
4. 양도소득기본공제는 감면소득금액이 있는 경우에는 그 감면소득금액 외의 양도소득금액에서 먼저 공제하고, 감면소득금액 외의 양도소득금액 중에서는 해당 과세기간에 먼저 양도한 자산의 양도소득금액에서부터 순서대로 공제한다(소득세법 제103조 제2항).

<table>
<tr><th>구분</th><th>건물(주택 아님)</th><th>토지A</th><th>토지B</th></tr>
<tr><td>양도차익(차손)</td><td>20,000,000원</td><td>(20,000,000원)</td><td>30,000,000원</td></tr>
<tr><td>− 장기보유특별공제</td><td>−</td><td>−</td><td>(3,000,000원)*</td></tr>
<tr><td rowspan="2">양도소득금액
(양도차손 통산)</td><td rowspan="2">15,000,000원</td><td>(20,000,000원)</td><td>27,000,000원</td></tr>
<tr><td colspan="2">7,000,000원</td></tr>
<tr><td>− 양도소득기본공제</td><td>(2,500,000원)</td><td colspan="2">−</td></tr>
<tr><td>양도소득과세표준</td><td>12,500,000원</td><td colspan="2">7,000,000원</td></tr>
</table>

* 30,000,000원 × 10% = 3,000,000원

오답 NOTE

PART 3

오답 NOTE

63 양도소득세 세율

정답 ④

보유기간이 1년 10개월인 「소득세법」에 따른 조합원입주권: 100분의 60

64 양도소득세 세율

정답 ①

6개월 보유한 주택: 100분의 70

65 양도소득세 세율

정답 ②

① 거주자가 양도한 1년 미만 보유한 주택 분양권: 100분의 70
③ 보유기간이 1년 이상 2년 미만인 등기된 상업용 건물: 100분의 40
④ 양도소득 과세표준이 1,400만원 이하인 등기된 비사업용 토지(지정지역에 있지 않음): 100분의 16
⑤ 미등기건물(미등기양도 제외 자산 아님): 100분의 70

66 양도소득세 세율

정답 ②

2년 1개월 보유한 비사업용 토지(지정지역에 해당하지 않음): 100분의 16~100분의 55

67 미등기양도자산

정답 ④

「소득세법」 제89조 제1항 제2호에서 '대통령령으로 정하는 경우'란 다음 각 호의 어느 하나에 해당하는 농지(제4항 각 호의 어느 하나에 해당하는 농지는 제외)를 교환 또는 분합하는 경우로서 교환 또는 분합하는 쌍방 토지가액의 차액이 가액이 큰 편의 4분의 1 이하인 경우를 말한다(소득세법 시행령 제153조 제1항).

1. 국가 또는 지방자치단체가 시행하는 사업으로 인하여 교환 또는 분합하는 농지
2. 국가 또는 지방자치단체가 소유하는 토지와 교환 또는 분합하는 농지
3. 경작상 필요에 의하여 교환하는 농지. 다만, 교환에 의하여 새로이 취득하는 농지를 3년 이상 농지소재지에 거주하면서 경작하는 경우에 한한다.
4. 「농어촌정비법」·「농지법」·「한국농어촌공사 및 농지관리기금법」 또는 「농업협동조합법」에 의하여 교환 또는 분합하는 농지

68 미등기양도자산

정답 ③

장기보유특별공제 및 양도소득기본공제 모두 적용할 수 없다.

69 미등기양도자산

정답 ⑤

미등기양도자산의 양도소득금액 계산 시 장기보유특별공제를 적용할 수 없다.

70 미등기양도자산

정답 ②

㉠ 양도소득세율 70%
㉢ 미등기양도 시 저율의 필요경비개산공제를 적용한다(0.3% 등).

71 미등기양도 제외자산

정답 ⑤

㉠㉡㉢ 모두 미등기양도 제외자산에 해당된다.

이론+ 미등기양도 제외자산(소득세법 시행령 제168조)

1. 장기할부조건으로 취득한 자산으로서 그 계약조건에 의하여 양도 당시 그 자산의 취득에 관한 등기가 불가능한 자산
2. 법률의 규정 또는 법원의 결정에 의하여 양도 당시 그 자산의 취득에 관한 등기가 불가능한 자산
3. 농지의 교환 또는 분합으로 인하여 발생하는 소득에 대하여 비과세 또는 감면이 적용되는 농지 및 자경농지에 대한 양도소득세의 감면, 농지대토에 대한 양도소득세 감면대상 농지
4. 양도소득세 비과세요건을 충족한 1세대 1주택으로서 「건축법」에 따른 건축허가를 받지 아니하여 등기가 불가능한 자산
5. 「도시개발법」에 따른 도시개발사업이 종료되지 아니하여 토지 취득등기를 하지 아니하고 양도하는 토지
6. 건설사업자가 「도시개발법」에 따라 공사용역 대가로 취득한 체비지를 토지구획환지처분공고 전에 양도하는 토지

72 양도소득세 분할납부

정답 ①

양도소득세를 분할납부하고자 하는 자는 양도소득세 과세표준 예정 및 확정신고기한까지 납세지 관할 세무서장에게 신청하여야 한다.

73 양도소득세 신고납부

정답 ⑤

예정신고는 강제사항으로 무신고 시 가산세가 부과될 수 있다. 다만, 예정신고기한까지 예정신고를 하지 아니하였으나 확정신고기한까지 과세표준신고를 한 경우(과세표준과 세액을 경정할 것을 미리 알고 과세표준신고를 하는 경우는 제외) 해당 가산세의 50%를 감면한다(국세기본법 제48조 제2항 제3호 라목).

오답 NOTE

PART 3

오답 NOTE

74 양도소득세 종합문제

정답 ⑤

① 2025년 9월 10일에 주택을 양도하고 대금을 청산한 경우에는 2025년 11월 30일까지 예정신고를 해야 한다(소득세법 제105조 제1항 제1호).
② 양도소득기본공제는 보유기간과는 관계없이 소득별로 연 250만원을 한도로 한다.
③ 비사업용 토지를 3년 이상 보유하고 양도하는 경우에는 장기보유특별공제 적용을 받을 수 있다.
④ 부담부증여의 채무액에 해당하는 부분으로서 양도로 보는 경우에는 그 양도일이 속하는 달의 말일부터 3개월 이내에 예정신고 및 납부를 해야 한다(소득세법 제105조 제1항 제3호).

75 양도소득세 납세절차

정답 ③

① 2025년 4월 21일에 주택을 양도하고 잔금을 청산한 경우 2025년 6월 30일까지 예정신고하여야 한다(소득세법 제105조 제1항 제1호).
② 거주자로서 예정신고 또는 확정신고에 따라 납부할 세액이 2천만원 이하인 때에는 1천만원을 초과하는 금액을 분할납부할 수 있다(소득세법 시행령 제175조 제1호).
④ 양도차익이 없거나 양도차손이 발생한 경우에도 예정신고하여야 한다(소득세법 제105조 제3항).
⑤ 해당 과세기간의 과세표준이 없거나 결손금액이 있는 경우에도 확정신고하여야 한다(소득세법 제110조 제2항).

76 양도소득세 납세절차

정답 ①

양도차익이 없거나 양도차손이 발생한 때에도 양도소득 과세표준 예정신고를 하여야 한다(소득세법 제105조 제3항).

77 양도소득세 납세절차

정답 ③

㉡ 거주자가 양도소득세 예정신고에 따라 납부할 세액이 1천6백만원인 경우 최대 6백만원까지 분할납부할 수 있다(소득세법 시행령 제175조 제1호).
㉢ 건물을 양도한 경우에는 그 양도일이 속하는 달의 말일부터 2개월 이내에 납세지 관할 세무서장에게 예정신고 및 납부를 하여야 한다.

78 양도소득세 납세절차

정답 ⑤

① 양도차익이 없거나 양도차손이 발생한 경우에도 양도소득 과세표준 예정신고를 하여야 한다(소득세법 제105조 제3항).
② 양도소득 과세표준 예정신고 시에는 납부할 세액이 1천만원을 초과하는 경우에는 그 납부할 세액의 일부를 납부기한이 지난 후 2개월 이내에 분할납부할 수 있다(소득세법 제112조).
③ 건물을 신축하고 그 신축한 건물의 취득일부터 5년 이내에 해당 건물을 양도하는 경우로서 취득 당시의 실지거래가액을 확인할 수 없어 환산취득가액을 그 취득가액으로 하는 경우에는 환산취득가액의 100분의 5에 해당하는 금액을 양도소득 결정세액에 더한다(소득세법 제114조의2 제1항).
④ 토지 또는 건물을 양도한 경우에는 그 양도일이 속하는 달의 말일부터 2개월 이내에 양도소득 과세표준을 예정신고해야 한다(소득세법 제105조 제1항 제1호).

79 양도소득세 납세절차

정답 ②

① 부담부증여의 채무액에 해당하는 부분으로서 양도로 보는 경우에는 그 양도일이 속하는 달의 말일부터 3개월까지 예정신고하여야 한다(소득세법 제105조 제1항 제3호).
③ 2022.1.1.에 신축한 건축물을 2025.6.30.에 양도하는 경우 양도차익 계산 시 환산취득가액을 그 취득가액으로 하는 경우에는 환산취득가액의 100분의 5에 해당하는 금액을 양도소득 결정세액에 더한다.
④ 예정신고를 하지 않고 확정신고를 한 경우 무신고가산세가 부과된다.
⑤ 예정신고 시에는 납부세액이 1천만원을 초과하는 경우 세액의 일부를 분할납부할 수 있다(소득세법 제112조).

80 양도소득세 신고납부

정답 ⑤

법령에 따른 부담부증여의 채무액에 해당하는 부분으로서 양도로 보는 경우 그 양도일이 속하는 달의 말일부터 3개월 이내에 양도소득 과세표준을 납세지 관할 세무서장에게 신고하여야 한다(소득세법 제105조 제1항 제3호).

81 양도소득세 납세절차

정답 ③

예정신고는 강제사항으로, 신고하지 아니한 경우 무신고가산세를 부과한다.

오답 NOTE

PART 3

오답 NOTE

82 양도소득세 납세절차

정답 ①

양도소득세 납세의무의 확정은 납세의무자의 신고에 의하는 것을 원칙으로 한다.

83 양도소득세 납세절차

정답 ②

확정신고납부를 하는 경우 예정신고 산출세액, 규정에 따라 결정·경정한 세액 또는 수시부과세액이 있을 때에는 이를 공제하여 납부한다.

84 양도소득세의 결정 및 경정

정답 ⑤

① 환산취득가액은 취득가액을 추계할 경우에 적용된다.
② 취득가액을 추계할 경우 매매사례가액, 감정가액, 환산취득가액, 기준시가를 순차로 적용한다.
③ 매매사례가액은 양도일 또는 취득일 전후 각 3개월 이내에 해당 자산과 동일성 또는 유사성이 있는 자산의 매매사례가 있는 경우 그 가액을 말한다(소득세법 시행령 제176조의2 제3항 제1호).
④ 필요경비개산공제는 등기된 부동산의 경우 취득 시 기준시가의 100분의 3으로 한다.

85 양도소득세 중과규정

정답 ①

② 조정대상지역 내 주택양도 시 다주택자라 하더라도 2026.5.9.까지는 3년 이상 보유 시 장기보유특별공제를 적용한다.
③ 미등기양도자산은 양도소득기본공제를 적용할 수 없다.
④ 조정대상지역 내 주택양도 시 다주택자라 하더라도 2026.5.9.까지는 2년 이상 보유시 6~45%의 세율을 적용한다.
⑤ 농지의 교환 또는 분합으로 발생하는 소득에 대하여 비과세요건이 충족된 농지를 미등기로 양도하는 경우라도 미등기로 보지 않아 양도소득세의 비과세에 관한 규정을 적용한다.

86 양도소득세 종합문제

정답 ③

거주자가 국외주택을 양도한 경우 장기보유특별공제가 적용되지 아니한다.

오답 NOTE

87 양도소득세 종합문제

정답 ①

② 甲이 乙로부터 부동산을 취득 후 재산세 과세기준일까지 등기하지 않았다면 재산세와 관련하여 乙은 부동산 소재지 관할 지방자치단체의 장에게 소유권변동사실을 신고하지 않았다면 乙이 재산세 납세의무를 진다(공부상 소유자).
③ 甲이 종합부동산세를 신고납부방식으로 납부하고자 하는 경우 과세표준과 세액을 해당 연도 12월 1일부터 12월 15일까지 관할 세무서장에게 신고하는 때에 종합부동산세 납세의무는 확정된다.
④ 甲이 乙로부터 부동산을 100만원에 유상승계취득한 경우 취득세만 납부한다. 만약, 취득세 면세점 이하인 경우에는 등록면허세 납세의무가 있다.
⑤ 양도소득세의 예정신고만으로도 甲의 양도소득세 납세의무가 확정된다.

88 양도소득세 종합문제

정답 ⑤

① 과세표준 계산 시 양도소득기본공제는 보유기간에 관계없이 소득별로 연 250만원을 한도로 공제한다.
② 양도일부터 소급하여 10년 이내에 그 배우자로부터 증여받은 토지의 양도차익을 계산할 때 그 증여받은 토지에 대하여 납부한 증여세는 양도가액에서 공제할 필요경비에 산입한다.
③ 거주자가 특수관계인과의 거래에 있어서 토지를 시가에 미달하게 양도함으로써 조세의 부담을 부당히 감소시킨 것으로 인정되는 때라는 것은 시가와 거래가액의 차액이 3억원 이상이거나 시가의 5% 이상(이 문제의 경우 5천만원 이상)을 말한다.
④ 과세표준은 양도소득금액에서 양도소득기본공제를 차감하여 계산한다.

89 양도소득세 종합문제

정답 ③

근무상의 형편으로 인하여 세대전원이 다른 시·군으로 주거를 이전하게 되어 1년 이상 거주한 주택을 양도하는 경우 보유기간 및 거주기간의 제한을 받지 아니하고 양도소득세가 비과세된다(소득세법 시행령 제154조 제1항 제3호).

90 국외자산의 양도소득세

정답 ④

국외자산 양도 시 장기보유특별공제는 적용하지 아니한다.

오답 NOTE

91 국외자산의 양도소득세

정답 ④

① 국외자산의 양도일까지 계속해서 5년 이상 국내에 주소 또는 거소를 둔 거주자의 경우 국외자산의 양도소득에 대해 납세의무가 있다(소득세법 제118조의2).

② 국외에서 외화를 차입하여 토지를 취득한 경우 환율변동으로 인하여 외화차입금으로부터 발생한 환차익은 양도소득의 범위에서 제외한다(소득세법 제118조의2).

③ 국외 양도자산은 장기보유특별공제를 적용하지 아니한다.

⑤ 양도차익을 원화로 환산할 경우에는 양도가액 및 필요경비를 수령하거나 지출한 날 현재 「외국환거래법」에 의한 기준환율 또는 재정환율에 의한다(소득세법 시행령 제178조의5 제1항).

92 국외자산의 양도소득세

정답 ⑤

① 국외자산에 대한 양도소득세는 국외자산 양도일까지 계속해서 5년 이상 국내에 주소 등을 둔 거주자만 납세의무가 있다.

② 국외자산에 대한 양도소득세 계산 시 장기보유특별공제액을 공제하지 아니한다.

③ X토지의 양도가액은 그 자산의 양도 당시의 실지거래가액으로 함을 원칙으로 한다.

④ 甲이 국외에서 외화를 차입하여 X토지를 취득한 경우 환율변동으로 인하여 외화차입금으로부터 발생한 환차익은 양도소득의 범위에서 제외한다.

93 양도소득세 종합문제

정답 ②

① 국외자산의 양도에 대한 양도소득이 있는 거주자는 양도소득 기본공제는 적용받을 수 있으나 장기보유특별공제는 적용받을 수 없다.

③ 국외 양도자산이 부동산임차권인 경우 등기 여부와 관계없이 양도소득세가 과세된다.

④ 국외자산의 양도가액은 그 자산의 양도 당시의 실지거래가액으로 한다. 다만, 양도 당시의 실지거래가액을 확인할 수 없는 경우에는 양도자산이 소재하는 국가의 양도 당시 현황을 반영한 시가에 따르되, 시가를 산정하기 어려울 때에는 그 자산의 종류, 규모, 거래상황 등을 고려하여 대통령으로 정하는 방법에 따른다.

⑤ 국외 양도자산이 양도 당시 거주자가 소유한 유일한 주택으로서 보유기간이 2년 이상인 경우에도 1세대 1주택 비과세 규정을 적용받을 수 없다.

94 국외자산의 양도소득세

정답 ②

국외 소재 부동산을 양도하는 경우 장기보유특별공제는 적용되지 아니한다.

95 국외자산의 양도소득세

정답 ⑤

① 국외에 있는 부동산에 관한 권리로서 미등기 양도자산의 양도로 발생하는 소득은 양도소득의 범위에 포함한다(외국에는 등기제도가 없다고 가정함).
② 국외토지의 양도에 대한 양도소득세를 계산하는 경우에는 장기보유특별공제는 적용하지 않으나 양도소득기본공제는 공제한다.
③ 국외토지의 양도소득에 대하여 해당 외국에서 과세를 하는 경우로서 법령이 정한 그 국외 자산양도소득세액을 납부하였거나 납부할 것이 있을 때에는 외국납부세액의 세액공제방법과 필요경비 산입방법을 선택하여 적용할 수 있다.
④ 국외 양도자산에 대하여는 6~45%의 세율을 적용한다.

96 국외자산의 양도소득세

정답 ①

② 甲의 국외주택 양도로 발생하는 소득이 환율변동으로 인하여 외화차입금으로부터 발생하는 환차익을 포함하고 있는 경우에는 해당 환차익을 양도소득의 범위에서 제외한다.
③ 甲의 국외주택 양도에 대해서는 해당 과세기간의 양도소득금액에서 연 250만원을 공제한다.
④ 국외자산 양도 시 장기보유특별공제는 적용하지 아니한다.
⑤ 등기 여부와 관계없이 6~45%의 세율을 적용한다.

오답 NOTE

PART 3

memo

memo

memo

오답 노트가 되는

정답 및 해설

2025

에듀윌 공인중개사 기출응용 예상문제집

2차 부동산세법

고객의 꿈, 직원의 꿈, 지역사회의 꿈을 실현한다

에듀윌 도서몰
book.eduwill.net

• 부가학습자료 및 정오표: 에듀윌 도서몰 > 도서자료실
• 교재 문의: 에듀윌 도서몰 > 문의하기 > 교재(내용, 출간) / 주문 및 배송

eduwill